Manfred Heide

Irrwege des Heils

Verlag Schulte + Gerth Aßlar

© 1982 Verlag Schulte + Gerth, Aßlar
ISBN 3-87739-535-X
Best.-Nr. 15535
1. Auflage 1982
2. erweiterte und völlig überarbeitete Auflage 1985
3. Auflage 1986
Umschlaggestaltung: Gisela Scheer
Satz: Typostudio Rücker + Schmidt, Langgöns-Niederkleen
Druck und Verarbeitung: Elsnerdruck, Berlin
Printed in Germany

Inhalt

Vorwort

Millionen von Menschen suchen gegenwärtig in okkulten Dingen Antwort und Hilfe auf ihre geistlichen Fragen. In einer Zeitung war 1982 zu lesen, daß die Zahl der okkult Belasteten in Deutschland weit in die Millionen geht. Nicht nur „die Jugend von heute" sucht Zuflucht in orientalischen Anschauungen und Mythologien. Das Angebot der Okkultisten ist beachtlich groß. Wir leben in einer Zeit der „Zeichen und Wunder". Wer davon überzeugt ist, daß „der Erfolg allein entscheidet", ist gefährlichen Strömungen ausgeliefert. Viele erhoffen sich Gesundheit von paramedizinischen Heilmethoden. Andere Menschen ziehen es vor, ihr Schicksal vom Lauf der Sterne bestimmen zu lassen, anstatt sich ganz dem Willen Gottes auszuliefern. Der Okkultismus ist gesellschaftsfähig geworden; okkulte Praktiken werden volkstümlicher und begehrter. Und auch auf dem medizinischen Gebiet breitet sich der Okkultismus aus. Unser Universum wird immer mehr von okkulten Kräften durchdrungen. Spiritismus und Okkultismus haben sich heute nahezu über die ganze Welt ausgebreitet. Zeitvertreib, Neugierde, Furcht vor Unglück und Krankheit sind Gründe, warum sich das okkulte Gebiet so großer Beliebtheit erfreut. In 1. Timotheus 4,1 lesen wir: „Der Geist aber sagt ausdrücklich: In den späteren Zeiten werden manche vom Glauben abfallen und Irrgeistern sich zuwenden und Lehren von Dämonen".

Immer mehr Menschen in westlichen Ländern werden durch ungewöhnliche und sensationelle Dinge des Fernen Ostens fasziniert. Unter dem Deckmantel moderner medizinischer Behandlungsformen, Übungen zur körperlich-seelischen Stabilisierung, neuer Heilmittel und Heilmethoden wird das Interesse an chinesischem Hypnotismus und indischem Spiritismus geweckt. Der Glaube an übersinnliche Phänomene nimmt zu. Überall in der Welt stellt man fest, daß magische Praktiken, Yoga, Autogenes Training und Transzendentale Meditation – um nur einiges zu nennen – sogar in christliche Kreise eindringen. Man glaubt wieder an Wunder! Meditation ist heute modern. Und viele Christen erliegen fromm getarnten Verführern. Durch teils seriöse und religiöse Umschreibungen und durch Nennung namhafter Mediziner, die z.B. Lehrgänge von in Europa wieder „neu entdeckten" Therapie-Möglichkeiten leiten, wird für Behandlungsarten geworben, die „wie Akupunktur auf der chinesischen Energielehre" basieren. Man wendet sich der asiatischen Philosophie zu, befürwortet die makrobiotische Kost im Lichte von Yin und Yang und beschäftigt sich mit der Parapsychologie.

Dem heutigen Menschen werden neue „Heilswege" angeboten. Immer mehr Menschen in der westlichen Welt wenden sich orientalischen Religionen zu. Mit den hinduistischen Erscheinungen der Transzendentalen Meditation, der Hare-Krishna-Bewegung, dem Yoga als besonderem Erlösungsweg und sonstigen „Erlösungsangeboten" hat man sich als Christ, der sich seiner Verantwortung bewußt ist, auseinanderzusetzen; denn nur Jesus Christus bietet allein die wahre Erlösung an!

Aber „der Böse leitet den heiligenden Einfluß vom Herzen des Gläubigen ab und füllt es statt dessen mit wunderlichen Theorien aus". Nach Ansicht des katholischen Theologen Hans Küng (Tübingen) gibt es heute mehr Religiosität außerhalb der Kirchen als je zuvor. Immer mehr Menschen flüchten sich in Trance-Zustände, Mystizismus und Okkultismus. Seibel[139] schreibt ganz deutlich, daß „wir heute Abfall haben und wachsenden Okkultismus ... Praktiken, durch die man sich dämonischen Mächten öffnet, mit ihnen eins wird, die also geistlich stark beflecken. Dazu gehören u.a.: Drogen, Yoga, Transzendentale Meditation, passives Sich-öffnen, Hypnose, Parapsychologie, Autogenes Training usw."

8

Auf vielseitige Anfragen hin – sowohl von Patienten als auch von Mitarbeitern –, ob man als gläubiger Christ bzw. Arzt sich dieser oder jener neuen „Behandlungsart" unterziehen oder diese praktizieren darf, sah ich mich veranlaßt, den aufgeworfenen Fragen nachzugehen. Dies geschah im Bewußtsein meiner Verantwortung als Arzt und als Christ.

Es gibt heute nämlich Bereiche, in denen die spiritistischen und okkulten Grundlagen nicht ohne weiteres erkennbar sind. So besteht auch für Christen die Gefahr, mit finsteren Dingen in Berührung zu kommen. In Teilbereichen der Heilkunst und Medizin lassen sich okkulte Grundlagen nachweisen. Hier stehen dann Menschen häufig einer verborgenen und geheimen Kraft gegenüber und kommen schließlich oft in unmittelbaren Kontakt mit Mächten der Finsternis. Da wir als Christen um die Gefährlichkeit solcher Praktiken wissen, möchten wir nicht mit ihnen in Berührung kommen.

Hier gilt das lateinische Wort: Principiis obsta – Widerstehe den Anfängen! Denn, wie Watchman Nee[110] schreibt, sind „heute viele Christen sehr empfänglich für die Verführung durch das Übernatürliche". Merken wir eigentlich, in welch einem Sog der Verführung wir uns schon befinden?

Dieses Buch wird nicht auf alle Fragen eine Antwort geben, alle paramedizinischen Heilmethoden lückenlos aufzeigen und auf alle okkulten Bereiche eingehen können. Es ist auch nicht beabsichtigt, eine wissenschaftliche Abhandlung zu veröffentlichen. Beides, Vollständigkeit und Wissenschaftlichkeit, würde den gesteckten Rahmen sprengen.

Vielmehr will dieses Buch warnen, für manche Dinge die Augen öffnen. Als Christen haben wir uns von der Magie mit ihren teuflischen Praktiken fernzuhalten. Gott verabscheut ebenfalls die Kunst der Sterndeutung. Lassen wir uns also nicht auf satanische Praktiken ein! Bedenken wir: Um seine Werke zu tarnen und um besonders die Frommen zu verführen, nennt der Teufel seine Werke nie beim Namen. Satan geht strategisch sehr geschickt vor. Er paßt sich den Menschen an. Den einen fängt er mit Amuletten, den anderen – vielleicht wissenschaftlich Gebildeten – mit wissenschaftlichen Verfahren wie z.B. Autogenes Training, wieder andere – gläubige Menschen – mit religiösen Methoden und Irrlehren.

Sicherlich werden in diesem Buch heiße Eisen angefaßt. Mancher Kritiker wird aufstehen! Ich bin sicher, daß über dieses Buch nicht jeder erbaut sein wird. Ich weiß, daß viele das offene Wort, die Wahrheit scheuen. Nicht parapsychologische Phänomene, sondern allein Gottes Wort gibt Antwort auf die vielfältigen Fragen der modernen Menschen und unserer Zeit. „Was hat ein Mensch davon", wenn er sich durch die Wirkung okkulter Kräfte bester Gesundheit erfreut, aber „am Ende doch sein Leben verliert?" (Matthäus 16,26, Gute Nachricht).

Mit diesem Buch ist beabsichtigt, bei den derzeitigen „medizinischen Modeströmungen" einige Warntafeln aufzurichten, weil sich viele kranke Menschen von der „Schulmedizin" abwenden und sich „Außenseitermethoden" zuwenden, die oft sinnlos, ja sogar gefährlich sind. Und ohne jeden Formalismus oder Pharisäergeist kann ich sagen, daß es für Christen Dinge gibt, zu denen sie ein klares „Nein" sagen müssen!

Oder ist es wahr und richtig, wenn gesagt wird, man dürfe viele Dinge „nicht so eng sehen"? Gottes Gebote führen auf einen Weg, der in Wahrheit Leben genannt werden kann. Das fängt bei den Zehn Geboten an und geht weiter zu den Weisungen, die Jesus und die Apostel uns gegeben haben. Oft passen uns Gottes Weisungen nicht, sie sind uns unbequem und auch beschwerlich. Aber auf jeden Fall sind sie richtig!

Rechnen nicht viele Menschen unserer Zeit zu wenig mit Jesus? Vergessen sie nicht, daß der Sohn Gottes Macht über alle Dinge dieser Welt hat? Und wenn es zutrifft, daß sich die Medizin vom religiösen Weg abgewandt hat, dann ist es die Aufgabe jedes gläubigen Arztes, den Menschen, die sich in ihrer Not an ihn wenden, den Weg zu dem „großen Arzt" zu zeigen. „Heilen heißt, den Menschen heiler machen, ihn zu heiligen, dem Heil näher zu bringen"[23].

Ich darf hier an die Worte eines großen Politikers erinnern, der vor Wissenschaft ohne Mitleid, vor Fortschritt ohne Barmherzigkeit, vor einem Zeitalter ohne Gott warnte. Churchill sprach diese Warnung bereits im Jahre 1932 aus. Was wir heute brauchen, ist eine persönliche Beziehung zu Jesus! Wer sich für ein Leben für Gott entscheidet, wählt auch ein Leben mit Gott! Gott begleitet uns jeden Tag. Er schenkt uns Hoffnung. Jesus ist auch stärker als alle Gebundenheit. Wer Jesus als seinen persönlichen Herrn kennengelernt hat, weiß auch, daß dieser Christus die absolute Wahrheit ist, welche uns in der Bibel geoffenbart wird. Und Gottes Wort ist absolut, unumstößlich und gültig bis an das Ende der Tage! Das Wort Gottes soll uns als Richtschnur unseres Glaubens und Handelns dienen. Da am Ende der Tage die Täuschungen immer tückischer werden und schwerer zu durchschauen sind, ist es besonders wichtig, daß die Heilige Schrift einen hohen Stellenwert in unserem Leben bekommt. Lassen Sie uns wachsam sein, wenn Satan uns versucht. Satan wendet jede mögliche List an. Und diejenigen unter uns, die versuchen, den Geboten Gottes zu gehorchen, werden angefeindet werden. Vergessen wir nicht, daß einmal jeder für sich selbst vor Gott Rechenschaft abzulegen hat.

Nicht versäumen möchte ich an dieser Stelle, all denen zu danken, die mir freundlicherweise Literatur zu dem vorliegenden Themenkreis zur Verfügung stellten. Absichtlich wurden zahlreiche Ausführungen anderer Autoren wörtlich zitiert, um zu zeigen, daß man als aufrichtiger Christ die Zeitströmungen in unserer Gesellschaft nüchtern betrachten muß.

Es ist der Wunsch des Autors und des Verlegers, daß das vorliegende Buch, bei dem es sich um die überarbeitete und erweiterte Neuauflage des 1982 erschienenen Buches „Neue Wege des Heils – Hilfe oder Gefahr?" handelt, zu einem Wegweiser wird, der es ermöglicht, sich in dem Dickicht unserer Gegenwart zurechtzufinden und den einzigen Weg zum Heil, Christus, zu finden.

„Weil wir aber denselben Geist des Glaubens haben, wie geschrieben steht: ‚Ich glaube, darum rede ich‘, so glauben wir auch, darum so reden wir auch" (2. Korinther 4,13).

Der Mensch auf der Suche nach körperlicher und seelischer Geborgenheit

Der Mensch hat heute weithin die Fähigkeit verloren, mit seinen Alltagsproblemen und dem Streß der Leistungsgesellschaft fertigzuwerden. So erstreckt sich die Verantwortung des Arztes nicht nur auf die Krankheit, sondern auf den ganzen Menschen, auch auf seine Lebensumstände. Unsere technisierte und materialisierte Welt, unsere schnell wachsende Industriegesellschaft stellt an uns alle höchste Anforderungen. Unser Leben wird dabei immer mehr in eine Schablone gepreßt. Neben der Ausbreitung von Leere und Langeweile unter den Menschen wächst eine große Sehnsucht nach Glück. Diese Sehnsucht nutzen okkulte Bewegungen geschickt aus und haben heute schon Millionen von Menschen mit ihren Ideen beeinflußt.

Immer mehr wird das Krankheitsgeschehen heute von seelischen Faktoren bestimmt. Die Sprechzimmer der Ärzte und Psychotherapeuten sind überfüllt mit Patienten, die seelischen Beistand suchen. In ihrer Not geben die Patienten ihre verborgenen Leiden preis und hoffen auf menschliche Resonanz. Der Patient sucht Trost und Linderung seiner Beschwerden. Mediziner schätzen, daß bei etwa 80% aller Krankheiten seelische Faktoren eine Rolle spielen. Zahlreiche Arten von Neurosen, Psychopathien und psychosomatischen Störungen belasten das Leben des Menschen in höchstem Grade. Hierbei spielen Reizüberflutungen, mangelnde Anpassungsfähigkeit an den Streß, emotionale und vegetative Labilität eine wesentliche Rolle. Oft sind es auch Faktoren einer unbewältigten Vergangenheit, die zu Störungen der seelischen Gesundheit führen.

Diese Patienten sind oft nicht organisch krank und

deswegen auch nicht mit den üblichen medizinischen Methoden und Arzneimitteln zu behandeln. Daher sind auch Psychopharmaka (Tabletten, die das Seelenleben regulieren sollen) nur ein kurzfristiges Hilfsmittel, da sie nicht die Ursachen der Krankheit beseitigen.

Der Patient sucht körperliche und seelische Geborgenheit. Menschenliebe und Verständnis gehören zum Dienst am Mitmenschen. „Heilende Begegnung mit dem ganzen Menschen"[151] ist Sinn des medizinischen Handelns. Der römische Dichter Petronius bringt es mit folgenden Worten zum Ausdruck: „Medicus nihil aliud est quam animi consolatio – Der Arzt kann nichts anderes tun, als die Seele zu trösten."

Der „Kranke von heute" findet in „seiner Not und Ratlosigkeit keinen Trost, wenn er von Laboratorium zu Laboratorium gebracht wird und in der Anonymität technischer Untersuchungen untertaucht"[56]. Diese technisierte und spezialisierte Diagnostik entfremdet Arzt und Patient. Häufig trägt das Gespräch mit dem Arzt nicht viel zur Beruhigung bei, weil der „Doktor" sich mehr für Labordaten und EKG als für die Sorgen, Nöte und Fragen des Patienten interessiert. Der Patient aber wünscht immer noch einen persönlichen Kontakt zu „seinem" Arzt, auch wenn die Magie der Apparate sehr ins Gewicht fällt. Es gibt also den Spruch: „Unter allen wirksamen Heilmitteln rezeptiert der Arzt am häufigsten sich selbst"[1].

Die Ärzte stehen vor der Aufgabe, ihren Patienten wirksame „Selbsthilfe in Gesundheit und Krankheit" zu lehren. Ein Patient spürt genau, ob der Arzt Zeit für ihn hat, Zeit, seine Sorgen, Nöte und Ängste anzuhören. Sehr oft ist dieses Erzählenlassen Therapie. Dieser stillen Kraft des Zuhörens vertraut sich der kranke Mensch sehr schnell an. Oft erkennt er selbst seine „kranke Gesundheit", spürt er die Phase in seiner Lebensgeschichte auf, die ihn krank gemacht hat. Er stellt fest, daß langwährende, andauernde Probleme seine innere Zufriedenheit, sein Glück und seine Gesundheit gefährden.

Er hat das Verlangen, sich über alle körperlichen und seelischen Kümmernisse auszusprechen, alles schildern zu können, was ihn krank macht[39]. So sind „Geduld und Zeit, die beiden kostbarsten und seltensten Dinge in dieser Welt, für eine richtige Krankenbehandlung mindestens genauso wichtig wie ein komfortables Krankenhaus oder eine gut eingerichtete Praxis"[104]. Schon das erste Gespräch verlangt vom Arzt Takt und Einfühlungsvermögen und ein feines Fingerspitzengefühl.

Bei vielen Patienten wächst das Unbehagen gegenüber einer wachsenden chemischen Abhängigkeit. „Die meisten Medikamente stellen nur eine selektive Symptomtherapie dar"[78], d.h. sie sind insbesondere bei den heute so zahlreichen „nervösen Erschöpfungszuständen" ausschließlich gegen die Symptome und nicht gegen die Ursachen gerichtet. Statt eines hilfreichen Gesprächs verordnet man Tabletten en masse. Ist der moderne Arzt wirklich von einer Gesprächsarmut gekennzeichnet? Die moderne Apparate-Medizin darf nicht den persönlichen Kontakt ersetzen!

Unser Körper ist nun einmal das genialste Bauwerk der Welt. Er baut sich aus 100 Billionen Zellen auf, die in einem hochkomplizierten Zusammenspiel stehen. Es ist allzu verständlich, daß „ein kompliziertes Werk auf jede Schädigung, der es ausgesetzt ist, mit großer Empfindlichkeit reagiert. Nicht nur eine allzu starke Beanspruchung durch körperliche und geistige Überarbeitung oder durch Genußgifte, sondern auch Schädigungen innerer Art, wie seelische Erregungen, besonders wenn ungute Empfindungen den Menschen beherrschen, können die Nerven in völlige Unordnung bringen"[87].

Gerade unsere Nerven und das Gehirn zeigen das Wunder des menschlichen Körpers. „Ich danke dir dafür, daß ich wunderbar gemacht bin; wunderbar sind deine Werke, und das erkennet meine Seele wohl" (Psalm 139,14). Unsere Gehirnzellen, vor allem die Nervenzellen für Vernunft, Willenskraft und Gefühle

15

sind am meisten gefährdet. Das „Wunder Gehirn" besteht aus 15-16 Milliarden Zellen, von denen jede 25 000 Nervenleitungen hat. Wollte man ein solches Gehirn bauen, benötigte man eben 16 Milliarden Transistoren mit je 25 000 Anschlüssen, die wieder untereinander verbunden sind. Ein solches mechanisches Gehirn würde 32 500 Milliarden DM kosten. Man würde die Kraft der Niagarafälle zur Stromerzeugung und Kühlung benötigen. Zur Unterbringung wäre ein Wolkenkratzer erforderlich, der mit 380 m Höhe fast das Empire State Building erreichen würde.

Wir atmen, ohne daran zu denken, auch wenn wir schlafen. Wir kümmern uns auch nicht um den Herzschlag, die Verdauung, nicht um unseren Wasser- und Wärmehaushalt. Alles funktioniert eben von selbst. Die lebensnotwendigen Funktionen in unserem Organismus können wir normalerweise nicht willkürlich beeinflussen. Dieser automatische Ablauf wird von unserem vegetativen Nervensystem gesteuert. Dieses vegetative Nervensystem – Sympathikus und Parasympathikus – wahrt den Zustand des physiologischen Gleichgewichtes; es arbeitet wie eine Waage nach dem Balance-Prinzip im Gegensinn – antagonistisch. Dem Sympathikus wirkt immer das parasympathische System entgegen. Wenn es nicht zu Störungen einer Organfunktion kommen soll, müssen die beiden Teilsysteme immer wieder zu einem gut ausgewogenen Gleichgewicht zurückfinden. Normalerweise ist das auch der Fall, es geschieht eben automatisch! So ist unser vegetatives Nervensystem auch enorm belastbar. Durch eingebaute „Sicherungen" wird eine Überbelastung verhindert; Ermüdung und Erschöpfung sind entsprechende Warnsignale.

Unser Nervensystem kann durch verschiedene Ursachen geschädigt werden. „Solche Ursachen können sein: jede körperliche und geistige Überlastung, beim Kinde eine Überbürdung in der Schule, bei der Hausfrau die pausenlose Hausarbeit, beim Manne ein aufrei-

16

bender Beruf; ferner Mangel an Erholung und an Schlaf, nächtliche Störungen infolge der Wohnungsenge oder des Großstadtlärms, Mißbrauch von Alkohol, Nikotin und anderen Genußmitteln oder Ausschweifungen im Geschlechtsleben... Dazu kommen Sorgen verschiedenster Art, schwere Schicksalsschläge und Enttäuschungen des Lebens, eine Zurücksetzung seitens der Vorgesetzten, Streitigkeiten mit der Umgebung, eine unglückliche Ehe, und nicht zuletzt ein schlechtes Gewissen infolge einer begangenen Schuld. All diese Umstände können schwere nervöse Störungen verursachen.

Die hauptsächlichsten Merkmale der erworbenen Nervenschwäche sind: Kopfschmerzen, Schwindel, Übelkeit, Magen- und Darmstörungen, Herzbeschwerden, Blutdrucksteigerung, Störung der Tätigkeit von Nieren und Blase sowie im Geschlechtsleben, Empfindlichkeit gegen Geräusche, Rückenschmerzen, allgemeine Schwäche, Zittern, abnormes Schwitzen, örtlich begrenzte Hautrötungen, kalte Hände und Füße, Zuckungen des Kopfes oder der Gesichtsmuskeln, Schlafstörungen; ferner Neigung zum Weinen, Gemütsverstimmungen, Angstzustände, Gereiztheit, Herabsetzung der Konzentrationsfähigkeit und des Gedächtnisses.

Natürlich sind nicht in jedem Fall von Nervenschwäche sämtliche dieser Merkmale anzutreffen; aber wer nur einige dieser Störungen aufweist, kann schon reichlich geplagt sein. Darum ist es notwendig, den rechten Weg zur Beseitigung der nervösen Beschwerden zu finden"[87].

Voraussetzung für den Erfolg einer guten Behandlungsmethode ist zunächst die genaue Überprüfung der gesamten Lebensführung und die Befolgung der lebenswichtigen Gesundheitsgesetze. Da hierüber schon anderweitig berichtet wurde[48, 49], soll im Rahmen dieses Buches auf die einzelnen Verfahren nicht näher eingegangen werden.

Wichtig aber ist gerade für Menschen mit vegetativen, psychosomatischen Störungen das „lebendige Abhängigkeits-Verhältnis zu Gott", wie es O. Buchinger in seinem Buch „Das Heilfasten"[16] anführt. Wenn er auch insbesondere von der Zusammengehörigkeit des Fastens und Betens spricht, so verlangen auch andere Heilungsverfahren das Beten. Das gilt aber nicht nur für den Patienten, auch der Arzt soll von dem „uralten ärztlichen Erbgut etwas haben, dem ‚Priesterlichen', er muß homo religiosus" sein. Glaube ist für den Heiler wie für den Heilenden nötig, um eine Heilatmosphäre zwischen dem Arzt und dem Kranken zu schaffen, eine einigende Atmosphäre des Vertrauens.

Ist es überhaupt nötig, inmitten der Welt unseres modernen Jahrhunderts eine Verbindung zu dem „großen Arzt" und zu dem Arzt, dem Menschen, zu haben, oder ist es rückständig? Weder die Verbindung zu unserem „großen Arzt und Helfer" noch das „persönliche Patient-Arzt-Verhältnis" darf in unserer Zeit verlorengehen. Es gilt heute noch folgender Ausspruch von Paracelsus: „Der Arzt ist ein Knecht der Natur, und Gott ist der Herr der Natur. Die Kunst des rechten Arztes kommt von Gott. Der Kranke wird ihm zugeschickt und er dem Kranken." Der christliche Arzt darf sich als „Pfleger und Erhalter der menschlichen Natur" verstehen, er darf sich zum „Mitarbeiter des schöpferischen Gottes" zählen. Der ärztliche Stand wird in den Apokryphen und dort im Buch Sirach (38,1-4) näher umrissen. Es heißt dort u.a.: „Ehre den Arzt mit gebührender Verehrung, daß du ihn habest zur Not; denn der Herr hat ihn geschaffen, und die Arznei kommt von dem Höchsten …"

Der „alte Arzt" verstand sich als „Helfer der Natur"; er ließ sich von Intuitionen leiten, er kannte sich in der „Kunst" des Heilens aus. Die Ärzte unserer Tage leben in einem merkwürdigen Zwiespalt. Sie stehen im „Spannungsfeld zwischen dem Künstler und dem Roboter. Der ‚Künstler-Arzt' repräsentiert dabei zugleich das Individuelle und Menschliche im Kranken, der ‚Ingenieur-Arzt' die Gruppierung nach wahrscheinlichkeits-theoretischen Gesichtspunkten"38.

In der modernen Medizin beobachten wir eine „geradezu beängstigende Öffnung nach allen Seiten". Ein großer Teil von Ärzten praktiziert heute Gruppendynamik, Akupunktur, Hypnose, Autogenes Training, und die „anthroposophisch geprägte Medizin erfreut sich eines großen Echos". „Man ist versucht zu sagen, daß um der Heilung willen heute alles erlaubt ist." Die Medizin darf nicht zum Geschäft werden. Gesundheit ist nicht gleich einem Nahrungsmittel käuflich. Wir sollen dem Mitmenschen dienen. Als Ärzte haben wir dem Patienten deutlich zu machen, daß letztlich nur Jesus helfen kann!

Wie schon gesagt, braucht der Patient den mitmenschlichen Dialog. Leider findet er diesen nicht immer. Der „nervös erschöpfte" Mensch sucht Entspannung für sein Nervensystem. Allzu oft mangelt es aber an Ratschlägen, die gerade für die Gesundheit der Nerven von Nutzen sind. Warum gelingt es so selten, den Blick des „kranken" Menschen auf Gott zu richten, bei dem die Nerven und die Seele Ruhe erlangen könnten? Warum wird Gott für seine Wohltaten so wenig gedankt? „Das ist ein köstlich Ding, dem Herrn danken, und lobsingen deinem Namen, du Höchster, des Morgens deine Gnade und des Nachts deine Wahrheit verkündigen" (Psalm 92,2.3).

Woran liegt es, daß der Mensch Ruhe, Entspannung und Genesung in „paramedizinischen Heilmethoden" sucht? Von der „okkulten" Welle sind schon viele auf der Suche nach Gesundheit hoffnungslos überschwemmt worden. „In den Grenzbereichen der Medizin kann man nicht einfach alles unbesehen ‚konsumieren', so wie man auch im Wald nicht wahllos Pilze sammeln und diese ungeprüft verspeisen kann"117.

Der Schweizer Arzt Dr. Blatter, der in seiner Stiftung für ganzheitliche Medizin eine medizinische Tätigkeit auf der Grundlage der Bibel anstrebt und bei dem das Wort Gottes in seinem vollen Umfang Grundlage des ärztlichen und pflegerischen Handelns ist, stellte fest, daß die heutige Medizin neue Wege der Therapie sucht und diese auch praktiziert, da sich die klassischen Therapieformen zum großen Teil als wirkungsschwach oder gar wirkungslos in bezug auf ganzheitliche Heilung erwiesen haben. „Fest steht, daß Therapieformen wie Gruppendynamik, Hypnose, Autogenes Training, Akupunktur etc., die früher als paramedizinische Methoden verpönt waren oder nur von Außenseitern praktiziert wurden, heute durchweg akzeptiert und angewandt werden.

Diese paramedizinischen Methoden werden heute sogar an unseren Universitäten gelehrt und sind aus dem therapeutischen Angebot unserer Zeit nicht mehr wegzudenken. Deshalb ist es Pflicht von uns christlichen Ärzten, diese Methoden und Praktiken genau zu prüfen. Prüfstein ist dabei allein die Bibel, das wahre Wort Gottes."

„Satan ist ein schlauer Stratege; er weiß geschickt sein Fangnetz auszubreiten und die Menschen gerade in ihrer Not sich hörig zu machen. Eine wichtige Frage geht aber auch an die Kinder Gottes. Ist es möglich, daß okkulte Praktiken und Einflüsse, verschleiert und gut getarnt, auch für die Gläubigen zu einer eigentlichen Gefahr werden können?

Gottes Wort sagt, daß der Teufel, der von Anbeginn ein Lügner ist, als Engel des Lichtes auftreten kann. Die Bibel warnt uns Gläubige vor den listigen Anläufen des Teufels. Gleichzeitig gibt sie uns die Anweisung, wie wir uns in diesem geistigen Kampf verhalten sollen. Die einzige Waffe, die wir besitzen, ist das Wort Gottes selbst. Unser Herr Jesus Christus hat uns, als er selber von Satan versucht wurde, dieses Rezept bestätigt. Er hat mit dem Wort Gottes gekämpft, indem er sagte: ‚Es steht geschrieben... und abermals steht geschrieben'. Getarnt als Engel des Lichtes versucht der Teufel uns

Gläubige gerade auf dem Gebiet der Paramedizin in seinen Bann zu ziehen"[12].

Jemand hat einmal gesagt, daß der Teufel „der große Affe Gottes" sei. Dieser Ausspruch hat seine Berechtigung, denn der Teufel ist keine Erfindung. Ihn gibt es wirklich! Nur stellt er sich uns nicht als Teufel vor. Als Gegenspieler Gottes verführt er mit List Tag für Tag viele Menschen. Als der größte und raffinierteste Betrüger ahmt er Gott in allem nach. Er weiß sich meisterhaft zu tarnen und sich zu verstellen. Als „Engel des Lichts" oder als „Wohltäter der Menschheit" macht uns der Teufel scheinbar glänzende, verführerische Angebote. Wenn Menschen gerne gesund werden wollen, können sie auch beim Teufel Heilung finden. So führt Satan oft schlaue Argumente an, wie „das sind doch nur harmlose Dinge!" oder „wenn dem Menschen geholfen wird, kann es keine Sünde sein!"

Lieber Leser, stellen wir einmal fest, daß Gott auch heute noch bereit ist, uns Menschen zu helfen. Ein göttliches Hilfsangebot für Kranke finden wir in Jakobus 5,14-16. Gott, der Schöpfer Himmels und der Erde, hat auch heute noch Macht, Gesundheit zu schenken, wenn es seinem Willen entspricht.

Gott erhört auch heute noch Gebete um unsere Gesundheit! Er hat Macht, Krankheit wegzunehmen und die ersehnte Gesundheit zu schenken. Dies kann augenblicklich geschehen oder auch ein Prozeß von Wochen und Monaten sein. Gott behält sich aber auch vor, zu einem Gebet um Gesundheit „nein" zu sagen. Er hört dieses Gebet, aber er erhört es nicht! Dies ist für uns natürlich schwer zu begreifen.

An dieser Stelle muß man sich auch die Frage nach Ursachen der so problematischen Erscheinungen der Suchtgefährdung und des Drogenmißbrauchs stellen. Handelt es sich nur um ein flüchtiges Phänomen unserer Zeit?

Hinter der wachsenden Verbreitung des Rauschmittel-Mißbrauchs, insbesondere bei der Jugend, steckt die von der Gesellschaft kaum mehr erfüllte Sehnsucht nach Selbsterfüllung und wirklichem Glück, nach einem höheren Leben durch Erfahrungen der Bewußtseinserweiterung, nach psychischen und mystischen Erlebnissen, die über den seelen- und geistlosen Alltag hinausführen.

Dieser Sehnsucht liegen meist Flucht vor Unsicherheit und Lebensangst, Unverständnis und Einsamkeit, Minderwertigkeitsgefühle und Mißerfolge zugrunde. Sie verleiten ebenso wie ein unbefriedigtes Selbstgefühl und Geltungsverlangen und die aus allen Komponenten entstehende Opposition gegen den politischen Apparat und das Establishment der Wohlstandsgesellschaft zum neugierigen Versuch und zur Nachahmung anderer, die scheinbar durch Rauschmittelmißbrauch glücklicher werden.

„Zum Weitermachen verführt dann die Freude an der Erlebnis- und Genuß-Steigerung, an den erweiterten Sinneswahrnehmungen, an dem Hinausgehobenwerden über den Alltag in ein vermeintlich geistiges Leben voll farbiger Visionen und ‚Hellgesichte'"[66].

Wo findet der Mensch nun wirkliche Hilfe? Wo finden wir einen Ausweg aus dem menschlichen Dilemma? Kommt nicht wirkliche Hilfe „von oben"? Die Bibel, Gottes Wort, vermag eine Antwort auf die zahlreichen Probleme unserer Zeit zu geben. Ich bin persönlich überzeugt davon. Aber auch davon, daß den Patienten sogenannte „moderne Heilmethoden" und in der Presse angepriesene „Alternativ-Lösungen" keine Hilfe oder Heilung bringen können.

Auch wenn die Probleme und Fehler der sogenannten „Schulmedizin" auf nicht immer feine Weise in die Öffentlichkeit gezerrt werden und das Vertrauen in den Arzt untergraben wird, so möchte sicherlich niemand von uns die segensreichen Wirkungen der modernen Medizin missen. Hängen Sie sich nicht an noch so gutgemeinte ausgeworfene Rettungsanker! Wirkliche Rettung erfährt man nur durch die Begegnung mit Gott in

Jesus Christus. Eine solche Begegnung wird sich auf unser ganzes Leben auswirken. „Darum, ist jemand in Christus, so ist er eine neue Schöpfung; das Alte ist vergangen, siehe, es ist alles neu geworden" (2. Korinther 5,17). Und in Psalm 107,19.20 heißt es: „Als sie zum Herrn riefen in ihrer Not, half er ihnen aus ihren Ängsten, er sandte sein Wort und machte sie gesund und errettete sie, daß sie nicht starben."

In der Beschäftigung mit okkulten Dingen dagegen liegt eine Gefahr. Auch Christen können von ihnen ergriffen werden, und es ist wahrlich schwer, wieder von den dämonischen Zauberpraktiken loszukommen.

Lesen wir hierzu den Bericht in Lukas 8, 26-39, wie er in der „Guten Nachricht" wiedergegeben wird:

„Sie fuhren weiter bis in das Gebiet von Gerasa, das Galiläa gegenüber am anderen Seeufer liegt. Als Jesus aus dem Boot stieg, lief ihm ein Mann aus jener Stadt entgegen. Er war besessen und trug schon lange keine Kleider mehr. Weil er es im Haus nicht aushalten konnte, lebte er in Grabhöhlen. Als er Jesus sah, schrie er auf, warf sich vor ihm zu Boden und rief: ‚Was willst du von mir, Jesus, du Sohn des höchsten Gottes? Bitte, quäle mich doch nicht!'

Jesus hatte nämlich dem bösen Geist befohlen, den Mann zu verlassen. Der hatte ihn schon lange in seiner Gewalt. Obwohl der Mann wie ein Gefangener an Händen und Füßen gefesselt worden war, hatte er die Ketten zerrissen und war von dem bösen Geist in die Einöde getrieben worden. Jesus fragte ihn: ‚Wie heißt du?' Er antwortete: ‚Ich heiße Legion.' Es waren nämlich viele böse Geister in den Mann gefahren. Die baten Jesus: ‚Schick uns nicht in die Hölle!' In der Nähe weidete eine Schweineherde auf dem Berg, und sie baten ihn, in die Schweine fahren zu dürfen. Jesus erlaubte es ihnen. Da verließen sie den Mann und fuhren in die Schweine. Die ganze Herde stürzte sich über das steile Ufer in den See und ertrank. Als die Schweinehirten das sahen, liefen sie davon und erzählten in der Stadt und auf den Dörfern, was geschehen war. Die Leute wollten es sehen und kamen zu Jesus. Sie fanden den Mann, aus dem er die bösen Geister ausgetrieben hatte, zu seinen Füßen sitzen. Er war ordentlich angezogen und bei klarem Verstand. Da bekamen sie Angst. Die Augenzeugen erzählten ihnen, wie der Besessene geheilt worden war. Alle baten Jesus, aus der Gegend wegzugehen; so sehr fürchteten sie sich. Da stieg er ins Boot, um zurückzufahren. Der Mann, der geheilt worden war, bat Jesus, ihn doch mitzunehmen. Aber Jesus schickte ihn weg und sagte: ‚Geh nach Hause und erzähl, was Gott für dich getan hat!' Der Mann zog durch die ganze Stadt und machte überall bekannt, was Jesus für ihn getan hatte."

Betrachten wir diese Geschichte einmal genau! Könnte sie nicht auch in unserer Zeit geschehen sein? Haben wir es da nicht mit einem Menschen zu tun, der Symptome zeigt, wie wir sie auch heute sehen? Ist da nicht ein Mann, der durch sein schamloses Benehmen auffällig geworden war? Er war so „auffällig" geworden, daß man ihn in die „Psychiatrie" seiner Zeit abschieben mußte. Bis heute haben sich zwar die Methoden verfeinert, die Tendenz ist aber gleichgeblieben. Ein Mensch, der sich allzu weit von der gesellschaftlichen Norm, dem Normalen, dem Durchschnitt aller Verhaltensweisen entfernt, muß isoliert werden. Hinaus aus der menschlichen Gemeinschaft, damit wir ungestört bleiben! Der Mensch in Gerasa war an Ketten gebunden worden. Aber da war irgendeine Macht, die ihm solche Kräfte verlieh, daß er die Ketten zerriß. Auch heute noch können wir erleben, wie kleine, schmächtige Menschen solche Kräfte entwickeln, daß mehrere starke Männer sie kaum halten können.

Ist hier nicht ein Mensch, der es nirgendwo aushält? Der sich in einer Gegend herumtreibt, wo man sich im allgemeinen nicht gern aufhält? Bei den Gräbern! Irgendeine Macht treibt ihn zu den Toten. Benimmt sich dieser Mensch nicht irre? Wird er nicht von Mächten getrieben, die über ihn Herr sind?

Diese Geschichte macht deutlich, daß es eine dämonische Macht gibt, daß Satan keine Legende ist. Was sagen wir, wenn wir einem solchen Menschen heute begegnen? Der Mensch ist krank; er hat vielleicht einen „kleinen Dachschaden" oder – vornehmer – er ist „psychisch gestört". Andere meinen vielleicht, er sei an seiner Umwelt nervlich „kaputtgegangen", er hätte den alltäglichen Streß nicht mehr ausgehalten. Oder man würde behaupten: dieser Mann ist schizophren.

Von diesem Mann wird in Lukas 8 gesagt: „Er war besessen." Oder es wird davon gesprochen, daß er Dämonen hatte. Wie die Besessenheit entstand, wissen wir nicht. Wir nehmen nur zur Kenntnis, daß sich Dämonen eines Menschen bemächtigen können. Es wird auch nicht von dem Ausmaß der Besessenheit geschrieben. Aber davon, daß der böse Geist ihn schon lange festgehalten hatte – Monate, vielleicht Jahre.

Viele psychisch Kranke brauchten sicher nicht in einer psychiatrischen Klinik zu sein, wenn sie sich voll und ganz Jesus übergeben hätten. Was natürlich nicht bedeutet, daß alle psychisch Kranken von Dämonen besessen sind. Mitnichten! Als Arzt bin ich verpflichtet, mit meinen mir zur Verfügung stehenden Mitteln Verhaltensstörungen zu heilen und gegen Erkrankungen anzugehen. Nur muß ich mich davor hüten, einen Menschen falsch zu beurteilen! C.G. Jung soll einmal gesagt haben: „Was man früher Dämonen nannte, nennt man jetzt Neurose, und daß sich die Neurosen mit dem Niedergang religiösen Lebens vermehren!"

Es gibt eine sichtbar gewordene Herrschaft von Dämonen über einen Menschen. Wo dann Jesus in das Leben des Menschen eintritt, müssen die Dämonen weichen.

Hier hilft auch keine Psychoanalyse. Dies kann, wie D. v. Drigalski[29] schreibt, „etwas viel zu Gefährliches" sein, „um überhaupt angewandt zu werden". Sie berichtet, daß sowohl „schwere Schäden gesetzt" und sogar „Suicide ausgelöst werden können". Nach D. v. Drigalski gibt es „eine hohe Dunkelziffer an Suiciden im Zusammenhang mit Analysen, analytisch orientierter Therapie, wo die Analyse zumindest überwiegend auslösend war oder schlicht jemandem den Rest gegeben hat." Nach ihrer Meinung hat sich „in die Analyse ein Allmachtsanspruch eingeschlichen, alles und jedes erklären zu können. Insgeheim ist sie allen anderen Wissenschaften haushoch überlegen." Vielleicht sei doch „etwas an der hämischen Kritik von Psychoanalysegegnern, die die (verwaltete, praktizierte) Psychoanalyse mit der (kirchlich verwalteten) Religion vergleichen: An Stelle Gottes sei Freud gesetzt, dessen Abbildungen an Stelle der Kruzifixe, an Stelle der Zehn Gebote rangierten." Sie zieht das Fazit, daß die Psychoanalyse letztlich mehr Schaden anrichte als behebe.

Sicherlich werden wir mit unseren Alltagsproblemen am ehesten fertig, wenn Christus der Mittelpunkt unseres Lebens ist. Dem Menschen ist eine freie Willensentscheidung gegeben. Diese freie Entscheidung kann für den Menschen – und dies gerade in unserer Zeit mit ihren zahlreichen Angeboten – auch die Wahl des Falschen beinhalten. Treffen wir in gesunden oder kranken Tagen stets die rechte Wahl! Es geht um den ganzen Menschen. Sinn unseres Lebens ist „Bereitschaft, Hingabe und Opfer"[47].

Heilatmosphäre
oder Verführung des Menschen?

In den letzten Jahren haben die okkulten Praktiken einen deutlichen Aufschwung genommen. Die Literatur dieser Praktiken und der fernöstlichen Heilswege überschwemmt den Büchermarkt. Millionen haben Filme wie „Der Exorzist" gesehen. Die Massenmedien machen mit allen denkbaren parapsychologischen und dämonisch beeinflußten Vorgängen bis hin zu Zauberei und Hexerei bekannt. Unzählige Mitmenschen studieren ihre Tageshoroskope und richten sich vielfach – bewußt oder unbewußt – nach ihren Anweisungen. Sogar der Teufelskult, die Verehrung Satans ist auf dem Vormarsch. Spiritistische Sitzungen erfreuen sich wachsender Beliebtheit. Immer mehr Menschen unter uns folgen „den verführerischen Geistern und Lehren böser Geister" (1. Timotheus 4,1). Der Mensch versucht, seine Probleme ohne Gott zu lösen.

Dabei ist dieser Mensch nicht angstfrei. Er hat Zukunftsangst, Lebensangst, Todesangst; Angstträume verfolgen ihn bis in den Schlaf. Der Mensch sucht einen Ausweg aus seinem irdischen Dilemma, er sucht Rettung aus seiner Not und greift dankbar nach angebotenen Hilfen. Auf diese Weise entdeckt er die verschiedenen Spielarten des Okkultismus, des Aberglaubens und der paramedizinischen Methoden. Der Mensch klammert sich an vieles. Harmlos erscheinende Angelegenheiten oder gar angeblich wertvolle Lebenshilfen können ihn aber unter einen satanischen Bann bringen!

Wieviel Menschen z.B. leben in ständiger Angst, nur in der Nacht keine Eule rufen zu hören, aus Angst, daß jemand in der Familie sterben muß. Ist dies als harmlos zu bezeichnen? Andere Menschen wieder wollen nach der Zahl des Kuckucksrufes ihre Lebensjahre feststellen. Ist das eine Lebenshilfe? Viele Menschen, die ihr ganzes Leben nicht in die Hand des großen Gottes legen, leben in Furcht und verfallen oftmals dem Aberglauben und dem Okkultismus.

„Okkult" heißt soviel wie verborgen, versteckt, geheimnisvoll. Unter „Okkultismus" werden all die Erscheinungen zusammengefaßt, die verstandesmäßig kaum noch erfaßbar sind. Es geht hierbei um das Metaphysische (das Übernatürliche) und das Metapsychische (das Übersinnliche). Dabei handelt es sich um Magie (Schwarzkunst und Teufelskunst), Spiritismus (Totenverkehr), Astrologie (Sterndeutung) u.a.m.

Hilfe findet man nicht durch die Bindung an okkulte Kräfte. Leider erkennen viele Menschen unter uns nicht den Sog dieser Kräfte, weil sie einfach nicht informiert sind. Deshalb soll hier einmal ganz offen über verschiedene Dinge berichtet werden – auch weil Jesus Christus uns von okkulten Dingen befreien kann. Nur der Schöpfer kann uns helfen; nur er kann unser Heiland sein. Ohne den Sohn Gottes wären wir auf ewig verloren. Christus ist und bleibt für uns die einzige Hoffnung! Lassen wir uns nicht durch satanische Mächte etwas vormachen!

Finden Sie es z.B. harmlos, wenn ein „gestandener Mann" umkehrt, weil eine schwarze Katze ihm von links über den Weg gelaufen ist? Nennen Sie das Lebenshilfe, wenn sich jemand von den Sternen oder einem Amulett abhängig macht? Ist der Talisman nur etwas, worüber man einfach lächelt? Oder bringt man durch den Talisman altes Heidentum in die moderne Zeit? Übertritt man hiermit nicht Gottes Gebot: „Ihr sollt keine anderen Götter haben neben mir"? Soll man sich nicht vielmehr „dem Schirm des Höchsten" anvertrauen? Erwarten wir Glück vom vierblättrigen Kleeblatt oder vom Hufeisen? Wir leben doch nicht mehr im Heidentum! Wie denkt Gott darüber? „Wer solches tut, der ist dem Herrn ein Greuel" (5. Mose 18,12).

„Unter dem Deckmantel der Wissenschaft, einer scheinbaren Wissenschaft, werden die Menschen verführt; und leider – wie die Bibel behauptet – auch Gläubige, auch Menschen, die in der Nachfolge Jesu stehen. Sie werden verführt von diesen ‚Zauberern'. Sie dienen Gott und gleichzeitig dem Teufel. Die okkulten Heiler sind oft Menschen, die sich fromm gebärden, die sich so verstellen, daß sie geradezu als Engel des Lichtes erscheinen. Und doch sind sie Beauftragte des Gegenspielers Gottes. Die weiße Magie, die Zauberei im Namen Gottes und unter Mißbrauch des Namens Gottes, des Vaterunsers, ist eine der gefährlichsten Formen, weil man ihr nicht anmerkt, was dahintersteckt"[147].

„Heute ist der Okkultismus gesellschaftsfähig geworden, er ist aus der Verborgenheit herausgetreten und wird in aller Öffentlichkeit getätigt. Er ist für viele ein Interessengebiet geworden, mit dem sich der fortschrittliche Mensch zu beschäftigen hat ...

Okkultismus ist keine harmlose Sache, auch wenn man sich einbildet, daß man aus wissenschaftlichem Interesse darin arbeitet: Wir können uns nicht mit Satan beschäftigen, ohne daß wir ihn heranziehen, ohne daß er seinen Einfluß auf uns ausübt. Denn er lebt, ihm ist Macht verliehen; und diese Macht benützt er dazu, Menschen zu schädigen, zu quälen, ins Verderben zu bringen"[128].

„Es gibt auch heute noch Blutverschreibungen an den Teufel, so wie sie Goethe in seinem Faust schilderte. Und es gibt auch heute noch Menschen, die über irgendwelchen Photos, Photographien oder über Medikamenten pendeln. ... Dann sagt man, es gäbe sogenannte Erdstrahlen, die man abwehren müßte mit Staniolkugeln oder sonst irgendwelchem Gerät, das man für viel Geld kaufen muß. Man glaubt, besondere Erleuchtungen bekommen zu müssen aus fernen Welten, und meint, daß man die Welt zutiefst nur dann erkennen kann, wenn man sich geheimnisvollen Geistern ausliefert. Es klingt oft auch noch sehr fromm.

Im Grunde genommen geht es bei allen diesen Praktiken nicht um irgendwelchen Spaß, nicht um irgendeinen Zeitvertreib, sondern um eine der schwersten Sünden, die es überhaupt gibt, um Sünden, die nicht einen Verstoß gegen das Bürgerliche Gesetzbuch oder das Strafgesetzbuch bedeuten, sondern Sünden, die durchaus staatlich erlaubt sind, weil sie den Staat nichts angehen, um Sünden gegen das 1. Gebot: „Du sollst keine anderen Götter haben neben mir". Daß der Mensch des Atomzeitalters diesen anderen Göttern, diesen primitiven Göttern früherer Jahrhunderte und Jahrtausende nachläuft, ist ein Skandal. Wie oft führt dann ein solches Leben aus der Angst, aus der Not hinein in den Aberglauben, in die Zauberei, in eine geistige und geistliche Verdummung, in eine Feindschaft gegen Jesus, in die Verzweiflung und in den Selbstmord?"[147]

Der Mensch wird heute stärker denn je von der dämonischen Macht bedroht. Satan weiß, daß er nur noch wenig Zeit hat! Aus aller Welt wurden 1975 für okkulte Dinge aufgeschlossene Menschen nach Kolumbien gebracht, wo der erste Weltkongreß der Zauberer und Hexen stattfand. Sogar nächtliche Satansmessen standen auf dem Programm. Es ist etwas Sensationelles, in die „übersinnlichen Welten" einzudringen. Mit großem Interesse wenden sich immer mehr Menschen dem Okkulten zu, „ohne zu wissen und zu ahnen, daß sie damit unter eine höchst gefährliche Macht kommen, die ihr Leben hier und in Ewigkeit ins Verderben führen kann"[128].

Wer die Angebote Satans in Anspruch nimmt, wird dadurch belastet. Ein Mensch, der mit solchen Angeboten in Berührung gekommen ist, eine Begegnung mit Satan gehabt hat, der ist zeit seines Lebens belastet. Denn Satan verfolgt nur ein Ziel: den Menschen durch List und Betrug in seine Abhängigkeit zu bringen. Es braucht nur einer der Vorfahren (Eltern, Großeltern) z.B. einmal spiritistische Praktiken in Anspruch genommen zu haben; schon ist dieser Mensch belastet, und diese Belastung wird auf Kind und Kindeskind übertragen, in die dritte und vierte Generation. Dies muß hier erwähnt werden, weil Seelsorger solches immer wieder feststellen.

Glowatzki aus Bern, der sich seit Jahren mit dem modernen Okkultismus auseinandersetzt, schreibt:

„Der moderne Okkultismus benimmt sich derzeit pseudowissenschaftlich und schlüpft in gelehrt klingende Worthülsen wie z.B. ‚Parapsychologie‘, denn er will der Menschheit weismachen, er sei eine ernstzunehmende Hochschuldisziplin. Seine Adepten rekrutieren sich aus allen Bildungsschichten, wobei in der Verteilung der Geschlechter bei den aktiven Okkultisten der männliche und bei den passiven der weibliche Anteil dominiert. Was die soziale Struktur betrifft, so geht sie quer durch alle Schichten, und zwar bei beiden okkultistischen Gruppen, mit einer Massierung bei den Aktivisten durch Halbgebildete, die aber auch bei den Passiven auffallen.

Wie der Gerichtsmediziner Otto Prokop postuliert hat, bestehen die ‚drei Säulen des Okkultismus‘ aus ‚Selbsttäuschung, Geistesstörung und Betrug‘, und bei den aktiven Okkultisten sind alle drei zu finden, wobei die dritte oftmals die tragfähigste zu sein scheint, während bei den passiven Adepten die Selbsttäuschung und Täuschbarkeit (gepaart mit gläubigem Ignorantentum) am stärksten entwickelt sein dürften. Die zahlreichen Widerlegungen okkultistischer Behauptungen, die Entlarvungen von ‚Medien‘ und Okkultbetrügern, dies alles hat nicht verhindern können, daß der Hydra des Okkultismus immer neue Köpfe nachgewachsen sind, weil eben die Leicht- und die Wundergläubigkeit tief in der menschlichen Psyche verwurzelt sind. Es gibt weiterhin viele Menschen, die lieber das sehen, was sie glauben, als das glauben, was sie sehen.

Natürlich hat der Okkultismus zu keiner Zeit die Heilkunde ausgelassen, nein, er hat auch von jeher in ihr Wurzeln geschlagen. Und hier zeigt er ein besonders bösartiges Gesicht, denn es geht doch neben dem Vermögen der Okkultpassiven auch noch um ihre Gesundheit, das höchste Gut. Was nützen alle Einsprüche der wissenschaftlichen Medizin, was die Versager der okkultistischen Heilkunde (Paramedizin) bei ernsten Erkrankungen menschlicher Organe: die Wundergläubigkeit von Kranken ist stärker und macht es Scharlatanen nur allzu leicht, sich zum ‚Wunderheiler' hochzustilisieren. Auch die Warnungen wie z.B. des Nobelpreisträgers W. Forssmann haben nichts bewirken können, denn im Lager der Okkultmediziner befinden sich auf der Seite der Aktiven nicht nur laienhafte Kurpfuscher, sondern auch approbierte Ärzte, die irgendwie mit der Hochschulmedizin auf dem Kriegsfuß leben, sei es durch einen Mangel an wissenschaftlichem Verständnis, sei es durch Frustration oder sei es einfach aus wirtschaftlichen Gründen, denn es darf nicht verschwiegen werden, daß die Paramedizin als Modeströmung ihren Praktikanten ein nicht unerhebliches Einkommen schenkt ...

Nach langjährigen Erfahrungen mit Okkultisten aller Gebiete kann der Verfasser sagen: es ist sicher nicht verfehlt, einen gewissen Anteil der Okkultadepten für psychopathologisch auffällig zu halten und den Psychiater über den Krankheitswert zu befragen. Das gilt in der Paramedizin vor allem für die Praktikanten, während der bei ihnen Hilfe Suchende meist einfältig, wundergläubig und auch neugierig auf alles scheinbar ‚Moderne' in der Heilkunde ist, was ihm noch dazu die Boulevard-Presse tagtäglich in marktschreierischer Aufmachung vorstellt. Der Rest der Okkultmediziner ist sicher dort anzusiedeln, wo die wirtschaftlichen Interessen zuhause und die Gläubigen bereit sind, einen höheren Obulus für das ‚Besondere' – auch ohne Entschädigung durch die Krankenkassen – zu entrichten. Und daß die paramedizinischen Leicht- (aber Schwer-)verdiener sich mit Haut und Haaren wehren, ihrer Einnahmequellen beraubt zu werden, wen soll das wundern, wenn möglicherweise auch die steuerliche ‚Sonderbehandlung' solcher Nicht-Kassentätigkeit einen zusätzlichen Anreiz bietet.

Wer sich aber ein Gefühl für Logik und Wissenschaftlichkeit bewahrt hat, der wird weiterhin die Paramedizin sehr kritisch betrachten müssen, selbst wenn er rechnen muß, mit wüsten Angriffen seitens der Medizinokkultisten konfrontiert zu werden. A. Kitaigorodski hat die Forderung aufgestellt: ,Der Beruf des Wissenschaftlers ist Dienst an der Wahrheit.' Doch die Adepten des modernen Okkultismus jedweder Couleur ignorieren die Wahrheit oder bekämpfen sie sogar, werden aber nicht verhindern können, daß diese doch über Dummheit, Ignoranz und Beutelschneiderei siegen wird. Alle mit Vernunft Begabten und der Scharlatanerie Abholden unter uns sind zu diesem Kampf aufgerufen!"[34].

Die Menschen werden immer offener für die übersinnliche Welt. Sie glauben heute auch wieder an Wunder. Denken wir nur an die Erfolge von Uri Geller, der eine ganze Nation in Aufregung versetzt hat. „Auch viele Christen erliegen fromm getarnten Verführern, wenn sie Wunderheilungen zum Zentrum ihres Glaubens machen und damit dem Wunsch nach Heilung um jeden Preis zum Opfer fallen"[117]. Es bieten sich heute schon „Wunderdoktoren" an, die „alle" Krankheiten heilen können.

„Muß ein Patient wirklich erst eine Satansmesse für seine Gesundheit zelebrieren lassen, um okkult belastet zu werden? Oder genügt es schon, sich im Glauben einem Heilpraktiker auszuliefern, der sich auf unmeßbare Energien, unsichtbare Meridiane oder kosmische Potenzen verläßt? Wieweit ist Heilung durch Paramedizin nur psychisch, wie weit ist sie okkult?"[117].

„Die ,Heiler' stellen die Krankheiten nicht fest durch eine Röntgenaufnahme oder durch eine gründliche Untersuchung des Blutes im Labor, sondern auf ihre besondere Art und nennen sofort mit ,hundertprozentiger Sicherheit' irgendeine Krankheit. Ob die Diagnose stimmt, kann ja der Patient nicht kontrollieren. Aber er glaubt es, und hier spielt der Glaube eine große Rolle. Diesen ,Zauberern' muß man unbedingt glauben"[147].

Wie viele angebliche Christen glauben z.B., daß die Tierkreise einen Einfluß auf den Charakter des Menschen haben! Wie oft verbirgt sich Spiritismus und Astrologie unter der Tarnkappe einer „christlichen Botschaft"! Welche verheerende Wirkung geht von so manchen okkulten Schriften aus, die hier und dort in unseren Regalen stehen! Und was wird nicht alles von Verlagen angeboten, oft auch fromm-spiritistische Bücher.

Als ich das Manuskript zu diesem Buch zusammenstellte, fand sich unter meiner Post der Prospekt eines Buch-Verlages, der überschrieben war: „Licht und Liebe von hohen Lehrern". Hier wird u.a. ein Buch unter dem Titel „Licht aus dem Jenseits" angeboten; es handelt sich um eine „Leitung von einem hohen Wesen", um „Antworten eines hohen, nichtinkarnierten Lehrers, die Licht bringen in unser Leben" und als Zitat dieses Lehrers: „Lebe jeden Tag, als ob es der letzte wäre: so bewußt, so intensiv, so pflichterfüllt und so dankbar. Laß jeden Tag zu einer Blume erblühen, an der Gott seinen Gefallen haben könnte, damit du nachher mit einem schönen Strauß vor ihn treten kannst." Oder das Buch „Heiler und der Heilprozeß", ein „Bericht über Heiler, Heilen und Einblicke in die Prozesse, die bei Heilungen im physischen und den nicht-sichtbaren Körpern des Menschen vor sich gehen". Ein weiterer interessanter Titel: „Der Pfad der Heilung". Wer von uns möchte nicht gesund sein oder in seiner Krankheit Heilung finden? Ist man dann nicht auch schnell dazu bereit, ein solches angebotenes Buch zu erwerben. Was aber schildert dieses Buch? Zum genannten Buch ist vermerkt: „Eine ungünstige Vorgeschichte von seiten ihrer Eltern zusammen mit der zeitgemäßen Einstellung: ‚hole soviel wie möglich aus dem Leben heraus, ohne dich durch andere Erwägungen beeinflussen zu lassen', hatte bei der Patientin zu Unzufriedenheit, emotionalen Konflikten, Bitterkeit, körperlichen Störungen und zu einem Zustand der Unsicherheit und Angst und schließlich von Arzt zu Arzt geführt. Durch

Zufall (?) lernte sie Frau Challoner kennen. Dadurch konnte ein anderer, JEMAND, die Behandlung übernehmen, der wesentlich mehr über die Ursachen hinter der Krankheit wußte als der durchschnittliche Arzt oder Heiler, wobei H.K. Challoner als Übermittlerin der Heil-Botschaft zum Wohle der Patientin und eines breiteren Publikums – denn solche Anstrengungen werden nicht für einen Einzelnen allein unternommen – diente." Sagt uns das nicht genug?

Weitere Titel: „Das Rad der Wiedergeburt", in welchem „Grundsätze und Zusammenhänge von Karma und Reinkarnation" dargelegt werden oder „Regenten der 7 Sphären", welches „dem Studium des Unsichtbaren" gewidmet ist. Man könnte noch manch weiteren „verführerischen" Buchtitel anführen. Sie alle zeigen, wer hier federführend war. Besonders deutlich gemacht wird dies in dem Titel „Leitfaden zur okkulten Weisheit"; hier bietet die Autorin „die grundlegenden Ideen der Okkulten Weisheit, welche seit undenklichen Zeiten der sich entwickelnden Menschheit von hohen Lehrern unter Betonung bestimmter Gesichtspunkte verkündet werden, in kürzester, logischer und streng geordneter Form" dar. Zuvor aber steht vermerkt: „Angepaßt an deren Entwicklung und unter Betonung spezieller Gesichtspunkte wurden den Völkern der Erde zu allen Zeiten die gleichen ewigen Wahrheiten, die Religionen mit den Geboten rechten Verhaltens, verkündet. Geheim aber – denn Wissen ist Macht – wurden fortgeschrittene Schüler ausgebildet, welche Boten, Apostel wurden. Dieses stets streng gehütete Wissen darf heute teilweise als vorbereitende Lehren der Öffentlichkeit bekannt gemacht werden. Man nennt es Okkulte oder Uralte Weisheit."

Dies mag genügen! Denn solche Botschaften haben uns nichts zu sagen! Aber ist es nicht verführerisch, wenn man liest: „Drei Bücher gibt es, die jeder Studierende besitzen sollte: die Bhagavad Gita, das Neue Testament und die Yoga Sutras, denn in diesen dreien ist das Gesamtbild der Seele und ihrer Entfaltung enthalten." Und weiter: „In der Gita finden wir die wundervolle Beschreibung der Seele, des Krishna, in dem er sich als die Seele aller Dinge offenbart, verborgen hinter dem Schleier der Form. Im Neuen Testament wird uns das Leben eines vollkommenen Gottessohnes gezeigt, der das wahre Wesen der von jedem Schleier befreiten Seele sichtbar zum Ausdruck brachte. In den Yoga-Sutren lernen wir die Gesetze dieses Werdens sowie die Regeln und Methoden kennen, nach denen ein Mensch die Kräfte der Seele entfalten, Befreiung erlangen und Vollkommenheit auf Erden erlangen kann."

Absichtlich habe ich weder die Autoren der zitierten Bücher noch den Verlag genannt. Denn es gibt zuviel Menschen, die zum Okkultismus neigen, zur Astrologie, zum Pendeln, zur Wünschelrute, zum mesmerischen Heilmagnetismus, zur esoterischen Literatur usw. Vor solchen Dingen muß gewarnt werden, auch vor okkulten Heilmitteln, bestimmten Kräuterrezepten und besonderen Heilpraktiken wie Yoga oder Autogenes Training.

Wenn man auf der Antwortkarte des Verlages vorgenannter Bücher liest, daß dem Buch „Leben und Überleben" ein Wandtableau „Reflexzonen der Füße" beiliegt, man dieses Tableau behalten darf, auch wenn man das genannte Buch „nach 10 Tagen Probelesen" wieder zurücksenden sollte und wenn man dann noch erfährt, daß „alles gemäß dem kosmischen Plan" verläuft, daß in dem Buch „nicht nur der Vegetarismus ausführlich besprochen" wird, sondern der Autor gleichzeitig „Yogaübungen" u.a.m. erklärt, stellt sich natürlich die Frage, was Fußsohlenreflexzonen sind. Es handelt sich hierbei um eine Massagetherapie, die schon vor 5000 Jahren in der chinesischen und indischen Volksmedizin bekannt war.

Nach der Grundvorstellung der Reflexzonenmassage am Fuß ist der menschliche Körper in zehn Körperzonen eingeteilt, die sich in einem 10-Zonen-Raster am

Fuß wiederfinden. Wird eine bestimmte Reflexzone gesucht, ist sie generell in denselben Längskörperzonen am Fuß zu finden, die im Körper das Organ durchziehen. Ein Deutungsversuch der schmerzhaften Zonen am Fuß besteht nach Ingham in sogenannten „energetischen Fehlfunktionen im Fußgewebe, die durch unphysiologische Energiefülle oder relative Energieleere im Gewebe repräsentiert werden".

In der Zeitschrift „Bunte" war zu lesen: „Im menschlichen Körper fließen von Kopf durch den Rumpf bis zu den Füßen Energiefelder. Schon vor 5000 Jahren im alten China, im Indien der Maharadschas und in den Wigwams der Indianer kannte man diese Energiefelder. Der amerikanische Arzt Dr. William Fitzgerald machte sich die Erkenntnis der Ureinwohner seines Landes zunutze. Anfang des Jahrhunderts teilte er den menschlichen Körper in zehn senkrechte Zonen und die Füße in zehn entsprechende Raster ein." Es ist „verantwortungsloser Unsinn", „durch Druck auf die Fußsohlen Diagnosen zu stellen".

Ist es nicht auch eine Verführung des Menschen, wenn man eine „wissenschaftlich anerkannte" Behandlung von psychosomatischen Beschwerden, Angstgefühlen, Schlafstörungen, depressiven Verstimmungen, psychosomatischen Streßsyndromen usw. anbietet, mit der der Gesundheitszustand lange stabil gehalten und die Lebensqualität verbessert werden kann? Mit einem „Kassetten-Erfolgs-Programm" soll es durch die dargelegten Wahrheiten der Naturgesetze und deren bewußten Anwendung jedem Menschen möglich sein, sein Leben zu meistern und es in jeder Beziehung erfolgreicher, harmonischer, gesünder und glücklicher zu gestalten. Was soll man davon halten, wenn man liest, daß die Suggestions-Therapie ein wissenschaftlich-anerkanntes Behandlungsverfahren und, wie die Hypnose, eine zuverlässige Hilfe in der Psycho-Heil-Therapie sei?

Natürlich möchte jeder Mensch Erfolg und Gesundheit! Auch möchte jeder frei sein von Angst, Minderwertigkeitsgefühlen und anderen Komplexen. Aber ist die Suggestions-Therapie der „sicherste Weg"? Wenn man unter seelischen Problemen leidet, findet man sicherlich keine Befreiung durch Suggestionen. Was – und das sollte sich jeder fragen, dem „Befreiung von aller seelischen und körperlichen Disharmonie" angeboten wird – wird letzten Endes die „Lebenskraft unterminieren"? Erfolgreicher und gesünder wird der Mensch nicht durch „psycho-autogene Suggestionen"!

Mit Recht kann auch das 6. und 7. Buch Mose als „Schundliteratur" bezeichnet werden, das die „ungeheuerlichsten und schaurigsten Heilmittel und Heilverfahren"[120] anpreist. Der Untertitel lautet beim 6. Buch Mose: „Das ist Moses magische Geisterkunst, das Buch der größten und wundersamsten Geheimnisse" und beim 7. Buch Mose: „Das ist magisch sympathetischer Hausschatz in bewährten Mitteln zur Erreichung von vielerlei Zwecken." Mit dieser Literatur kann sich ein Christ nicht befassen! Wir sollen uns nicht damit beschäftigen, wie beispielsweise ein Zauberstab angefertigt wird oder eine Wünschelrute, wie man alle möglichen Geister beschwört, und ebenfalls soll man sich nicht mit den „uralten Rezepten" befassen, nach denen Krankheiten zu heilen sind. Hier sollte man sich keinen „gesundheitlichen Rat" holen! Näheres aus der Sicht eines Gerichtsmediziners zu diesem Thema finden wir bei Prokop[120], der sich kritisch zur Kriminogenität dieses Buches auseinandersetzt.

Das 6. und 7. Buch Mose zählt zur schwarzen Magie. Wenn diese Bücher auch nach einem der größten Männer Gottes genannt werden, so haben sie mit Mose auch nicht das Geringste zu tun. Nicht Gottes Geist ist der Urheber dieser Bücher, sondern der Geist des Satans, der Geist der Lüge. Denn diese Bücher gehören zu den größten Zauberbüchern, die die Welt kennt. Wer diese Bücher besitzt, hat sich buchstäblich an den Teufel verkauft. Es ist lebensgefährlich, sich mit okkulten Dingen zu umgeben!

Die Sehnsucht des Menschen nach Gesundheit hat heute eine zentrale Stellung eingenommen. Schon Simonides, ein griechischer Dichter des Altertums, schrieb: „Gesundheit ist das edelste Gut des sterblichen Menschen." Streben nach Gesundheit ist etwas spezifisch Menschliches – Glück und Gabe ebenso wie Aufgabe und Verpflichtung! Daß Gesundheit ein großes Geschenk ist, ein ganz persönlicher Wert, der gepflegt und erhalten werden muß, erkennen die wenigsten Menschen. Wer dem modernen Menschen Heilung verspricht, Hoffnung auf eine vollkommene Gesundheit, der wird immer sein Wartezimmer voll haben. Was steckt nun alles hinter diesem neuen paramedizinischen Boom?

Wie schon zu allen Zeiten, so möchte der Mensch auch heute einen Blick in die Zukunft tun; er bedient sich der Wahrsagerei, des Horoskops, des Kartenlegens u.a.m. Viele Menschen haben sogar das Bedürfnis, einen Blick hinter die Kulissen in das Jenseits zu werfen; hier reicht der Spiritismus die Hand.

Was wird uns hierzu im Worte Gottes gesagt? „Wenn sich jemand an die Totenbeschwörer und an die Wahrsager wendet, um Götzendienst mit ihnen zu treiben, so will ich mein Antlitz gegen einen solchen Menschen wenden und ihn aus der Mitte seines Volkes austilgen" (3. Mose 20,6).

Ein klares und deutliches Wort! Man kann und darf nicht sagen, man sei ja nur ein einziges Mal und schon vor langer Zeit mit diesem oder jenem in Berührung gekommen. Eine einzige Berührung mit okkulten Dingen macht uns unempfänglich für das Wirken Gottes.

Wenn man Jesus Christus dagegen ganz in sein Leben hineinnimmt, werden sich alle satanischen Bindungen auflösen. Denn Jesus ist Sieger geworden, und sein Sieg ist auch unser Sieg. Wir dürfen uns auf sein Wort berufen: „Er hat die unsichtbaren Mächte entwaffnet ..." (Kolosser 2,15). Gott möchte jedem helfen!

„Wer seine Übertretungen verheimlicht, wird nicht

zum Ziel gelangen; wer sie aber bekennt und läßt, wird Erbarmen finden" (Sprüche 28,13). Bitten wir deshalb Gott, daß er in unser Leben hineinleuchtet und wir unsere Sünden erkennen und dann auch bekennen. Nehmen wir die okkulten Dinge nicht leicht!

Das Reich der Dämonen ist unheimlich. Viele Berichte von Menschen gibt es, die durch die Bindung an okkulte Mächte in schwere Abhängigkeiten geraten sind. Wenn es zunächst auch nur Spaß ist, täglich sein Horoskop zu lesen, schließlich kommt der Zeitpunkt, wo man daran glaubt. Kartenlegen, zunächst nur „so zum Zeitvertreib", kann schließlich für einen Menschen von entscheidender Bedeutung sein. Und spritistische Sitzungen, zunächst nur als „Gesellschaftsspiel", lassen einen am Ende nicht mehr los.

Manfred Dönig hat einmal in einem Vortrag ausgeführt: „Wer sich in der Grauzone des Okkultismus bewegt, ob willentlich oder unwissend, der liefert sich damit Mächten aus, die ihn umklammern, sein Leben gnadenlos beherrschen und es schließlich auch völlig zerstören. Es ist im wahrsten Sinne des Wortes lebensgefährlich, sich dem Okkultismus zu öffnen. Wer das tut, von dem ergreifen dämonische Mächte Besitz. Es gibt nicht nur Drogenabhängige; es gibt auch Abhängige und Gebundene des Satans. Wir wissen, daß jede Droge ihre Folgen hat, ihren Preis; auch die, die aus dem Machtbereich der Finsternis stammen. Der Teufel verspricht zwar alles, aber er verschenkt nichts. Okkultismus ist keine Art einer aufregenden Freizeitgestaltung oder einer neuen Lebenshilfe. Hier hat der Teufel seine Hand im Spiel. Die Bibel warnt eindringlich, sich dem Verführungsspiel des Okkultismus zu öffnen. Jede Spielart des Okkultismus ist von A bis Z ein Spiel des Satans. Jeder, der sich in irgendeiner Weise in den Bereich des Aberglaubens stellt, gerät dadurch unweigerlich in einen dämonischen Sog, auch wenn man es nur aus Spaß macht, wie die Leute immer so gerne sagen. Es handelt sich hier um einen Selbstbetrug."

Das Wort Gottes redet sehr deutlich von der Existenz Satans, um uns die Augen zu öffnen, damit wir aus der Gewalt des Teufels zu Gott finden. Nur Christus ist der Herr über alle bösen Mächte und Gewalten. Er ist der Einzige, der wieder frei machen kann. In 1. Johannes 3,8 heißt es: „Dazu ist erschienen der Sohn Gottes, daß er die Werke des Teufels zerstöre."

Magie – Urrebellion gegen Gott!

Für die gegenwärtige Zeit ist auffallend, daß sich so viele Menschen zu okkulten Dingen hingezogen fühlen. Wir sind einer Flut von Zeiterscheinungen ausgesetzt, die häufig – auch für Christen – nicht leicht zu durchschauen sind. Denn nicht alles, was christlich anmutet, ist auch göttlichen Ursprungs. Nicht umsonst werden wir aufgefordert: „Ihr Lieben, glaubet nicht einem jeglichen Geist, sondern prüfet die Geister, ob sie von Gott sind; denn es sind viele falsche Propheten ausgegangen in die Welt" (1. Johannes 4,1).

Satan hat es schon immer meisterhaft verstanden, den Menschen zu täuschen. Okkulte Erscheinungen tragen oft ein Gewand, das der Wahrheit zum Verwechseln ähnlich sieht. Jesus hat in Matthäus 24, Verse 11 und 24 die ernste Mahnung ausgesprochen, wachsam zu sein: „Zahlreiche falsche Propheten werden auftreten und viele Menschen irreführen ... falsche Christusse und falsche Propheten ... werden sich durch große Wundertaten ausweisen, so daß sogar die von Gott Auserwählten getäuscht werden könnten – wenn das überhaupt möglich wäre." Die Flutwelle der Verführung schlägt immer höher. Zahlreiche Bücher (so z.B. „Was gestern noch als Wunder galt" von Keller, um nur eins der bekanntesten zu nennen), der Erfolg eines Uri Geller und anderer magischer Wundertäter und auch die Behandlung dieser Dinge in den Massenmedien zeugen von den Kräften und Strömungen dieser Zeit und der Aktualität der okkulten Erscheinungen. Die Parapsychologie bemüht sich, diese Erscheinungen mit wissenschaftlichen Methoden aufzuklären.

Viele Menschen lassen sich heute nicht mehr von den Geboten Gottes leiten. Sie richten ihr Leben nicht mehr nach dem Text der Bibel aus, sondern handeln nach außerbiblischen Einflüssen. „Das Problem dieser Welt besteht darin, daß es viele Definitionen von der Wahrheit gibt, so viele Allheilmittel, die die Welt von ihren Nöten befreien sollen. Aber der Christ weiß, daß es keinen anderen Namen unter dem Himmel gibt, darin wir sollen selig werden, als allein den Namen Jesu (Apg. 4,12). Es gibt nur eine Wahrheit, nämlich die Wahrheit des geoffenbarten Wortes Gottes"[63].

Der moderne Mensch aber glaubt nicht mehr an Gottes Wort. Er hat weitgehend die Bindung an Gott und seine Gebote verloren. Er schiebt diese Gebote beiseite, sucht Ersatz und Erfüllung im Geheimnisvollen, Okkulten, in magischen Dingen. So gerät der Mensch immer mehr in die Fallstricke und Schlingen Satans. Wie schon Satan die ersten Menschen durch Schmeicheleien und Lügen glauben machte, daß sie „sein werden wie Gott" (1. Mose 3,5), so verspricht er auch heute Segnungen, neue Erkenntnisse, neue „Augen zum Schauen Gottes".

Der Mensch lehnt sich gegen göttliche Ordnungen auf. Mit Hilfe „geheimnisvoller Mittel und Zeremonien" versucht er, „die Geisterwelt, die Menschen-, Tier- und Pflanzenwelt, sowie die tote Materie auf außersinnlichem Wege zu erkennen und zu beherrschen. ... Darum ist Magie Urrebellion von Anfang bis heute und Höhepunkt der Auflehnung des Menschen gegen Gott. Alles Gerede von harmlosen Naturkräften und neutraler Anwendung ist angesichts der biblischen Tatsache eine Ungeheuerlichkeit"[68].

„Der Begriff der Magie ist sehr vielschichtig ... Es gibt eine Magie im weitesten Sinne des Wortes. Man kann alles, was den Menschen fasziniert, auch alles Unerklärliche, das Numinose, das Fluidum magisch nennen.

Das ‚magische Leder' zieht Millionen zum Fußballplatz ... Es gibt auch eine Magie der Religion, wenn dem Menschen die kirchlichen Zeremonien, die Kerzen, der Weihrauch, die schönen Heiligenbilder, die sakrale Kunst wichtiger sind als die persönliche Verbindung mit Gott. Stimmungsvolle Andacht kann uns vom Wesentlichen wegziehen. Es gibt ferner eine Magie, die nur eine Unterhaltungsform darstellt. Es gibt in einzelnen Ländern sogar einen magischen Ring, eine Vereinigung von Männern oder Gruppen, die Unterhaltungsprogramme durchführen. Tricks sind keine Magie …

Eine dritte Form der Magie ist die Quacksalberei. Auch hier liegt keine echte Magie vor, sondern Täuschung der Menschen und Betrug …

Wenn wir alle diese Unterformen und Nebenformen der Magie abgeschritten haben, kommen wir zu der echten, in der Bibel verworfenen Form der Magie, der Beschwörungskunst, der Zauberei, der Teufelskunst. Hören wir einige Warnungen der Heiligen Schrift:

Micha 5,11:　　,Der Herr spricht, ich will die Zauberer bei dir ausrotten.'

2. Mose 22,18:　,Die Zauberinnen sollst du nicht leben lassen.'

Jeremia 27,9:　,Gehorcht nicht euren Zauberern.'

Maleachi 3,5:　,Gott spricht: ich will euch strafen und ein Zeuge sein gegen die Zauberer'"[69].

Was man somit unter Magie versteht, wurde folgendermaßen definiert: „Magie ist der seit Tausenden von Jahren unternommene Versuch des Menschen, sich selbst zu erhöhen und jenen Platz einzunehmen, der Gott vorbehalten ist."

Weiter heißt es: „Grenzüberschreitungen in das Gebiet des Okkulten, der Zauberei, der Wahrsagerei und der magischen Beherrschung der Welt und der Natur sind in erster Linie eine Sünde gegen Gott und seine Gebote. Hier spielen Technik, bürgerliche Ethik und Moral nicht die entscheidende Rolle.

Diese Grenzen werden weder durch staatliche Gesetze noch durch Polizei oder Grenzschutz bewacht. Hier glaubt der Mensch, unbeobachtet freies Spiel zu haben. Und doch, wer in einem Kriege, und sei es nur aus Neugier oder ,zum Spaß', in die feindlichen Stellungen hinüberläuft, wird entweder gefangengenommen oder es kostet ihn das Leben.

Okkulte Erkenntnisquellen erschließen sich dem Menschen, wenn er, wie einst Eva, der Stimme der Schlange (des Teufels) gehorcht. Der Mensch wird wissend, bekommt einen 6. Sinn und kann mit seinen Fähigkeiten glänzen oder gar Geld erwerben. Ein Studium der Naturwissenschaften, der technischen Fächer oder der Medizin ist nicht erforderlich. Auf diese ‚Schulweisheiten' blickt man erhaben hinab und ist stolz auf die übersinnlichen Erkenntnisse und die ungeahnten Möglichkeiten der Naturbeherrschung.

Grenzüberschreitung in den Bereich der Magie ist Schuld vor Gott. Sie hat Gefangenschaft im Feindesland zur Folge. Der Mensch verliert seine Freiheit. Er wird gebunden in seiner Denkfähigkeit und in seinem praktischen Handeln"[148].

Wir kennen auch heidnisch-magische Bräuche in der katholischen Kirche. „Man soll nach katholischer Auffassung nicht nur die Heiligen anrufen und auf ihr Fürbittgebet vertrauen, sondern mit ihnen Gemeinschaft haben und einen vertrauten Umgang pflegen. Im mystischen Leib Christi bestünden wohl Grenzen zwischen Diesseits und Jenseits, aber diese Grenzen seien keine Scheidewand, so daß die Beziehungen von drüben und hier recht innig seien und der Austausch von Fragen und Bitten, Antworten und Hilfe ständig hin und her flute. Hier nähert sich die Heiligenverehrung (im Verkehr mit Verstorbenen) bedenklich dem Gebiet des Spiritismus.

Trotz aller dogmatischer Enge hat die katholische Kirche die heidnischen Religionen und ihre Lehren nie völlig abgelehnt … Man darf, so wird argumentiert, die nichtchristlichen Religionen nicht mit der gottfeindlichen Welt gleichsetzen … Die Offenheit für nichtchristliche Lehren zeigt sich auch in der Verbindung des Katholizismus mit der griechischen Philosophie … Wir leben in einer Zeit der zunehmenden Glaubens- und Religionsvermischung (Synkretismus), die endzeitlichen

Charakter hat … Je mehr dieses Heidentum, das die Gottessohnschaft Christi leugnet, mit dem Christentum vermischt wird, je mehr wird sich der Geist Gottes, der sich nicht mit Falschem verbinden kann, zurückziehen. Der mystische Kult um Maria ist ebenfalls von dämonischen Einflüssen gekennzeichnet … Nach dem 7. Jahrhundert setzte eine völlig unbiblische Verehrung und Vergötterung der Maria ein … Der Marienkult ist widergöttlich und gefährlich"[95].

Der Volksbrockhaus sagt zur Magie: „Magie (griech.) – Zauberei; die angebliche Fähigkeit, sich durch bestimmte Handlungen, Zeichen und Formeln übernatürliche Kräfte dienstbar zu machen und mit diesen irdische Ereignisse zu beeinflussen. Bei schädigendem Einfluß spricht man von schwarzer, bei nutzbringendem von weißer Magie."

Weiße Magie sind okkulte Praktiken, die man mit einem frommen Mantel umhängt hat, denn wir wissen, daß Satan sich auch in einen Engel des Lichts verwandeln kann. Um unerkannt zu bleiben, tarnt sich Satan. Er flieht vor der Wahrheit! Das Gegenteil der weißen Magie ist die schwarze Magie. Hier verzichtet man auf jede Tarnung. Es werden der Name des Teufels und auch dämonische Mächte direkt angerufen, wie es etwa im Bereich des Spiritismus geschieht, wo man sich an böse Geister wendet und Tote befragt.

Bei der weißen Magie handelt es sich – vom Wort Gottes her gesehen – um „unsaubere Methoden und Praktiken, die mit einem frommen Anstrich getarnt als scheinbar sauber und lauter angepriesen werden".

Was weiße Magie bedeutet, hat Blatter anhand des weit verbreiteten und harmlos erscheinenden Buches „Gesundheit aus der Apotheke Gottes" von Maria Treben aufgezeigt. Er schreibt: „Es handelt sich bei diesem Büchlein um eine Sammlung von Hinweisen und Rezepten zur Herstellung pflanzlicher Heilmittel für gute und kranke Tage …"

Die eigenen Aussagen von Frau Treben weisen klar

darauf hin, daß sie weiße Magie betreibt. Sie sagt nämlich über die Quellen und Ursprünge ihrer Erkenntnis: ‚Meine Mutter starb Lichtmess 1961, und seither habe ich das bestimmte Gefühl, daß sie es ist, die mich tiefer in die Heilmittelmaterie hineindrängt. (Klassisch für medial veranlagte Seele!). Zeitweise habe ich das Gefühl, wie wenn mich eine höhere Macht lenken und wie vor allem Maria, die Hilfe der Kranken, mir den sicheren Weg weisen würde. Das Vertrauen zu Maria, unserer Himmelsmutter, die Verehrung und das Gebet vor einem ehrwürdigen Marienbild, das auf eigenartige Weise in meinen Besitz gekommen ist, hat noch jedesmal in Zweifelsfällen bei der Suche nach den richtigen Heilkräutern geholfen.‘

Maria Treben stellt ihr Werk unter die ‚Segnung‘ des großen Paracelsus. Heute erlebt das Werk von Paracelsus eine wahre Renaissance. Wer sich zu Paracelsus bekennt und ihn als Referenz seiner eigenen Arbeit angibt, bekennt mehr oder weniger offen seine Sympathie zur weißen Magie.

Nach Ansicht von Franz Hartmann hat sich Paracelsus mit den indischen Geheimlehren vertraut gemacht. In Konstantinopel pflegte er Umgang mit dem damals berühmten Magier und Alchimisten Solomon Trismosis. Aufgrund seiner Schriften, die erst nach seinem Tode gefunden wurden, beschäftigte er sich außer mit der Alchimie, mit Magie, Mantik, Astrologie und der Kunst, das Leben zu verlängern.

Heute stellen wir immer wieder fest, daß Wahrsager, Zeichendeuter und Spiritisten mit ihren ‚Patienten‘ beten, ihnen die Hände auflegen und mit großer Kenntnis die Bibel zitieren. Das ist nichts anderes als weiße Magie"[12].

Zahlreiche Hersteller diverser Gesundheitstees schwimmen auf der „Zurück-zur-Natur"-Welle. Nicht immer sind ihre Erzeugnisse so harmlos, wie man annimmt. Sogenannte Naturheilmittel können vor allem dann gefährlich werden, wenn sachkundige Sammlung und Zubereitung nicht absolut gewährleistet sind.

Da in den letzten Jahren immer mehr Nebenwirkungen synthetischer Medikamente bekannt geworden sind, ist der Trend zur Selbstmedikation mit Heilpflanzen oder mit deren Zubereitungen immer größer geworden. Dieser Trend wird noch durch Medizinecken in der Regenbogenpresse und durch Bücher angeheizt. Ausgeprägtestes Beispiel dafür ist das schon erwähnte Kräuterbuch „Gesundheit aus der Apotheke Gottes", das eine unwahrscheinlich hohe Auflage erreicht hat. In diesem Büchlein beschreibt die Autorin zahlreiche Heilpflanzen und gibt Ratschläge, bei welcher Krankheit sie einzusetzen sind. Nach Maria Treben sind auch Krebs, Lebercirrhose und Leukämie heilbar.

Hier müßten eigentlich jedem Christen die Augen aufgehen! Wenn Frau Treben beispielsweise den Eindruck erweckt, als könne man durch Heilpflanzen alle Krankheiten heilen und – wie gesagt – sogar Krebs, dann müßten sich alle Ärzte „verantwortungslos vorkommen", wenn sie einen Krebskranken nicht mit Schafgarbentee und Kalmuswurzeln behandeln, sondern ihn sterben lassen.

Wie schon erwähnt, ruft Frau Treben Verstorbene an – z.B. ihre Mutter und die „liebe Großmutter" Maria. Was wir von der Anrufung Verstorbener halten sollen, lesen wir in 5. Mose 18,9-12. Leider wird der fragwürdige Hintergrund des Buches von Maria Treben nicht wahr- und oft auch nicht ernstgenommen. Sonst hätte dieses Buch nicht in so zahlreichen christlichen Häusern Eingang gefunden.

Astrologie – Zukunft aus den Sternen?

Die Menschheit hat von jeher das Bestreben gehabt, die Stellung der Gestirne in eine Beziehung zu den Funktionen des menschlichen Lebens zu setzen. Die Astrologie ist uralt und geht auf die Babylonier und Ägypter zurück. Sie beruht also auf altem heidnischem Glauben, nämlich daß alles, was auf der Erde geschieht – auch das Schicksal der Menschen – von den Sternen abhängt. So versteht man unter Astrologie die „Deutung des menschlichen Schicksals und der Zukunft des Menschen aus der Stellung der Sterne im Augenblick der Geburt"[69].

Nach Ansicht der Astrologen bestehen zwischen dem Makrokosmos (Weltall) und dem Mikrokosmos (Mensch) enge Lebensbeziehungen. „Makrokosmos und Mikrokosmos sind letzten Endes wesensgleich. Infolgedessen müssen alle Vorgänge, die sich im Makrokosmos abspielen, schicksalsbedingt und unabwendbar auch im Mikrokosmos entsprechende Äußerungen auslösen. Insbesondere glaubte man, daß zwischen dem Lauf der Gestirne und dem menschlichen Schicksal ein sicherer und unmittelbarer Zusammenhang besteht. Wenn wir heute dieses astrologische Lehrgebäude ablehnen, so bedeutet dieses nicht etwa eine generelle Verneinung von Lebensbeziehungen zwischen Weltall und Menschheit. In Wahrheit wissen wir nichts darüber, wie das Ganze im Kleinsten wirkt und lebt. Inzwischen lehrten die Erkenntnisse der modernen Atomphysik über die innere Struktur der Atome mit ihren Kernen und den in gesetzmäßigen Bahnen um diese kreisenden Elektronen, daß auch die Atome nichts anderes sind als ‚Sonnensysteme im Kleinen'. Wir ahnen daher die innere Verbundenheit von Größtem und Kleinstem. Aber ‚Entsprechungs-Beziehungen' des Makrokosmos, die auf Leben und Schicksal der Menschen einwirkten, sind uns nicht bekannt"[92].

„Ohne Bedenken darf zugestanden werden, daß zwischen den Gestirnen und der Erde kosmische Zusammenhänge bestehen. Ohne Sonnenlicht wäre auf der Erde kein biologischer Prozeß möglich. Ferner wissen wir um die Tatsache, daß Konjunktion und Opposition der Konstellation Sonne, Mond, Erde Spring- und Nippfluten verursachen. Bekannt ist, daß die Gezeiten durch die Anziehungskräfte des Mondes und der Sonne entstehen. Weiter gibt es auch Beziehungen zwischen den zunehmenden Sonnenflecken und der gesteigerten, nervösen Reizbarkeit des Menschen"[70].

Astrologie ist „Mißtrauen gegen Gott", denn sie will dem Menschen Einblick in die Zukunft und das Schicksal des Einzelnen vermitteln. Dies aber hat Gott ausdrücklich untersagt. Sie ist eines der „größten Verblendungsmittel Satans".

Aber hat Satan nicht Macht über diese Erde? Wir dürfen nicht alles als Unfug abtun. Es gibt Fälle, die sich auf verblüffende Weise erfüllen. „Dem Propheten des Antichristen ist Macht gegeben, Wunder zu tun." Als Christen sollten wir keine okkulten Experimente machen. Die satanischen Mächte geben einen so schnell nicht wieder frei. Wer soll mein Ratgeber sein? Wer soll mein Leben führen? Hierzu lesen wir in Psalm 32,8: „Ich will dich unterweisen und dir den Weg zeigen, den du wandeln sollst; ich will dich mit meinen Augen leiten."

Die Astrologie behauptet, daß die Sterndeutung wissenschaftlich sei. Sie ist aber keine Wissenschaft, auch wenn sie deren Mantel benutzt! Wir dürfen sie nicht mit der Astronomie verwechseln, bei der es sich um eine echte Wissenschaft handelt, die uns Eindrücke von der Herrlichkeit der Sternenwelt und „der darin geoffenbarten Macht und Weisheit unseres Gottes" vermittelt. Die Astrologie wird als „völlig unwissenschaftlich" oder als okkulte Wissenschaft abgelehnt. Die „Sterndeutung" ist dämonisch; dies zeigt schon die Gleichsetzung der Gestirne mit göttlichen Mächten.

Der Kirchenvater Augustinus nannte die Astrologie „die hirnverbrannteste Betörung" seiner Zeit. Und Luther nannte sie eine „schebichte Kunst" und eine Verletzung des ersten Gebots.

Augustinus sagte auch: „Als freier Mann gehst du zum Wahrsager, als dessen Sklave gehst du von ihm fort." Astrologie trennt von Gott! Augustinus betrachtete die Astrologie als eine teuflische Magie, um die Menschen zu verderben. Satan versucht den Menschen an sich zu ketten, an sich zu binden. Er begnügt sich nicht damit, ihn zur Sünde zu verführen. Der Teufel setzt alles daran, um den Menschen mit Blindheit zu schlagen. Er weiß um die Neugierde des Menschen, um seine Fragen nach der Zukunft. 15 Millionen Menschen glauben in unserem Land an die Astrologie und 8 Millionen richten ihr Leben danach aus! In diesem Zusammenhang ist zu erwähnen, daß nahezu alle Kirchen einen Mitgliederverlust verzeichnen, die okkulten und magischen Lehren und Praktiken – besonders die Astrologie – eine Neubelebung erfahren. Das ist allerdings keineswegs erstaunlich, „denn der Blätterwald von Zeitungen, Magazinen und Büchern an den Kiosken, sowie gewisse Radio- und Fernsehsendungen berieseln die Menschen sozusagen von der Wiege bis zum Grabe mit Horoskopen und deren Deutungen" (factum Nr. 6, 1984). Hier werden Menschen irregeleitet und betrogen!

Nach der astrologischen Lehre haben die Planeten und Tierkreiszeichen auf das Schicksal des Menschen einen maßgebenden Einfluß. Man unterscheidet zwischen günstigen und ungünstigen Sternen: Mars und Saturn z.B. wirken schädlich, Venus und Jupiter sind günstige Planeten. „Das Verfahren der Astrologen besteht darin, daß man für die Stunde oder den Tag der Geburt ein schematisches Bild des Sternenhimmels mit den sogenannten ‚12 Tierkreiszeichen', Planeten und entsprechenden ‚Häusersystemen' und ‚Kräftefeldern' berechnet und aufzeichnet, d.h. ein sogenantes ‚Horoskop' aufstellt. Diese astrologischen Einteilungen entbehren jedoch jeder wissenschaftlichen Grundlage; sie sind einfach von den chaldäischen Astrologen mit ihren Deutungen übernommen worden.

Alle Himmelskörper werden nun mit dem Charakter eines Menschen, mit allen seinen Lebensäußerungen und mit seiner Umgebung in Verbindung gebracht. Daraus lasse sich nach festbestimmten Deutungsregeln dessen Schicksal vorauserkennen, ebenso aus der gegenseitigen Stellung der Planeten und ihren Einwirkungen zueinander"[76].

Ist es nicht eine Torheit zu glauben, daß die Sterne unser Leben regieren? Unser Vater, der im Himmel thront, der auch die Sterne geschaffen hat, hält unser Leben in seiner Hand!

Die Astrologie erlebt heute eine immer größere „Auferstehung", eine bemerkenswerte Renaissance, obwohl sie doch Anfang des vorigen Jahrhunderts längst als Aberglauben überwunden war. Heute druckt fast jede Tageszeitung und Illustrierte das Horoskop, den astrologischen Kalender. Wieviel astrologische Literatur gibt es im Handel! In ungeheuren Mengen werden astrologische Hefte verkauft. Viele der Menschen, die sich selbst als gebildet bezeichnen, sind auf die Astrologie hereingefallen und fragen vor bestimmten Handlungen ihren „Weltrhythmuskalender". Besonders bedenklich ist, daß sogar „astrologische Krankheitsdiagnosen" gestellt werden. Man versteht es, dem Menschen das Geld aus der Tasche zu locken!

Die Astrologie übt eine magische Anziehungskraft aus, die sie schon immer auf die Mehrzahl der Menschen ausgeübt hat, auch wenn viele dies nicht eingestehen möchten. Vor einiger Zeit hatten wir sogar eine „Astro-Show". Und es gibt kaum eine Illustrierte oder Zeitschrift, die ihren Lesern nicht einen Blick hinter kosmische Geheimnisse gönnt, oft kann man sogar täglich am geheimen Wissen berühmter Astrologen der Welt teilhaben. Ist es nur ein Gesellschaftsspiel? Könnte nicht doch irgend etwas „dran" sein?

Johannes Kepler lehnte die Benutzung der Tierkreiszeichen für das Horoskop auf das schärfste ab: „Die Astrologen haben eben darum die Aufteilung der zwölf Häuser des Himmels erdacht, damit sie auf alles das, was der Mensch zu wissen begehrt, unterschiedlich antworten möchten. Ich aber halte diese Weise für unmöglich, abergläubisch, wahrsagerisch und einen Anhang des arabischen Sortilegii (Schicksaldeutens)"[64].

Als Christen dürfen wir sagen: Nicht die Sterne regieren unser Leben, sondern Gott, der über allem thront! Astrologische Ratschläge bringen den Menschen in eine absolute Hörigkeit, und sie bewirken die Lähmung des eigenen, freien Willens; es kommt zu einer immer stärker werdenden Autosuggestion. Der Mensch gerät allmählich durch seine Horoskophörigkeit in Angstzustände; es kommt zur Furcht vor Entscheidungen, zu Depressionen. Eine Abhängigkeit vom Horoskop kann sich somit wie ein schwerer Bann auf den Menschen auswirken. Der astrologische Aberglaube ist heute viel schlimmer als jeder andere! „Die Astrologie steht in völligem Widerspruch zum biblischen Glauben und ist eine heidnische, gottfeindliche, antichristliche Gestirnreligion, hinter welcher ein spiritistischer Wahrsagegeist steht"[76].

Wenn wir uns der Astrologie verschreiben, dann wirkt sie tief in das persönliche Leben hinein. Auch eine „spielerische" Beschäftigung mit der Astrologie birgt Gefahren in sich, denn religiöse Vorstellungen bilden die Grundlage der Astrologie. Wer sich mit ihr abgibt, gerät in den Bann dämonischer Kräfte.

Allzuviel Menschen sind in dem Unfug der Astrologie gefangen und glauben an die seelischen Einflüsse der Planeten auf jeden einzelnen. Wer täglich das Horoskop liest, vielleicht zunächst nur aus Spaß, wird schließlich immer mehr daran glauben. Wie eine Seuche durchsetzen Horoskope Zeitungen und Zeitschriften. Sorgfältig werden sie jeden Tag von Millionen Menschen gelesen, die daran glauben, daß der jeweilige Tierkreis entscheidend für ihr Schicksal ist.

„Mehrere große amerikanische Universitäten bieten gegenwärtig Magie-, Hexerei- und Astrologiekurse an. Einige Angaben lassen das Ausmaß dieser Erscheinung noch deutlicher werden: In den Vereinigten Staaten gibt es etwa 10.000 Berufsastrologen und 14.000 Hellseher mit 42 Millionen Kunden und einem Umsatz von 400 Millionen Mark. 54 Prozent der Deutschen lesen regelmäßig ihr Horoskop. 1981 ließen die Bundesbürger sich ihren Sternglauben rund 60 Millionen Mark kosten"[82].

Aufgabe für uns als Christen ist es, deutlich auf die Gefahren dieses Irrglaubens hinzuweisen. Denn jede Art der Gestirnsbetrachtung wird von Gott als Abgötterei und Gottesverleugnung bestraft. „Hab ich das Licht angesehen, wenn es hell leuchtete, und den Mond, wenn er voll ging, daß mich mein Herz heimlich beredet hätte, ihnen Küsse zuzuwerfen mit meiner Hand? Was auch eine Missetat ist vor den Richtern; denn damit hätte ich verleugnet Gott in der Höhe" (Hiob 31,26-28).

„Nach dem orientalischen Sternglauben hatte der aufsteigende Stern am Geburtstage als Geburtsgott die Fähigkeit und Macht, das Leben, den Charakter und den Körper des Neugeborenen bis in die Einzelheiten zu beherrschen. Darum warnte Gott sein altes Bundesvolk durch Mose mit Todesstrafe ernstlich davor, ,seine Augen aufzuheben gen Himmel und die Sonne, den Mond, die Sterne, das ganze Heer des Himmels anzubeten' und damit anderen Göttern zu dienen (5. Mose 4,19; 17,2-5). Bedeutsamerweise hat Gott die Sterne erst am 4. Schöpfungstage nach der Erde, und zu ihrem Dienst geschaffen, erscheinen lassen, damit sie ,Tag und Nacht scheiden und Zeiten, Tage und Jahre bestimmen' (1. Mose 1,14). Dadurch wird die hohe, die Sterne noch überragende Bestimmung der Erde angedeutet, auf die des ‚Menschen Sohn' kam, um die Menschen durch das Kreuz an ihrer von Gott bestimmten Stellung über die Engel zu bringen"[76].

Nach Gottes Wort sollen die Sterne:

– die Ehre und Herrlichkeit Gottes erzählen und Gott loben (Psalm 8,4; 19,1; 148,3; Hiob 9,7-10; 22,12; 1. Korinther 15,41)

– Gottes Weisheit und große Kraft beweisen (Psalm 147,4; Jesaja 40,26)

– die Menschen im Glauben an den Schöpfer und an die gegebenen Verheißungen stärken (1. Mose 15,5; 5. Mose 1,10; 10,22; Nehemia 9,23; Jeremia 33,22)

– als Sinnbilder dienen (Daniel 12,3; 1. Mose 37,9; 4. Mose 24,17; Offenbarung 1,16.20; 12,4; Daniel 8,10; Jesaja 14,13; Offbg. 22,16)

– Zeichen für Gottes Gericht sein (Jesaja 23,10; Hesekiel 32,7-8; Joel 2,10; 3,4; Matthäus 24,29; Offenbarung 8,10-11).

Demgegenüber hat Gott uns verboten, mit Hilfe der Sterne in die Geheimnisse der Zukunft zu schauen. Auch soll sich der gläubige Mensch nicht wie die Heiden vor den Zeichen des Himmels fürchten: „Ihr sollt nicht der Heiden Weise lernen und sollt euch nicht fürchten vor den Zeichen des Himmels, wie die Heiden sich fürchten" (Jeremia 10,2), d.h. wir sollen uns nicht wie Menschen verhalten, die „Horoskope anfertigen und ihr Schicksal und ihre Zukunft aus den Sternen abzulesen versuchen." Gott hat hier für uns eine Warnung erlassen!

Gott kennt die verborgenen Gefahren der Astrologie, Wahrsagerei und Zeichendeuterei. Über unsere Zukunft können wir hier nichts erfahren. Es heißt in Jesaja 8,19:

„Wenn sie aber zu euch sagen: Ihr müsset die Wahrsager und Zeichendeuter fragen, die da flüstern und murmeln, so sprecht: Soll nicht ein Volk seinen Gott fragen, oder soll man die Toten für die Lebendigen fragen?"

Sterndeutung mit Wahrsagerei entfernt den Menschen von Gott. Wer den Weg der Abhängigkeit zu den Gestirnen geht, kommt unter den Bann Satans. Hierzu heißt es in 3. Mose 20,6: „Wenn eine Seele sich zu den Wahrsagern und Zeichendeutern wenden wird, daß sie ihnen nachfolgt, so will ich mein Antlitz wider dieselbe Seele setzen und will sie aus ihrem Volk ausrotten."

„Die Lehre von der ‚astrologischen Stundenschau' wurde vor 4000-5000 Jahren von chaldäischen und babylonischen Götzenpriestern aufgestellt. Obwohl sie in der Zwischenzeit mancherlei Wandlungen unterworfen war, gründet sich die heutige Astrologie mehr oder weniger auf diese uralten Ansichten. Von einem christlichen Ursprung kann man hier nicht reden ...

Als Tierkreis bezeichnet man den Weg, den die Sonne im Laufe eines Jahres durchwandert. Dieser Tierkreis wird in 12 Abschnitte eingeteilt. Diese Einteilung in 12 Abschnitte ist völlig willkürlich, und es ist durch nichts erwiesen, daß es genau 12 Zeichen sein müssen.

Die Chaldäer brachten nun diese Teilabschnitte der himmlischen Sonnenbahn mit den religiösen Symbolen ihrer Götzen und Götter in Verbindung. Sie suchten sich eine bestimmte Sternengruppe aus, die mit gedachten Verbindungslinien das Bild eines Löwen ergab und benannten diesen Teil des Himmels das ‚Sternbild des Löwen'. Für den Skorpion wurde ein anderer Teil des Himmels reserviert, an dem man eine dem Skorpion ähnliche Sternstellung vorfand. Die 12 Tierkreise sind also keine wirklichen Figuren, sondern nur gedachte Sinnbilder, die ihren Ort am Himmelsgewölbe haben sollten. In Wirklichkeit existieren diese figürlichen Tierkreise überhaupt nicht ... Astrologie gehört zu den Greuelsünden. Astrologie ist nicht nur eine Sünde gegen Gott, sondern die Menschen, die sich damit befassen, geraten in eine arge Abhängigkeit"[44].

„Die Priester der Heidenvölker bedienten sich der Astrologie, um oft bewußt die Könige und die Volksmenge zu beeinflussen und zu bestimmen. Auch die Könige Israels ließen sich trotz der strengen Verbote Gottes oft dazu verleiten, abgöttischen Gestirnsdienst und Sterndeuter einzuführen und sie um Rat zu fragen, was immer schwere Gerichte über das ganze Volk Gottes zur Folge hatte (2. Könige 17,16; 21,3; 23,4-5; Jeremia 19,13; Zephania 1,5; Amos 5,26; Apostelgeschichte 7,43)"[76].

Gott hat einst die Kanaaniter aus ihrem Land vertrieben wegen Zauberei, Wählen von Tagen und Zeichendeuterei. Wie den Einwohnern von Babel wird allen Sterndeutern ein schreckliches Gericht angekündigt: „Denn du bist müde vor der Menge deiner Anschläge. Laß hertreten und dir helfen die Meister des Himmelslaufs und die Sterngucker, die nach den Monaten rechnen, was über dich kommen werde. Siehe, sie sind wie Stoppeln, die das Feuer verbrennt; sie können ihr Leben nicht erretten vor der Flamme; denn es wird nicht eine Glut sein, dabei man sich wärme, oder ein Feuer, darum man sitzen möge" (Jesaja 47,13-14).

Und in Offenbarung 18,2-3 heißt es: „Gefallen! Babylon, die große Stadt, ist gefallen! Jetzt wird sie von Dämonen und unreinen Geistern bewohnt. Alle Arten von schmutzigen und häßlichen Vögeln hausen in ihren Mauern. Alle Menschen haben von ihrem Wein getrunken, dem schweren Wein ausschweifender Leidenschaft. Die Könige der Erde haben mit ihr Unzucht getrieben. Die Kaufleute sind durch ihren ungeheuren Wohlstand reich geworden."

Das Gefährliche und Erschütternde an der Astrologie ist die Torheit, sich von teuflischen Zukunftsdeutern abhängig zu machen; bald erlebt man keine frohe Stunde mehr, und auf Dauer trägt man gesundheitliche Schäden davon. Astrologie stellt einen Aberglauben der finstersten Form dar! Es ist ungeheuerlich, wie man arme Menschen unter eine finstere Macht bringt. Der Mensch wird Sklave der erhaltenen Wahrsagung. Die Beschäftigung mit der Astrologie vergiftet die Seele und den Verstand, sie ist also durchaus nicht harmlos! Also: Hände weg von der Astrologie!

Unter vielsagenden Begriffen, mit wissenschaftlichem Anstrich wie „esoterische Wissenschaft" („esoterisch" heißt nach Meyers Neuem Lexikon 1979: „Nur für einen ausgesuchten Kreis von Eingeweihten bestimmt"), wird Literatur angeboten, die „aus dem Dunst und Schleier des geheimnisvollen Hokuspokus" herausführen soll. Befassen wir uns nicht mit einem Buch wie „Karma, Schicksal, Kosmische Ordnung", zu dem geschrieben wird: „Der Mensch ist nicht zufällig und einmalig in diesem Leben, sondern er kommt von weither und er bringt von dort als Eröffnungsbilanz dieses Lebens die Schlußbilanz der Summe seiner vorangegangenen Leben mit. Diese Bilanz enthält, wie jede richtige Bilanz, seine Aktiva und seine Passiva. Ich habe für beides echte neue Erkenntnisse aus den Buchstaben seines Namens gewonnen und gebe damit eine wirklich aus der Tiefe des Seins kommende Schicksalsgestaltungsanweisung. Diese ist aber nicht identisch mit meiner Kabbalagrammlehre, sondern ausschließlich im Sinne der Erkenntnis der jeweiligen Karmabelastung und ihrer Bewältigung konzipiert. Der Schöpfer der Blumenmittel, Dr. Edward Bach, sagt in seinem Buch ‚Krankheit ist dem Wesen nach die Auswirkung von Konflikten zwischen Seele und Gemüt und kann niemals anders als durch spirituelle und mentale Bemühungen ausgemerzt werden'. Ich zeige Ihnen welcherart nicht nur die Konflikte, sondern auch die zur Ausmerzung nötigen Wege sind"[75].

Zu einer weiteren Neuerscheinung wird geschrieben: „Kartenlegen wie noch nie, das ist das neue Buch, das ich Ihnen als Erholung, Entspannung und zum Umgang mit Ihren Tiefenschichten empfehle. Dieses Buch ist wieder einmal ein echter KOWA, mit absolut neuem Zugang zu diesem uralten Spiel der Magie. Hier hat jede Karte ihre eigene Ausstrahlung, aber auch ihren Bezug zur Astrologie, ebenso wie zum chinesischen, von mir absolut neu interpretierten, I Ging. Das ist etwas für Esoteriker, die Wert legen auf Niveau. Das ist das Buch, das mit seinen rund 300 Seiten mehr bietet als es mit seinen DM 75,– kostet. Diesen Kauf werden Sie nie bereuen, wenn Sie nur ein klein wenig Beziehung zu den magischen Bereichen des Lebens haben"[75].

Kartenlegen ist „eine der vielen Masken, hinter denen sich der Teufel versteckt. Es ist erschreckend, wie viele Menschen sich in Deutschland die Karten legen. Sie wollen wissen, was die Zukunft bringt, welche Entscheidung sie treffen sollen oder ob es ratsam ist, dieses oder jenes zu tun ... Es ist eine Tatsache: Wer sich die Karten legt oder legen läßt, gerät in eine unheilvolle Abhängigkeit. Im Laufe der Zeit wird man unfähig, selbständige Entscheidungen zu treffen, ohne zuvor die Karten befragt zu haben. Warum wollen sie die Karten fragen? Wie sagte doch Hudson Taylor? ,Warum soll ich ohnmächtige Menschen fragen, wenn es einen allmächtigen Gott gibt?' ... Kartenlegen ist ein Majestätsverbrechen, mit dem sie Gott beleidigen. Warum soll Kartenlegen Sünde sein? Wer sich die Karten legt oder legen läßt, wendet sich nicht an Gott, sondern an den Teufel. Sie suchen nicht bei Gott, sondern bei seinem Gegenspieler die Hilfe"[44].

„In unseren Tagen sind es nicht nur die bibelgläubigen Christen und Evangelisten, die gegen die Astrologie zu Felde ziehen, nein, auch im Bereich der Medizin und der Psychologie beginnt man auf die Schäden der Astrologie aufmerksam zu werden. So schrieb der Chefarzt Dr. Schrank aus Wiesbaden über die Psychologie des Aberglaubens: ,Wie gefährlich sich die Astrologie auswirkt, beweist die Tatsache, daß bei sensiblen Menschen schwere seelische Schäden, Lebensangst, Verzweiflung und Zerrüttung beobachtet werden. Die Astrologie lähmt die Initiative und Urteilskraft. Sie verdummt und verflacht, sie uniformiert die Persönlichkeit für eine plattgeistige Untergrundbewegung'"[71].

Lassen wir uns also nicht auf „harmlos" erscheinende

Dinge ein! Flieht diese Dinge; denn sie sind dem Herrn ein Greuel, wie es in 5. Mose 18 heißt.

Es stimmt sehr bedenklich, daß sich manche „Wissenschaftler bewußt oder unbewußt zu Garanten des Aberglaubens machen"[152], daß ein hoher Prozentsatz unserer Mitmenschen davon überzeugt ist, daß man die Zukunft voraussagen kann und daß immer mehr Menschen dem Spiritismus verfallen.

Erbanlagen aber sind vollständig horoskopunabhängig. Nach Prokop widerlegt die gesamte Erblehre das Geburtshoroskop. „Verfolgt man das Schicksal eineiiger Zwillinge, was heute zu den ständigen Aufgaben der Erbbiologen gehört, so entdeckt man, daß ihr Leben ganz verschieden verläuft und die Gestirne auch nicht annähernd ‚koordiniert‘ wirken ... Zweieiige Zwillinge zeigen oft besonders deutlich, daß sie trotz gleichen Geburtstermins verschiedene Schicksale haben und daß die Geburtshoroskope somit falsch sein müssen"[152].

Bedenken wir, daß das Angebot des Satans sehr groß ist. Gottes Wort redet sehr klar und deutlich über die Macht der Finsternis und auch sehr klar über okkulte Praktiken. Satan will natürlich unerkannt bleiben. Er haßt das Licht, wie es die Bibel sagt.

„Darum", so lesen wir in Jeremia 27,9.10, „so gehorcht nicht euren Propheten, Weissagern, Traumdeutern, Tagewählern und Zauberern ... Denn sie weissagen euch falsch ..." Oder in Jeremia 10,2: „So spricht der Herr: Ihr sollt nicht der Heiden Weise lernen und sollt euch nicht fürchten vor den Zeichen des Himmels, wie die Heiden sich fürchten."

Radiästhesie (Pendel und Wünschel-rute) – geheimnisvolle Wissenschaft?

Wie andere okkulte Praktiken, will man auch die „Pen-del-Praxis wissenschaftlich hoffähig" machen. Es wurde das wissenschaftlich klingende Wort „Radiästhesie" ge-prägt, was „Strahlenfühligkeit" bedeutet. Gemeint ist „die angebliche Beeinflussung durch Ausstrahlung be-lebter und unbelebter Objekte (z.B. Wasseradern), wie sie mittels Aggregatrute (Wünschelrute) und Pendel nachzuweisen ist"[123]. Rutengängerei und ebenso Pen-delei sind stark umstrittene Gebiete.

Wir leben ja in einem Zeitalter, das weitgehend durch Wissenschaftsgläubigkeit geprägt ist. Das Wort Radiäs-thesie besteht aus zwei zusammengesetzten Wörtern: radi – ästhesie; „radi" stammt vom lateinischen Wort „radiare" ab und bedeutet Strahlen von sich geben; ra-dius – radio = Strahlung, strahlig, Strahlen als Bünde-lung von kleinen Energieteilchen, die man Quanten oder Korpuskel nennt. „Ästhesie" stammt vom griechi-schen Wort „aistanesthai" ab und bedeutet empfinden. Es ist die Wahrnehmung oder Feinsinnigkeit von sicht-baren oder unsichtbaren Einwirkungen. „Radiästesie" bedeutet nun Strahlungsempfindlichkeit oder genauer ausgedrückt: Feinfühligkeit auf Strahlungsteilchen.

In letzter Zeit werden „Erdstrahlen" vor allem in der „Regenbogenpresse", wie Professor I. Oepen aus Mar-burg im Deutschen Ärzteblatt vom 14. September 1984 schreibt, häufig erwähnt „und als Verursacher chroni-scher Krankheiten oder gar als ‚Krebserreger' bezeich-net. Sie sollen von sogenannten Wasseradern im Erdbo-den ausgestrahlt werden und von Rutengängern mit Hilfe von Wünschelruten oder Pendeln, die aus unter-schiedlichem Material in ganz verschiedenen Formen hergestellt werden, erfühlbar sein. Da die angeblichen

Erdstrahlen oft unter Betten ‚gemutet' werden, sollen diese dann von den ‚Störzonen' entfernt und an günstigeren Plätzen aufgestellt werden ... Bei dieser Sachlage ist es nicht verwunderlich, daß – unter Berufung auf prominente Persönlichkeiten – Geräte feilgeboten werden, die ‚Erd- und Wasserstrahlen abschirmen' sollen. Die angeblichen Erdstrahlen, denen so verderbenbringende Wirkungen nachgesagt werden, lassen sich jedoch weder durch Wünschelrute oder Pendel noch durch andere Verfahren reproduzierbar ermitteln."

In der gleichen Ausgabe des Deutschen Ärzteblattes schreibt Professor H. Löb aus Gießen: „Die Physik kennt den Begriff ‚Erdstrahlen' nicht ... Verglichen mit unseren modernen Detektoren besitzt die Wünschelrute die gleiche apparative Aussagekraft wie Kaffeesatz ...

Ziehen wir das Fazit: Die ‚Erdstrahlen' entbehren jeglicher physikalischer Grundlage. Ihre ‚Wirkungen' mögen psychisch oder psychosomatisch zu erklären sein bzw. auf Auto- oder Fremdsuggestion zurückgehen. Das Bettrücken oder ein Kupfernetz unter der Matratze bringt nichts anderes als einen Placebo-Effekt. Leider ist auch in unserem Zeitalter der Aberglaube noch nicht ganz ausgestorben, und es gibt immer noch Leute, die damit Geschäfte machen."

Viele spekulieren heute mit der Angst, insbesondere der Krebsangst; sie wittern ein erträgliches Geschäft und verkaufen Abschirmgeräte gegen die angeblich schädlichen Erdstrahlen.

Durch die „Erdstrahlen" wird entweder das Pendel oder die Wünschelrute in „Bewegung" versetzt; d.h. die Rute zum „Ausschlagen" und das Pendel zum „Drehen" gebracht. Unter Erdstrahlen versteht man eine „hypothetische Strahlung unbekannter Natur, angeblich in örtlich verschiedener Intensität aus dem Erdboden dringend und als Erklärung für Wünschelrutenreaktionen, lokal gehäufte Krankkeitserscheinungen und ähnlich umstrittene Phänomene" dienend[124].

Die Reaktionen des Pendels oder der Wünschelrute auf unterirdische Wasserstrahlen, Mineralien o.ä. – man benutzt das Pendel sogar, um Krankheiten festzustellen! – scheinen zunächst „ein ganz wissenschaftlicher Vorgang" zu sein.

„Die Rutengänger und Pendler behaupten, daß die Reaktion von Rute und Pendel durch sogenannte Erdstrahlen bedingt sei. Die Wissenschaft kennt keine Erdstrahlen im Sinne der Rutengänger. Es gibt aber andere physikalische Gegebenheiten, die man zur Erklärung der sogenannten Erdstrahlen heranziehen könnte. Unsere Erde besitzt ein erdmagnetisches Feld, in dem sich die Kompaßnadeln nach dem magnetischen Südpol (auf der Insel Boothia felix) ausrichten. Das erdmagnetische Feld ist nicht homogen, das heißt, nicht überall gleich stark, sondern hat Störfelder. Die Störfelder sind durch die Bodenbeschaffenheit, durch Verwerfungsspalten, Höhlen, Grundwasserströme, Mineralien, Salzvorkommen, Ölvorkommen, Eisen usw. bedingt. Diese Störfelder können gemessen werden. Es gibt eine ganze Reihe von Geräten. Das beste Gerät ist das Protonenresonanzmagnetometer"[69].

Die Worte Grassbergers treffen auch heute noch zu: „Da in der Vergangenheit die Naturwissenschaft weniger entwickelt war als das Prophezeien, muß man die Begeisterung für die Wünschelrute und das siderische Pendel in der Vorzeit begreiflich finden. Wenn aber in neuerer Zeit das Interesse für diese Dinge trotz aller Fortschritte in der Technik neuerlich aufgewacht ist und eine umfangreiche Literatur hervorgerufen hat, so rechtfertigt diese Erscheinung an sich schon, daß auch die Wissenschaft sich mit der Frage beschäftigt"[37].

„Das siderische Pendel als Anzeiger geheimnisvoller Kräfte im Dienste der Beantwortung meist menschbewegender Fragen ist, wie die anderen mantischen Praktiken, die Wünschelrute, der klopfende Tisch … uralt und gehört zu den ‚Instrumenten‘, die von ‚Geistern‘ oder anderen ‚geheimnisvollen‘ Kräften, angeblich unabhängig von der diese Instrumente handhabenden Person, bewegt werden ... Die Bezeichnung siderisches Pendel ist von Desiderium, d.h. Wunsch, Sehnsucht, abgeleitet worden, womit in etwa die Antwort auf die Frage nach den das Pendel bewegenden Kräften vorweggenommen wäre"[120].

Über die Natur der Erdstrahlen sind sich die Radiästhesisten selbst nicht einig. Ihnen ist es bisher auch nicht gelungen, „den Nachweis für das Vorhandensein äußerer Energieformen für den Pendelanstoß beizubringen. Es bleibt also nur übrig nach ‚innen', d.h. vom Menschen als Pendelversuchsperson selbst ausgehenden Antrieben für die Pendelbewegung zu suchen"[120].

Die ungewöhnlichen Fähigkeiten des Rutengehens oder der Pendelreaktion sind „keine Geistesgaben, auch noch nicht einmal neutrale Naturgaben, sondern mediale Gaben. Es gibt viele Menschen, die solche medialen Kräfte besitzen, ohne es zu wissen. Manchmal werden sie durch Zufall entdeckt ... Man sollte ernstlich um die Befreiung von diesen Gaben bitten"[71]. Denn es gibt sogar gläubige Menschen, die der Meinung sind, es handele sich hier um eine Gabe Gottes. „Selbst Theologen lassen sich dazu verleiten, das Pendel zu gebrauchen"[76].

„Hier werden Ärzte, Pfarrer, Missionare, Beamte genannt, die mit dem Pendel arbeiten ... Falsch ist folgendes Argument: wenn Pfarrer und andere Reichsgottesarbeiter mit dem Pendel arbeiten, dann muß das doch eine harmlose Angelegenheit sein. Wir können ja auch nicht sagen, der Ehebruch ist erlaubt, weil ein Missionar die Ehe gebrochen hat. Wiederum anfechtbar ist folgende Begründung: wenn manche Reichsgottesarbeiter bei der Pendelei keine nachteiligen Folgen spüren, dann wäre eine andersliegende Beobachtung gegenstandslos. Ich kenne zwar Fälle, bei denen anscheinend das Wassersuchen mit der Rute ohne Folgen für den Träger dieser Gabe geblieben ist. Es darf aber nicht verschwiegen werden, daß die Folgen auch latent (verborgen) bleiben können. Bei manchen Menschen zeigt sich der Pferdefuß erst auf dem Sterbebett oder schon vorher, wenn sie zu Christus kommen wollen"[71].

Man pendelt über Photographien, Handschriften usw. Wie viele Eltern und Frauen haben z.B. nach dem letzten Krieg über den Bildern vermißter Söhne oder Männer pendeln lassen, um ihr Schicksal zu erfahren. So mancher ist dadurch unter die Gewalt einer finsteren Macht geraten. Immer mehr Menschen lassen sich heute durch geheimnisvolle Dinge anziehen. So mancher Heilpraktiker, Naturheilkundiger und sogar Ärzte lassen sich dazu verleiten, das Pendel anzuwenden, und bringen somit sich und ihre Patienten unter den Einfluß spiritistischer Mächte.

Manche gehen noch weiter: Sie benutzen das Pendel, um Krankheiten bzw. den Gesundheitszustand eines Menschen festzustellen und sogar um geeignete Heilmittel zu ermitteln. Sehr viele Menschen lassen sich auf diese Weise helfen. Ich selbst hatte vor Jahren die Möglichkeit, einem namhaften Mediziner bei einem Praxis-Tag über die Schulter zu schauen. Neben anderen Praktiken bediente er sich auch des Pendelns. Er sagte dazu, daß ihm zum Heilen jedes Mittel recht sei und es sich beim Pendeln nur um die Spitze des Eisbergs handle.

„Pendeln ist sehr weit verbreitet … Viele magenkranke Menschen benutzen das Pendel, um die geeignete Nahrung und das rechte Essen feststellen zu können … Viele, die zum Pendeln gegangen sind, verfielen der Schwermut, waren von Selbstmordgedanken geplagt oder bezahlten auf einem anderen Gebiet einen hohen Preis, den der Teufel forderte … Manche Ärzte und Heilpraktiker untersuchen ihre Patienten mit dem Pendel. Das hat den Vorteil, daß sich die Kranken nicht ausziehen müssen … Selbst die geeignete Arznei wird mit Hilfe des Pendels ausgesucht. Es ist gut zu verstehen, daß diejenigen, die sich des Pendels bedienen, nicht darauf verzichten wollen, solange sie nicht erkannt haben, daß die Folgen des Pendelns alles andere als harmlos sind und daß das Pendel in ihrer Hand nicht auf irgendwelche unsichtbare Strahlen reagiert, sondern daß sie in Wirklichkeit Werkzeuge der gottfeindlichen Macht sind"[44].

Mit List versucht Satan immer wieder, Menschen in seine Gewalt zu bekommen. Wieviele sind schon in seinen Bann geraten? Hinweise auf das Rutengehen sollen auch im 6. und 7. Buch Mose stehen; diese beiden Bücher haben aber nichts mit der Bibel zu tun!

Im Worte Gottes – in 5. Mose 18,9-14 – wird ganz deutlich gesagt, daß Gott Wahrsagerei, Zauberei usw. nicht erlaubt!

„Schon die alten orientalischen Völker hatten das Pendel (oder ‚Zauberring') und die Wünschelrute (oder ‚Zauberrute') als Wahrsagegeräte und Mittel zum Aufsuchen von Wasser verwendet ... Heute noch beherrscht und knechtet die chinesische ‚Geomantie' (= Wahrsagung aus der Erde) durch den sogenannten ‚Fung-Schui' (Wind-Wasser) das Glaubensleben des ganzen Volkes ...

Die Griechen nannten die Rutengängerei ‚rhabdomancie' (= Wahrsagerei durch die Rute). Bei den Etruskern und Römern wurde die Göttin ‚Juturna' mit der Rute abgebildet ...

Durch alle Jahrtausende hindurch wurden die Rute und das Pendel als Verständigungsmittel mit der übersinnlichen Welt und den Geistern und besonders zu Zwecken der Wahrsagerei angewandt. Gott hat darum schon sein altes Bundesvolk davor gewarnt und Gericht angekündigt"[76]:

Das Befragen der Rute – und somit auch des Pendels (in Hosea 4,12 heißt es: „Mein Volk fragt sein Holz, und sein Stab soll ihm predigen ...") – wird in der Bibel ganz deutlich verworfen und verboten:

3. Mose 20,27: „Wenn ein Mann oder eine Frau Geister beschwören oder Zeichen deuten kann, so sollen sie des Todes sterben; man soll sie steinigen; ihre Blutschuld komme über sie."

Jesaja 44,25: „… der die Zeichen der Wahrsager zunichte macht und die Weissager zu Narren; der die Weisen zurücktreibt und ihre Kunst zur Torheit macht;"

Micha 3,7: „Und die Seher sollen zuschanden und die Wahrsager zu Spott werden; sie müssen alle ihren Bart verhüllen, weil kein Gotteswort dasein wird."

Es sollte kein gläubiger Mensch seine Hand für das Pendel oder die Wünschelrute hergeben. Niemand sollte sich durch Unwissenheit verblenden lassen und sich gegen Gottes Willen mit „verborgenen Kräften" befassen. Nicht alle Menschen sind „empfänglich für angebliche Schwingungen"; dies wurde festgestellt. Besonders empfänglich für sogenannte Strahlungen sind Menschen, die schon in irgendeiner Art – bewußt oder unbewußt – mit okkulten Mächten in Berührung gekommen sind.

„Die Radiästhesie ist keine Wissenschaft, wie manche es behaupten möchten … Sie ist nur ein ‚Glaube', und Gläubige brauchen keine Beweise"[90].

Außer Hypothesen kann über die Erdstrahlen niemand etwas liefern. Bisher konnte auch in keinem wissenschaftlichen Versuch der Einfluß der Erdstrahlen nachgewiesen werden. Und bezüglich der Ermittlung einer ärztlichen Diagnose ist sowohl die Wünschelrute als auch das Pendel „praktisch untauglich"[136, 15].

„Die Christen müssen sich in acht nehmen vor der moralischen und geistlichen Gefahr dieser Schein-Wissenschaft. Diese neue Form, das Rätsel vom Paradies über das ‚Wissen' zu lösen, ist wiederum nur eine listige Art, den Menschengeist dazu zu verleiten, die Wahrheit auf kürzeren und leichteren Wegen zu finden als durch diejenigen der ernsten Wissenschaft und der göttlichen Offenbarung. Mit ihren kindischen Methoden der Wünschelrute und des Pendels weckt sie in uns die immer innewohnende Lust, durch uns selber zu erkennen, was uns verborgen ist. Die Radiästhesie mit ihrem harmlosen Schein ist verwandt mit dem Spritismus und allen seinen angeblichen Enthüllungen"[25].

Nachfolgend sollen noch einige Schlußfolgerungen aufgezeigt werden, zu denen ein Professor der Universität von Neuchâtel in der Schweiz nach langjährigen Untersuchungen über das Pendeln gelangte:

„1. Die Radiästhesie gibt sich für eine Wissenschaft aus; damit unterwirft sie sich der wissenschaftlichen Disziplin und dem Urteil der Wissenschaftler.

2. Die Radiästhesie entdeckt nichts, beweist nichts und erklärt wissenschaftlich keine neue Tatsache. Sie sträubt sich gegen sehr einfache, gründliche Untersuchungen, indem sie wertlose, ganz lächerliche Gründe anführt.

3. Am Anfang beruft sie sich auf Strahlungen, welche ihre Resultate erklären sollen, ohne die Natur derselben zu erklären oder überhaupt ihr wirkliches Vorhandensein zu beweisen. Dann gibt sie diesen Standpunkt wieder auf und entdeckt, daß ein Pendler auch auf Karten und Photographien ,arbeiten' kann; in diesem Falle spielen die Strahlungen gar keine Rolle.

4. Die Radiästhesie appelliert an den Glauben, an den Sinn des Geheimnisvollen und Übernatürlichen. Sie hat also alle Kennzeichen einer ,okkulten' (geheimen) Wissenschaft, und man muß sie als solche behandeln.

5. Sie hilft dazu, den Aberglauben im Volke, selbst bei Gebildeten zu nähren; sie stellt einen Rückgang der Zivilisation und eine Rückkehr zur Epoche der Zauberei dar.

6. Sie führt dazu, diese verhängnisvolle, unmoralische Einstellung zu verbreiten, daß man ohne ernste Arbeit zu allen möglichen Arten von Kenntnissen gelangen könne. Wenn sie daher nicht bald verschwinden sollte, wie jeder andere Aberglaube, so bedeutet sie für die Zivilisation und für den Volksgeist eine sehr ernste Gefahr"[60].

„Die Zeugnisse der Geschichte, der Bibel und der Wissenschaft stimmen also alle miteinander darin völlig überein: ,Die Grundlage des Pendelns und der Wünschelrute ist Aberglaube, Wahrsagerei und dämonisches Wirken!"[90]. In der Radiäthesie findet sich Mesmersches Gedankengut. Hierüber hat Gott uns völlige Klarheit in seinem Wort geschenkt!

Da Pendeln wie Rutengehen eine okkulte Praxis ist, können beide nicht als harmlos angesehen werden. Mit List versucht Satan immer wieder Macht über Menschen zu bekommen. Darum prüfen wir ernstlich alle Dinge, die auf uns einströmen!

Für entschiedene Christen kann es nur heißen: Hände weg von folgenden Angeboten:

„Das Buch der tausend homöopathischen Mittel – Die Materia medica der Radiästhesie – hat sich bewährt. Hunderte von Ärzten und Heilpraktikern machen sich schon seit Jahren die Tatsache zunutze, daß es nicht nur einen Überblick über fast alle homöopathischen Mittel bietet, sondern auch gleich angibt, für welche Befunde man von jedem Mittel die Potenzen D 3, D 10, D 30, D 200, D 1000 einsetzen kann. Sie sind also eine Ihrer Hauptsorgen los, nämlich die Potenzbestimmung.

Wenn Sie Pendeln, haben Sie gleich dazu über fünfhundert Arbeitstafeln, die so geordnet sind, daß Sie für alle denkbaren Befunde unter der Gesamtauswahl der möglichen Mittel innerhalb von wenigen Minuten die jeweils individuelle Verordnung herausfinden können. Wenn Sie nicht pendeln, ist auch das Repertorisieren ganz einfach, unter 75 Hauptgruppen, angefangen bei Aggression bis Zwangsneurose, finden Sie jeweils eine wirklich umfassende Auswahl aller einsetzbaren Mittel, gleich mit den Potenzen"[75].

„Die Pendelpraxis – mein Standardwerk – hat sich den Namen gemacht, wirklich das Buch zu sein, nach dem man vom ersten Anfang an pendeln lernen kann, das aber auch der ganzen Radiästhesie neuen Inhalt und ein neues Gesicht gegeben hat. Hier finden Sie das Buch, von dem ab die Radiästhesie neu datiert werden muß, sauber durchdacht, klar verständlich, ohne okkulten Hokuspokus.

Tun Sie sich selbst den Gefallen, wagen Sie die paar Mark dran, Sie werden reich belohnt. Glauben Sie mir, wir sind auf dem besten Wege, die ganze medizinische Diagnostik und Therapiefindung auf eine neue Basis, die Basis der Radiästhesie, zu stellen. Das wissen und danach handeln schon weitaus mehr Ärzte und Heilpraktiker als man ahnt, wenn auch jetzt noch ohne offizielle Anerkennung, aber mit viel Erfolg. Wir sind auf dem besten Wege, die Anerkennung überhaupt nicht mehr zu brauchen, da sie sich von selbst durchsetzt. Erkennen Sie die Zeichen der Zeit, machen Sie wenigstens mal einen ernsthaften Versuch. Sind Ihnen dafür DM 30,– für die Pendelpraxis zu viel?"[75].

Wie beurteilen wir es, wenn man z.B. mit Hilfe des Pendels feststellt, für welche Krankheit dieser oder jener Tee gut ist oder wenn man Teesorten mit Hilfe des Pendels zusammenstellt?

Die Konsequenz für einen Christen sollte klar sein! Gewiß dürfen wir uns über die vielen Heilkräuter, die Gott uns geschenkt hat, freuen. Eine moderne Medizin wäre ohne pflanzliche Mittel unvorstellbar. Was würden heute viele Herz-Kreislauf-Kranke ohne Digitalis (Fingerhut)-Präparate machen? In der Natur finden sich noch immer die besten Mittel für die meisten Krankheiten[117]. Aber von okkulten Praktiken – wie Auspendeln von Heilkräutern oder Herstellung von Medikamenten nach einer besonderen Philosophie bzw. Pflanzung, Ernte und Verarbeitung von Heilpflanzen nach einer bestimmten Sternkonstellation – sollten wir uns bewußt distanzieren. Medikamente, die biorhythmisch vorbehandelt sind, d.h. bei denen Substanzen nachts bei Vollmond in biorhythmische Schwingungen versetzt werden, indem man sie in verschiedenem Winkel zum Mond kreisförmig bewegt, sollte man konsequent ablehnen.

So mancher Naturheiler arbeitet mit Rute oder Pendel; viele sind sogar der Meinung, diese Gabe von Gott empfangen zu haben. „Fromme Worte im Mund zu führen, ist noch lange kein Qualitätsmerkmal für einen Naturheiler"[117]. Auch beim Pendeln und ähnlichen Praktiken ist das Wort aus 5. Mose 18,12 anzuwenden: „Wer solches tut, ist dem Herrn ein Greuel."

Der Evangelist Richard Ising schreibt: „Wohin diese Entwicklung geführt hat, zeigt sich heute in allerlei ungöttlichen Heils- und Heilpraktiken. Suggestion und Hypnose, die nach Gottes Wort den Menschen in eine Hörigkeit zu einem anderen Willen bringen (Paulus sagt: ‚Werdet nicht der Menschen Knechte', 1. Korinther 7,23), werden als harmlos, ja sogar berechtigt angesehen ... Der Abstieg geht noch weiter: fromme Heilpraktiker bezaubern unsere Kreise durch ungöttliche Mittel: Heilmagnetismus, Irisdiagnose, okkulte Medizinen, Anwendung des Pendels bei Feststellung der Krankheit und bei der Auswahl der Mittel. Dieses Pendeln hat in unseren gläubigen Kreisen Hausrecht genommen" (zit. bei[96]). Heute werden schon z.B. auf der Medizinischen Woche in Baden-Baden – und das erscheint doch sehr fragwürdig – Pendel und Wünschelrute an Ständen als „medizinische Geräte" angeboten mit der einschlägigen Literatur hierzu!

Die Praxis der Wünschelrute ist heute weit verbreitet. Hierzu schreibt der Wissenschaftler Prof. Prokop, der sich kritisch mit den parapsychischen Erscheinungen in der Medizin und Naturwissenschaft auseinandersetzt, folgendes: „Für alle aus dem okkultistischen Denken geborenen Wissenschaften ist eines charakteristisch: die große Diskrepanz zwischen den behaupteten ‚wissenschaftlichen' Leistungen und den nachprüfbaren Ergebnissen. Bei keiner anderen Disziplin des Okkultismus ist die Diskrepanz so groß wie gerade bei der Wünschelrutenkunde ... Der Mediziner wird fragen, wie der eigenartige Rutenausschlag überhaupt zustande kommt und wie man sich das sonderbare Ziehen der Wünschelrute erklären soll. Über den rein mechanischen Ablauf des Ausschlages braucht hier kein Wort verloren zu werden. Daß ein mechanisches System nur arbeitet, wenn Energie hineingesteckt wird, dürfte so klar sein, daß es einer weiteren Erläuterung nicht bedarf. Die Energie steckt natürlich der Mensch mit seiner Muskelkraft durch Verformung der elastischen Rutenschenkel in das System. Sie kommt nicht etwa aus dem Kosmos oder von den ‚Erdstrahlen', wie manche Rutengänger meinen"[120]. Magnetfelder können vom Menschen nicht festgestellt werden.

„Ein ungemein lukratives Betätigungsfeld für Radiästhesisten und insbesondere Wünschelrutengänger und Pendler ist das Aufsuchen sogenannter ‚geopathischer' Zonen, also von Bezirken der Erdoberfläche, an denen – wenn man den wissenschaftlichen Garanten der Radiästhesisten glauben will – menschliches und tierisches Leben, aber auch Pflanzenvegetation in meist ungünstiger Weise beeinflußt wird ...

In der Folgezeit sind zahlreiche ‚Abschirmapparate' in Westdeutschland und anderen Ländern vertrieben worden. Der Geschäftsgeist zahlreicher Betrüger und Scharlatane wurde geweckt. Sie bedienten sich zum Teil verschiedener Akademiker, ‚ihr' Gerät durch wissenschaftliche Gutachten abzusichern und strafrechtlich unangreifbar zu machen"[120].

„Die Fähigkeit des Rutengehens ist nicht deshalb okkult, weil sie wissenschaftlich noch nicht erforscht wäre, sondern weil hier ganz andere Kräfte wirksam sind, die nicht jedem normalen Menschen, sondern nur einigen ‚Begabten' zur Verfügung stehen, die – erfahrungsgemäß – dann auch noch über andere okkulte Fertigkeiten verfügen"[149].

Das Einzigartige ist, daß die Empfänglichkeit für das Umgehen mit der Wünschelrute übertragbar ist ... Diese Tatsache macht uns nachdenklich. Wenn die Wünschelrute wirklich nur auf die angeblich vorhandenen erdmagnetischen Strahlen ausschlägt, dann müßte sie gleichermaßen bei allen Menschen ausschlagen. Wenn jedoch die Wünschelrutenempfänglichkeit übertragbar ist, denn sind hier noch andere Kräfte wirksam. Es sind

Kräfte überirdischer Natur, zu denen sich Gott nicht bekennt. Wünschelrutengänger müssen einen Preis bezahlen. Der Teufel verschenkt seine Hilfe nicht ..."[44].

Wünschelrutengänger verlieren die Freude am Beten wie überhaupt an göttlichen Dingen. Sie leiden häufig unter einer inneren Unruhe und Schwermut. Das Gehen mit der Wünschelrute ist teuflischen Ursprungs! Auch wenn manche von „Blödsinn" reden, sich nichts dabei denken, wenn man mit der Wünschelrute nach Wasser sucht, aber hinter allem steht Satan.

Dr. F. v. Halle-Teschendorf, der Präsident der Deutschen Gesellschaft für Wohnungsmedizin, schrieb in Selecta Nr. 30 vom 25. Juli 1983 auf die Frage „Gibt es geopathogene Zonen?" folgendes: „Bisher haben physikalische und medizinische Untersuchungen keinen Zusammenhang zwischen sogenannten Reizzonen und Krankheiten ergeben. Hierzu gibt es ein umfangreiches Fachschrifttum. Ein Teil der Erkenntnisse ist in dem von der Deutschen Gesellschaft für Wohnungsmedizin herausgegebenen Positionspapier ‚Baubiologie und Gesundheit' ausgewertet.

Zum Entstehen von Krankheiten tragen im allgemeinen mehrere Faktoren bei. Die Berichte der Geo- und Baubiologen lassen beweiskräftige Befundberichte und differentialdiagnostische Abklärungen vermissen. Es ist in diesem Zusammenhang auf ein Urteil des Bundesgerichtshofes (2 StR 506/59) hinzuweisen. Danach wurden zwei Ärzte wegen Betrugs verurteilt, weil sie ihren Patienten vorgespielt hatten, ihre Beschwerden seien auf ‚geopathische Reizzonen' zurückzuführen, und sie dadurch zum Kauf wertloser ‚Entstrahlungsgeräte' bewogen hatten.

Der Bundesgerichtshof hat damit ein zugrundeliegendes Urteil des Landgerichts Wuppertal bestätigt. Demzufolge sind ‚gesundheitsschädliche Erdstrahlen' nicht nur unbeweisbar, sondern nach der behaupteten Art ihrer ‚Ausstrahlung' physikalisch überhaupt undenkbar. Die angebliche Strahlungsfühligkeit der

Pendler besteht nur in deren Einbildung. Pendelschwingung und Rutenausschlag erklären sich aus bekannten physiologischen Gesetzmäßigkeiten; mit unterirdischen Reizzonen oder Strahlenquellen haben sie nicht das geringste zu tun. Bei den verschiedentlich berichteten Heilerfolgen dürfte es sich um Suggestivwirkungen handeln."

Hierhin paßt sicher das Wort von Prof. Dr. R. Richter: „Überläßt man einem Scharlatan auch nur ein Körnchen Wahrheit ungeprüft, so wird es zu einer Lokomotive, die einen ganzen Güterzug voll Aberglauben und Humbug nach sich zieht."

Das Pendeln wird auch von dem okkultgläubigen Autor des Buches „Psi-Heilung" Alfred Stelter[143] als Methode bezeichnet, die geeignet ist, „Kontakt mit dem eigenen Unterbewußtsein" herzustellen „und Informationen aus ihm hochzuholen".

Mesmerismus –
heilende magnetische Kräfte?

Wie schon vorne erwähnt, findet sich in der Radiästhesie auch Mesmer'sches Gedankengut. Um was handelt es sich hierbei?

Anton Mesmer (1734 – 1815), der Begründer der okkultistischen Lehre vom tierischen Heilmagnetismus, war ein österreichischer Arzt und Mystiker; er hatte Medizin und Theologie studiert. Er nahm an, daß die Sterne die Gesundheit des Menschen durch eine unsichtbare Flüssigkeit beeinflussen und daß er über eine magnetische Kraft in seiner Hand verfüge, die er „tierischen Magnetismus" nannte; diese Kraft sei im Universum vorhanden. Er wurde schließlich 1778 durch die Wiener Ärzteschaft angeklagt, daß er Magie betreibe. Man wies ihn aus Österreich aus, und er siedelte nach Paris über. Mesmer wird heute als der „eigentliche Vater der Hypnose gefeiert, dessen Tragik es war, zwar die Wunderkräfte der Hypnose entdeckt zu haben, sie aber völlig falsch als Magnetismus interpretiert zu haben"[23].

Mesmer promovierte 1766 über ein astrologisch-mystisches Thema: „Über den Einfluß der Wandelsterne auf den menschlichen Körper." Mesmer meinte, die ganze Welt sei ein Magnet, und magnetische Kräfte flössen daher auch durch den Menschen. Somit werde er selbst ein Magnet. Ein gesunder Mensch könne daher einen Kranken dadurch heilen, daß er durch Streicheln seine magnetischen Kräfte an diesen zum Teil abgebe. Diese magnetischen Kräfte flössen in den schon erwähnten unsichtbaren feinen Flüssigkeiten. Über diese könne Leib und Geist eines Menschen beeinflußt werden. Bei einer Krankheit ist die „Flüssigkeit" in einem bestimmten Organ aus dem Gleichgewicht geraten, irgendwo habe sich ein Hindernis diesem Strom entgegengestellt. Durch „Mesmerisieren" (Massage) der sogenannten „Körperpole" werde die Harmonie im Körper wieder hergestellt. Das ist dann der gesunde Zustand.

Mesmer erkannte, „daß besonders von seiner Person auch ohne Anwendung des Magneten Kraft ausging, daß also auch der belebten Natur dieses Fluidum eigen war, und nannte die Kraft ‚animalischen' oder ‚tierischen Magnetismus'. ‚Die Kraft und Wirkung des tierischen Magnetismus kann anderen belebten Körpern mitgeteilt werden', lehrte er. Hier spricht Mesmer also von einer besonderen Fähigkeit, andere Menschen magnetisch zu beeinflussen und seine Kraft auf Lebewesen und auf unbelebte Gegenstände zu übertragen"[96].

Mesmer hatte einen ungeheuren Erfolg. Die Menschen strömten in seine Praxis. Aufgrund seiner großen Erfolge mit der Magnetmethode versuchte er eines Tages, den Eisenmagnet durch die menschliche Hand zu ersetzen. „Da auch die Behandlung durch die Hand erfolgreich war, schloß Mesmer, daß auch dem Menschen eine Kraft innewohne, die der des Magnetismus ähnlich sei"[23]. Diese Eigenschaft nannte er, wie schon oben ausgeführt, „animalischen Magnetismus".

Zur Veranschaulichung ein Bericht des Mediziners Glasscheib (Zit.b.[96]): „Mesmer konnte den Andrang von Heilungssuchenden kaum bewältigen. Die luxuriös eingerichteten Zimmer seines Hauses wurden Behandlungszimmer. Die Spiegel, Teppiche, das gedämpfte Licht, ja sogar die Töne der Glasharmonika benutzte er als theatralische Nebeneffekte. Bald jedoch reichte das große Haus für den Massenandrang nicht mehr aus. Die Kranken, die im Garten herumsaßen und warteten, mußten beschäftigt werden. Mesmer war außerstande, sich jedem Patienten zu widmen, und da er andere nicht in die Geheimnisse seiner Kunst einweihen wollte, ging er zur Massenbehandlung über. Die Bäume des Gartens wurden von Mesmer durch Bestreichen magnetisiert, die Kranken um einen Baum gelagert, der die empfangenen magnetischen Kräfte in die Leidenden abströmen ließ ... Physikalisch war das alles natürlich unhaltbar. Jeder beliebige Physiker hätte Mesmer das sagen können. Aber er beachtete die Einwände nicht. Er ‚magnetisierte' Wasser und ließ es die Kranken trinken oder darin baden; er ‚magnetisierte' Eßgeschirr, Kleider und Betten der bettlägerigen Kranken, zu denen er gerufen wurde; er ‚magnetisierte' Spiegel, damit sie die magnetische Kraft reflektieren; ja sogar Musikinstrumente, auf denen zu den Séancen aufgespielt wurde, waren magnetisiert, auf daß sie mit dem Schall das heilende magnetische Fluidum in den Raum trügen." Diese Ausführungen mögen genügen, um zu beweisen, wie okkult, ja spiritistisch der Magnetismus Mesmers ist.

In diesem Zusammenhang möchte ich auch das wiedergeben, was ich in einem Zeitungsinserat für „Magnet-Armbänder" las. Es heißt dort u.a. unter der Überschrift „Gesundheit durch Magnetkräfte": „Daß Magnetismus heilkräftig sein könnte, ist für viele eine Art alter Aberglaube, aber Wissenschaftler haben in Experimenten biologische Auswirkungen festgestellt. In Amerika ist eine Reihe biologischer und medizinischer Experimente mit Magnet-Feldern durchgeführt worden, und die Biomagnetik ist längst ein wissenschaftlich anerkanntes Forschungsgebiet.

Wenn sich aber heute ernsthafte Forscher in aller Welt mit den biologischen und medizinischen Auswirkungen des Magnetismus beschäftigen, so ist damit jedoch keineswegs bewiesen, daß Magnete heilen können, eben weil diese Frage wissenschaftlich noch nicht geklärt ist."

De Romanett[126] schreibt: „Mesmerismus ist der Vorläufer der modernen Hypnose ... Wie wirkt Mesmerismus und warum ist er vergleichbar mit der Akupunktur? Mesmerismus und Akupunktur wirken durch rhythmische Reizung der peripheren Nerven ... Welche Philosophie steht hinter dem Mesmerismus und wie ist sie vergleichbar mit der chinesischen Philosophie bei der Akupunktur? Ursprünglich wurden magnetische Eisenstücke über das erkrankte Organ geführt. Die Wiener Ärzte glaubten, daß das erkrankte Organ Mangel an Magnetismus habe ... Mesmer verwarf den Gebrauch von Eisenmagneten und sagte, die Welt ist ein Magnet und Magnetismus fließt durch den Menschen und macht ihn auf diese Weise zu einem Magneten ... Die Übertragung des Magnetismus wurde ursprünglich durch Handmassage bewirkt ... Der Chinese glaubt in seinem pantheistischen Glauben ähnlich, daß das Chi die Lebenskraft oder die Kraft ist, welche die ganze Natur durchdringt, wobei das Positive durch Yang und das Negative durch Yin alle Krankheiten verursachen. Der Chinese stellt das Ungleichgewicht wieder her durch Massage oder Nadelung, um ein Gleichgewicht zwischen Yin und Yang herzustellen.

Bei einem historischen Überblick kann gesehen werden, daß beide Philosophien – Mesmerismus und chinesische Akupunktur – an einen Fluß oder eine Kraft glauben, die das ganze Universum durchdringt und daß ein Ungleichgewicht dieser Energie oder des Flusses im Menschen eine Krankheit verursacht ... Um das Gleichgewicht im kranken Körper wieder herzustellen, massierten oder übten Mesmer und seine Nachfolger einen Druck aus auf die peripheren Nerven. Der Chinese tut dasselbe durch Massage und Druck peripherer Nervengebiete, aber sie haben eine orientalische Verfeinerung hinzugefügt durch den Gebrauch von Nadeln in diesen sensiblen Nervengebieten. Das therapeutische Ergebnis ist dasselbe, ob nun mesmerische Massage oder eine Akupunktur-Nadelung angewandt wird."

Spiritismus – dämonische Macht!

In unserer technisierten und materialisierten Welt haben die okkulten Bewegungen eine ungeheure Verbreitung gefunden. In vielen Zirkeln, Clubs und Logen beschäftigen sich viele Menschen mit geheimen, übersinnlichen Praktiken.

Man sitzt um einen Tisch herum. Eine Kerze brennt. Schwarze Tücher verdunkeln die Fenster. Alles ist still. Konzentriert schauen alle auf die Mitte des Tisches. Die Hände liegen auf der Tischplatte. Der gespreizte kleine Finger berührt die Hand des Nachbarn ... Eine spiritistische Sitzung! Regelmäßig treffen sich die Leute und denken sich nichts dabei. Ist da aber wirklich „nichts dabei"?

Gerade heute tritt der Spiritismus sehr verwirrend auf. „Der religiöse Spiritismus findet in Versammlungen statt, wo man betet und Choräle singt. Manche Versammlungen, in denen es zu Spontanheilungen kommt, sind spiritistischer Natur. Auch mit wissenschaftlichen Vorzeichen tritt der Spiritismus auf, häufig z.B. an den Universitäten unter der Bezeichnung ‚Parapsychologie'. Auch das weite Feld der Astrologie und Wahrsagerei hat letztlich den Spiritismus zur Grundlage. Das gilt auch für so manche Erscheinungen der Tiefenhypnose. Die Entwicklung und Vielfalt auf diesem Gebiet schreitet stürmisch voran und dürfte auf viele Menschen verwirrend wirken"[21].

Zahlreiche Menschen – sogar unachtsame Kinder Gottes – werden heute verführt, weil Okkultismus und Spiritismus in so vielen Varianten auftreten und sich hinter den verschiedensten Organisationen verbergen. Und „da sich der Spiritismus dem heutigen Namenschristentum anpaßt, hat er größere Macht, zu hintergehen und zu verstricken. Satan selbst hat sich zu der neuen Ordnung der Dinge bekehrt ... Und da die Geister ihren Glauben an die Bibel beteuern ... wird ihr Werk als eine Offenbarung göttlicher Macht angenommen werden" [166].

Ist wirklich beim Spiritismus „nichts dabei", wie manche annehmen? Der moderne Mensch ist anfällig für geheimnisvolle und mystische Dinge. In spiritistischen Zirkeln sucht man Kontakt zu „Geistern", zu „Botschaften aus dem Jenseits". „Der Spiritismus ist zu einer Bedrohung der christlichen Gemeinde und der christlichen Botschaft geworden" [72]. Hier in Europa sehen wir allerdings nur die Spitze des Eisberges, die Hauptmasse finden wir in Amerika!

Das Wort Spiritismus leitet sich ab von dem lateinischen Wort „spiritus" (= Geist). Man kann somit von einer „Geisterlehre" sprechen. Menschen, die sich mit dem Spiritismus befassen, versuchen mit Toten Verbindung aufzunehmen. Die sogenannte Totenbefragung ist eine uralte Form von Zauberei; schon König Saul wurde sie zum Verhängnis. Bei den orientalischen Völkern ist der Totenkult seit altersher eine Religion.

„Eine Milliarde Menschen in Ostasien leben im Ahnenkult. Diese Ahnenverehrung ist nicht nur ein Zeichen der Pietät, sondern bedeutet in der Praxis des Alltags Verkehr mit den Toten. Den Ahnen werden Opfer gebracht. Ihnen wird Anbetung gezollt. Sie werden in allen Entscheidungen gefragt ... Die Verbundenheit mit den Toten ist nicht nur Ausdruck der Verehrung, sondern hat religiöse Bedeutung. Sie ist eine Form des Spiritismus ...

Wer Schulbeispiele für den klassischen und kultischen Spiritismus finden will, der studiere die religiöse Entwicklung Brasiliens. Hier können alle Formen des Spiritismus beobachtet werden ... Das ganze öffentliche Leben Brasiliens ist von der geistigen und kultischen Strömung des Spiritismus beherrscht ..." [73].

Tischner hat den Spiritismus klar definiert: „Der Spiritismus stellt eine geistige Bewegung dar, begründet auf der Überzeugung, daß die Menschen über bestimmte Personen, die ‚Medien', mit den Verstorbenen in Verbindung treten und so Offenbarungen aus dem Jenseits erhalten können"[157]. Hiermit „ist zugleich das Hauptmotiv für die Beteiligung an spiritistischen Sitzungen gekennzeichnet. Viele Menschen wünschen etwas über das Jenseits zu erfahren oder mit ihren verstorbenen Angehörigen oder Freunden in Verbindung zu treten"[70]. Dies geschieht durch Totenerscheinungen, Tischrücken, Glasrücken, Klopfen, Schreib- und Sprechmedien, die sich in einem Trance- oder Schlafzustand befinden. Gott aber hat uns hiervor gewarnt: „Daß nicht unter dir gefunden werde ein Beschwörer oder Wahrsager oder Zeichendeuter oder der die Toten frage. Denn wer solches tut, der ist dem Herrn ein Greuel" (5. Mose 18,11.12).

„Jene abgefallenen Engel, die Luzifer in seinem Kampf gegen Gott unterstützen und mit Satan, ihrem Führer, aus dem Himmel ausgestoßen wurden, sind die Geistwesen, die all die seltsamen Bekundungen des Spiritismus verursachen. Noch immer haben sie viele ihrer einstigen Eigenschaften und Kräfte. Darum können sie manches tun, was gegen die Naturgesetze zu sein scheint und kein Wissenschaftler erklären kann. Ihrer Macht sind jedoch Grenzen gesetzt, die Gott ihnen – besonders zum Schutz seiner Kinder – gezogen hat.

Unter anderem können sie die Gestalt Verstorbener annehmen. Sie übermitteln Medien und anderen Empfängern geheime Informationen. Sie treten als Geister und Gespenster auf, verursachen Klopfgeräusche, lassen Instrumente von allein spielen, lassen Botschaften ohne Zuhilfenahme von Händen schreiben oder bringen Personen auf mysteriöse Weise binnen kurzem von einem Ort zu einem weit entfernten anderen Platz. Sie bringen Personen oder schwere Gegenstände ohne menschliche Hilfe zum Schweben (Telekinese) und lassen Medien mit veränderter Stimme sprechen. Vieles mehr ... gehört in den Bereich des modernen Spiritismus"[21].

Der moderne Spiritismus nahm seinen Anfang in Amerika. „Im März 1848 geriet der friedliche Ort Hydesville im Staat New York aufgrund seltsamer Ereignisse, die sich im Haus der Familie Fox abspielten, in Unruhe. Damals ertönten seltsame Klopfzeichen und manche andere Geräusche. Im Verlauf dieser Entwicklung wurden die beiden Töchter der Familie, Leah und Kathie, spiritistische Medien. Schnell verbreitete sich der Spiritismus in seiner neuen Erscheinungsform als Geisterbefragung wie eine Epidemie über die Vereinigten Staaten, griff dann auf England und das europäische Festland über und festigte zugleich seinen Einfluß in Nord- und Südamerika weiter ... Heute existieren viele Spielarten des Spiritismus mit sehr unterschiedlichen Bezeichnungen nebeneinander"[21].

Die Lehre der übersinnlichen Geisterwelt hat bis heute in den christlichen Ländern Millionen von Anhängern gewonnen. Das Wort Gottes sagt in 1. Timotheus 4,1: „Daß in den letzten Zeiten werden etliche abtreten von dem Glauben und anhangen den verführerischen Geistern und Lehren der Teufel."

„Der Spiritismus ist heute die größte pseudoreligiöse Sekte. Es gibt schätzungsweise 50 bis 70 Millionen Spiritisten, wobei allein auf Europa und Nordamerika mindestens 20 Millionen Anhänger entfallen. In den USA soll es über 6000 Logen geben und in der Stadt Zürich allein etwa 400 spiritistische Zirkel. Am stärksten soll der Spiritismus in Brasilien verbreitet sein.

Daß der Spiritismus eine Ersatzreligion ist, wird daran deutlich, daß es bereits in vielen Ländern spiritistische Kirchen gibt, in denen Gottesdienste und ‚Geistpredigten' gehalten werden. Christlich spiritualistische Gemeinschaften werben unter Tarnnamen durch Inserate und Einladungen Leichtgläubige an. So heißt es in einem Lehrbuch etwa: ‚Alle ernsten christlich denkenden Menschen sind aufgerufen, sich an unserer kosmischen Gebetskette zu beteiligen. Denn gerade Dich ruft Christus: Ändert eure Gesinnung! Denn die Verbindung mit der Geisterwelt Gottes steht nahe bevor (Matthäus 4,17)'"[21].

„Die Vertreter nahezu aller Formen des Spiritismus behaupten, heilen zu können. Sie schreiben diese Macht der Elektrizität, dem Magnetismus, den sogenannten ‚Sympathieheilungen' oder den in der menschlichen Seele schlummernden Kräften zu. Und es gibt nicht wenige, die selbst in diesem christlichen Zeitalter lieber zu diesen Heilkünstlern gehen, als daß sie der Macht des lebendigen Gottes und den Fähigkeiten fachkundiger Ärzte vertrauen"[169].

Die afrikanischen Kulte und der Spiritismus sind heute in Brasilien erschreckend weit verbreitet. Es gibt einen „Spiritistischen Bundesverband der afro-brasilianischen Kulte". „Der brasilianische Spiritismus ist von Anrufung der Geister, magischen Praktiken, Zauberbüchern, Kontakten mit Verstorbenen, Abwehrzauber, schwarzer Magie, Teufelsaustreibung, afrikanischer Kräuterheilkunde u.a.m. gekennzeichnet ... Brasilien ist das größte spiritistische Land der Erde. 93% der Bevölkerung werden nominell zu den Katholiken gezählt. Von den spiritistischen Teilnehmern sind die meisten nebenbei oder hauptsächlich ‚gute Katholiken'; an der gleichzeitigen mehr oder weniger intensiven Beteiligung an okkulten und magischen Praktiken wird kein Widerspruch gesehen. Das Ergebnis ist erschreckend. Millionen von Menschen wurde der wahre Heilsweg nicht bezeugt, sie wurden letztlich in heidnischer Teufelei und Finsternis gelassen"[96].

„Der Spiritismus entfremdet immer mehr Christen dem echten Glauben und dem Evangelium. Der Spiritismus und die orientalischen Religionen mit ihrer Lehre von der Seelenwanderung und dem Kreislauf der Wiedergeburten sagen im Grunde nichts anderes als das, was die Schlange im Paradies Eva glauben machte: ‚Ihr werdet keineswegs des Todes sterben ... Ihr werdet sein wie Gott' (1. Mose 3,4.5). Im Spiritismus wird der Sühnewert des Opfers Christi geleugnet ... Weiter treten Geister auf, die sich als biblische Gestalten oder verstorbene Angehörige ausgeben ... ‚Spiritisten in aller

Welt berichten immer wieder von Botschaften, die sie mit Hilfe von Medien angeblich aus dem Reich der Abgeschiedenen empfangen.' Die Bibel warnt ganz eindeutig vor der Praxis der Totenbeschwörung ... (5. Mose 18,9-11) ... Daß Tote nicht nur nicht befragt werden dürfen, sondern gar nicht befragt werden können, geht aus den eindeutigen Aussagen der Heiligen Schrift über den Zustand der Toten hervor: ,Denn die Lebendigen wissen, daß sie sterben werden; die Toten aber wissen nichts, sie haben auch keinen Lohn mehr – denn ihr Gedächtnis ist vergessen, daß man sie nicht mehr liebt noch haßt noch neidet – und haben kein Teil mehr auf der Welt an allem, was unter der Sonne geschieht. Alles, was dir vor Händen kommt zu tun, das tue frisch; denn bei den Toten, dahin du fährst, ist weder Werk, Kunst, Vernunft noch Weisheit' (Prediger 9,5.6.10); ,Die Toten werden dich, Herr, nicht loben, noch die hinunterfahren in die Stille' (Psalm 115,17) ...

Dennoch findet der Spiritismus immer wieder Eingang auch in christliche, kirchliche Kreise. ,Unter dem hochklingenden Namen Parapsychologie (sie befaßt sich mit übersinnlichen, okkulten Bereichen des Seelenlebens) werden sogar in Kirchengemeindehäusern und Kirchen Vorträge gehalten, die für den Glauben an Erscheinungen Verstorbener werben ...'

Katie Fox, eine der Fox-Schwestern, die den modernen Spiritismus 1848 in den USA begründeten, erklärte 1888 öffentlich: ,Ich betrachte den Spiritismus als einen der größten Flüche, die die Welt je gekannt hat'"[82].

„Der Spiritismus lehnt die Gottheit Christi ab und leugnet seinen versöhnenden Tod. Jesus wird als Medium betrachtet, das die Grundlehren des Spiritismus anerkannt und praktiziert habe. Die Ausgießung des Heiligen Geistes an Pfingsten gilt als spiritistisches Ereignis. In einer Zeitschrift der Spiritisten, ,Banner of Light', heißt es: ,Der Mensch ist sein eigener Heiland und Erlöser'. Im Spiritismus wird der Mensch Gott gleichgestellt und Gott zum Menschen erniedrigt"[158].

Nach dem Urteil der Bibel sind spiritistische Dinge verboten. Gott stellt die Beschäftigung damit unter schwere Strafe. Denn beim Spiritismus handelt es sich um finstere Mächte. Der Apostel Paulus gibt uns eine Warnung in Epheser 6,12: „Denn wir kämpfen nicht gegen Menschen. Wir kämpfen gegen unsichtbare Mächte und Gewalten, gegen die bösen Geister zwischen Himmel und Erde, die jetzt diese dunkle Welt beherrschen" (G.N.).

Weiter heißt es in Kolosser 2,15: „Er hat die unsichtbaren Mächte entwaffnet und sie zu ihrer Schande vor aller Welt in seinem Triumphzug mitgeführt" (G.N.).

Schon im Alten Bund hat Gott das Befragen von Toten streng verboten:

3. Mose 19,31: „Ihr sollt euch nicht wenden zu den Wahrsagern und forscht nicht von den Zeichendeutern, daß ihr nicht an ihnen verunreinigt werdet; denn ich bin der Herr, euer Gott."

Gott hat in seinem Wort ganz deutlich gesagt, daß Tote nicht angerufen werden dürfen. Auch das Anrufen von Heiligen ist nichts anderes als Anrufen von Toten. Wer Tote anruft, reicht seine Hand dem Spiritismus! Die Bibel sagt ganz klar, und das ist in jeder Übersetzung nachzulesen, daß es nur einen Mittler gibt zwischen Gott und den Menschen, und das ist Jesus Christus!

Jesaja 8,19: „Wenn sie aber zu euch sagen: Ihr müßt die Totengeister und Beschwörer befragen, die da flüstern und murmeln, so sprecht: Soll nicht ein Volk seinen Gott befragen? Oder soll man für Lebendige die Toten befragen?"

„Gott hat den Menschen aufrichtig gemacht; aber sie suchen viele Künste" (Prediger 7,29). In 1. Samuel, Kapitel 28-30 wird uns der Höhepunkt des Ungehorsams von König Saul geschildert, von seinem Versuch, in der Nacht vor der Schlacht mit den Philistern vom toten Propheten Samuel Rat zu erhalten. Und in 1. Chronik 10, 13+14 steht dann der Nachruf auf den gottlosen

Monarchen: „So starb Saul um seines Treubruchs willen, mit dem er sich an dem Herrn versündigt hatte, weil er das Wort des Herrn nicht hielt, auch weil er die Wahrsagerin befragt, den Herrn aber nicht befragt hatte. Darum ließ er ihn sterben und wandte das Königtum David, dem Sohn Isais, zu."

Warum hat der Herr seinem Volk so streng verboten, Spiritisten zu befragen oder Geisterbeschwörungen vornehmen zu lassen? Warum hat er diese Kunst, die unter den Heiden aller Zeiten so verbreitet war, als einen Greuel in seinen Augen erklärt, wie wir es in 5. Mose 18,9-11 lesen: „Wenn du in das Land kommst, das dir der Herr, dein Gott, geben wird, so sollst du nicht lernen tun die Greuel dieser Völker, daß nicht jemand unter dir gefunden werde, der seinen Sohn oder Tochter durch Feuer gehen lasse, oder ein Weissager oder ein Tagewähler oder der auf Vogelgeschrei achte oder ein Zauberer oder Beschwörer oder Wahrsager oder Zeichendeuter oder der die Toten frage."

Die Antwort auf diese Frage beginnt mit dem ersten Wagnis, das der Mensch in Auflehnung gegen das Wort seines Schöpfers unternahm. Der ursprüngliche Plan Gottes war, daß sich der Mensch ewiger Gesundheit und ewigen Glücks erfreuen sollte – d.h. eines ewigen Lebens. Diese Gnade aber war dem Menschen unter einer Bedingung angeboten worden; er sollte treu den Anweisungen folgen, die ihm für ein rechtes Leben gegeben worden waren. Allzu verständlich, daß der Mensch eines Tages einer Prüfung unterzogen wurde. Er konnte wählen zwischen dem Weg des Lebens und dem Weg des Todes; er hatte die Fähigkeit, frei zu entscheiden. Doch in 1. Mose 2,17 wird auch deutlich die Konsequenz der Entscheidung beschrieben.

In der Geschichte vom Sündenfall des Menschen in Eden stempelte Satan mit seinem Versuch, den Menschen zum Ungehorsam zu verführen, Gott zum Lügner, indem er sagte: „Ihr werdet keineswegs des Todes sterben." Er versuchte den Menschen davon zu überzeugen, daß er unsterblich sei und trotz des Ungehorsams nie sterben werde. Adam und Eva glaubten dem Feind, als dieser den Charakter des Schöpfers verleumdete, sie glaubten der falschen Lehre von der menschlichen Unsterblichkeit und wählten ein Leben, das sowohl Gutes als auch Böses enthielt.

So ist die Lehre, daß der Mensch unsterblich ist, satanisch. Sie ist auch die Grundlage der Totenbeschwörung im Altertum und des heute praktizierten Spiritismus. Deshalb betrachtet Gott den Spiritismus als Greuel!

„Satan hat eine absolut sichere, bestrickende Täuschungsart gewählt, die darauf berechnet ist, die Sympathie derer zu gewinnen, die ihre Lieben bereits ins Grab gelegt haben. Böse Engel nehmen die Gestalt dieser geliebten Angehörigen an und beziehen sich auf Ereignisse, die mit deren Leben zusammenhängen. Sie benehmen sich genauso, wie deren Freunde bei Lebzeiten. Auf diese Weise täuschen sie die Verwandten der Verstorbenen und erwecken in ihnen den Glauben, daß die toten Freunde Engel seien, die sie umschweben und mit ihnen verkehren. Diese Erscheinungen betrachten sie mit einer gewissen götzendienerischen Verehrung, und – was sie auch sagen mögen – diese haben größeren Einfluß auf sie als das Wort Gottes"[167].

Der Text in Kolosser 2,8 ist auf den modernen Spiritismus anzuwenden: „Sehet zu, daß euch niemand beraube durch die Philosophie und lose Verführung nach der Menschen Lehre und nach der Welt Satzungen, und nicht nach Christo."

In 1. Korinther 10,20 (Elb.Übers.) wird deutlich zum Ausdruck gebracht, daß Gott nicht will, „daß ihr Gemeinschaft habt mit den Dämonen." Diese Formulierung zeigt also, daß auch bei Kindern Gottes Gemeinschaft mit Dämonen möglich ist (ich verweise hier auf das Buch von A. Seibel). In diesem Zusammenhang beachte man die klare Ermahnung der Heiligen Schrift: „Widerstehet dem Teufel" in Jakobus 4,7; 1.Petrus 5,9.

Schon damals – wie auch heute – war und ist der Spiritismus das Hauptmittel der Wahrsagerei. Heute ist der Spiritismus, wie in 1. Timotheus 4,1-3 beschrieben, ein typisches Zeichen der Endzeit:

„Der Geist aber sagt deutlich, daß in den letzten Zeiten werden etliche von dem Glauben abtreten und anhangen den verführerischen Geistern und Lehren der Teufel, durch die, so in Gleisnerei Lügen reden und Brandmal in ihrem Gewissen haben, die da gebieten, nicht ehelich zu werden und zu meiden die Speisen, die Gott geschaffen hat zu nehmen mit Danksagung, den Gläubigen und denen, die die Wahrheit erkennen."

„Dabei gibt sich der Spiritismus immer mehr als eine christliche Religion aus und seine Anhänger behaupten sogar, daß er zum Glauben an Gott und in das ewige Leben führe; sie berufen sich dabei auf die Bibel, deren Inhalt sie jedoch völlig verdrehen und spiritistisch auslegen. Sie stellen Jesus neben Brahma, Buddha, Zarathustra und die Kundgebungen der höheren (Spiritisku-) Geister, die angeblich ‚im Auftrag des Heilands reden', höher als die Offenbarungen Gottes und des Heiligen Geistes in der Bibel. Der Spiritismus redet wohl vom Heiland, leugnet jedoch die Sünde und die Schuld der Menschen und verkündigt ‚Selbsterlösung durch sittliche Selbstarbeit'"[76].

In Galater 1,7-9 heißt es dazu: „So doch kein anderes Evangelium ist, außer, daß etliche sind, die euch verwirren und wollen das Evangelium Christi verkehren. Aber so auch wir oder ein Engel vom Himmel euch würde Evangelium predigen anders, denn das wir euch gepredigt haben, der sei verflucht! Wie wir jetzt gesagt haben, so sagen wir auch abermals: So jemand auch Evangelium predigt anders, denn das ihr empfangen habt, der sei verflucht!"

„Der Spiritismus will eine Wissenschaft oder Weltanschauung von Geistern sein. Die Lehre des Spiritismus will beweisen, daß es Geister gibt, und lehrt, wie man mit ihnen in Verbindung treten kann. Er gibt sich als die

Religion der Zukunft aus, wo der Glaube durch das Wissen abgelöst wird, und will die Tatsache des Jenseits und der Unsterblichkeit jedermann wissenschaftlich zugänglich machen"[107].

Unsterblichkeit – ewiges Leben – ist nach dem Neuen Testament eine Gabe Gottes in Christus: „Denn der Tod ist der Sünde Sold; aber die Gabe Gottes ist das ewige Leben in Christo Jesu, unserm Herrn" (Römer 6,23). Unsterblichkeit erhalten wir als Geschenk Gottes bei der Auferstehung von den Toten, nicht früher! Die Worte Jesu sind unmißverständlich: „Verwundert euch des nicht. Denn es kommt die Stunde, in welcher alle, die in den Gräbern sind, werden meine Stimme hören, und werden hervorgehen, die da Gutes getan haben, zur Auferstehung des Lebens, die aber Übles getan haben, zur Auferstehung des Gerichts" (Johannes 5,28.29).

Der Begriff „Unsterblichkeit" findet sich nur zweimal in der Heiligen Schrift: 1. Korinther 15,53.54 und 1. Timotheus 6,15.16. Hierbei geht es einmal um die Verwandlung der gläubigen Menschen bei der Wiederkunft Jesu; sie erhalten nach den Worten der Bibel einen neuen und unsterblichen Körper. Zum andern geht es um eine Wesenseigenschaft Gottes; Gott allein ist unsterblich!

Die Lehre, daß der Mensch eine Unsterblichkeit besitzt, ist satanisch, und sie ist auch die Grundlehre der Totenbeschwörung im Altertum und – wie gesagt – des heute praktizierten Spiritismus. Aus diesem Grunde betrachtet Gott den Spiritismus als Greuel, und darum hat er ihn auch verboten.

Jeder, der in irgendeiner Form mit spiritistischen Dingen in Berührung gekommen ist, sage sich hiervon los! Diese Befreiung aus dem Bann des Spiritismus ist nur durch Jesus Christus möglich. Weder ein Mediziner noch ein Psychologe kann hier helfen! Wer frei werden will, der muß sich rückhaltlos Jesus Christus überliefern und im Glauben das Opfer Jesu am Kreuz ergreifen. „Im Siege Jesu hat jeder Glaubende auch seinerseits den Sieg über alle Finsternismacht und alle dämonischen Gewalten. Das wird in der Gemeinde Jesu immer wieder wunderbar erlebt"[171].

In Apostelgeschichte 19 können wir nachlesen, daß die neu gewonnenen Gemeindeglieder in Ephesus ein offenes Bekenntnis abgaben und ihre Zauberbücher verbrannten. Die Zauberei war nichts anderes als das, was sich heute als moderner Spiritismus anbietet. Man sollte deshalb jeden Umgang mit dem Okkulten meiden!

Denn „Satan ist ein Meister in seiner Art. Seine teuflische Weisheit wendet er mit gutem Erfolg an. Er ist bereit und fähig, alle die zu unterrichten, die Gottes Rat für ihr eigenes Seelenheil zurückweisen. Der Köder, den er ausgeworfen hat, wird ihm dabei helfen, Menschen in sein Netz zu locken. Um sich mit seiner teuflischen Habgier auf sie stürzen zu können, wird er sich die Maske des Guten aufsetzen und sich so anziehend wie nur möglich benehmen ...

Bis jetzt weiß die Welt nur wenig von dem verderblichen Einfluß des Spiritismus ... Der Spiritismus kommt so unmittelbar aus seiner satanischen Majestät, daß er für sich das Recht in Anspruch nimmt, alle zu beherrschen, die damit umgehen; denn sie haben sich auf verbotenes Gelände begeben und damit den Schutz ihres Schöpfers verwirkt ...

Der einzige Weg, Satan zu überwinden, besteht darin, zwischen reinen Bibelwahrheiten und erdichteten Erzählungen zu unterscheiden ... Wenn Gottes Wort richtig verstanden und angewandt wird, bildet es einen sicheren Schutz gegen den Spiritismus"[167].

So ist es notwendig, daß wir das Wort Gottes für uns selbst studieren. Wir dürfen uns nicht auf die Erkenntnisse anderer verlassen!

Der Evangelist George Vandeman schreibt: „Gottes Botschaft für diese kritische Stunde wird eben nicht in den trivialen Enthüllungen von Geistern gefunden, die manchmal die Wahrheit sprechen und manchmal lügen. ... Nein, die Hoffnung des Menschen liegt weder in den okkulten Phänomenen noch in Botschaften aus einem kalten, trüben Geisterland noch überhaupt bei den Toten, sondern in dem lebendigen Christus! Der Mensch wird nicht von dem Wort der Toten leben, ‚sondern von einem jeglichen Wort, das durch den Mund Gottes geht' (Matthäus 4,4). Und sein Wort enthält die tröstlichste Verheißung, die jemals der leidenden Menschheit gegeben wurde: ‚Ich will wiederkommen und euch zu mir nehmen, damit ihr seid, wo ich bin' (Johannes 14,3)"[160].

Das Wort Gottes sagt ganz deutlich, daß „die Lebenden wissen, daß sie sterben werden". Bezüglich dessen, was bei des Menschen Tod geschieht, hat der Herr gesagt: „Des Menschen Geist muß davon, und er muß wieder zu Erde werden; dann sind verloren alle seine Pläne" (Psalm 146,4).

In 1. Mose 2,7 wird uns mitgeteilt, daß Gott den Menschen aus dem Staub der Erde gebildet hat. Gott formte den Menschen. Das Entscheidende bei der Schöpfung aber war, daß der Herr ihm den Odem in die Nase blies und daß hierdurch der Mensch eine „lebendige Seele" wurde, nicht eine lebendige Seele bekam! Der Mensch wurde ein „lebendiges Geschöpf", eine „lebendige Person". Der ganze Mensch wird als „Seele" bezeichnet, nicht nur ein Teil von ihm! Leben war also von Anfang an von dem Odem abhängig, den Gott gab. Durch Atmung war der Mensch ins Leben gekommen; Aufhören der Atmung brachte den Tod, und der Tod brachte Verwesung, Rückkehr zum Staub, aus dem der erste Mensch geformt wurde.

Alle Menschen – ohne Unterschied – sinken ins Grab. Das Neue Testament spricht von den Toten als von Schlafenden bzw. von Entschlafenen. Durch die Einsetzung des Erlösungsplanes werden alle wieder aus den Gräbern hervorgehen. Es gibt eine zukünftige Auferstehung der Toten, der Gerechten und Ungerechten (Apostelgeschichte 24,15).

Die Dualität von Gott und Satan ist eine Realität.

Der Teufel ist der „Affe Gottes" sagt Augustin, und die Bibel zeigt ihn uns so. Das Reich der Dämonen ist unheimlich und real. Es gibt viele Berichte von Menschen, die durch Bindung an okkulte Mächte in schwere Abhängigkeiten geraten sind. Wer spiritistische Sitzungen, vielleicht zunächst nur als „Gesellschaftsspiel" mitmacht, kann oft nicht mehr davon loskommen. Es gibt zahlreiche Beispiele für die Gefahren, die in der Beschäftigung mit okkulten Dingen liegen. Auch Christen werden von ihnen ergriffen, wenn sie sich mit ihnen abgeben. Selbst Seelsorger werden manchmal von ihnen verfolgt, wenn sie einem Menschen helfen wollen, davon loszukommen.

In der Zeitschrift „Weltbild" schrieb Kurt Allgeier: „Es hört sich eher an wie ein phantasievoller Scherz oder eine Passage aus einem Science-fiction Roman. Doch die Betroffenen schwören: Es ist die reine Wahrheit. Robert A. Monroe, ein Geschäftsmann aus Afton in Virginia (USA), Begründer eines Instituts für ‚ergänzende Wissenschaften', behauptet: ‚Ich habe in den zurückliegenden Jahren tausend Seelen dazu verholfen, ihren Körper vorübergehend zu verlassen'.

Man könnte darüber lachen, würden sich nicht namhafte und ernstzunehmende Wissenschaftler wie etwa Frau Dr. Kübler-Ross, die Sterbeforscherin aus der Schweiz, dazu bekennen.

Der erfinderische Geschäftsmann macht die Experimente mit der Loslösung der Seele vom Körper nicht, um andere zu erschrecken oder indiskret zu belauschen, sondern er will damit Menschen helfen, die Angst vor dem Sterben zu verlieren. Monroe gibt Kurse zur Vorbereitung auf das neue Leben nach dem Tod, indem er schon vorher ‚hinüber' blicken läßt. Auf diese Weise können sie erfahren, daß mit dem Tod nicht alles zu Ende ist und daß es überhaupt ein ‚Jenseits' gibt …

Dr. Kübler-Ross soll mehrfach außerhalb des Körpers unterwegs gewesen sein. Sie habe ‚Geisterführer' getroffen, als Wesen, die Verstorbene ins Jenseits begleiten. Diese hätten ihr über das Leben nach dem Tode berichtet, ihr sogar einmal eine Botschaft einer Verstorbenen mitgegeben ..."

Durch Gebet und Glauben darf der Christ mit Gott seine Erfahrungen machen. In 1. Johannes 3,8 heißt es: „Dazu ist erschienen der Sohn Gottes, daß er die Werke des Teufels zerstöre." Christus ist der Herr über alle Mächte und Gewalten. So kann er auch denen helfen, die freiwerden möchten. Allein wird man nicht damit fertig! Jesu Verheißungen sind zusammengefaßt in dem Wort: „In der Welt habt ihr Angst; aber seid getrost, ich habe die Welt überwunden" (Johannes 16,33). Das ist eine Zusicherung!

Für uns ist das ewige Leben auf einer neuen Erde „kein blutleeres Geisterdasein". „Nach dem Tode werden wir nicht ewig ruhen, verloren durch die Gegend spuken, sondern leben", schrieb Allgeier in seinem Artikel „Der Himmel ist ganz anders". „Damit unterscheidet sich der christliche Himmel ganz entscheidend von den nebulösen Vorstellungen, die heute so verbreitet sind und beispielsweise von George Bernard Shaw in die Sätze gefaßt wurden: ‚Der Tag wird kommen, an dem es keinen Menschen, nur noch den Gedanken geben wird. Das wird das ewige Leben sein.' Ein Fortleben in den Gedanken – das wäre zu blaß. Zu wenig. Das ewige Leben kann nicht weniger sein, als die irdische Existenz. Es muß mehr, sehr viel mehr sein. Und in ihm darf auch nichts von dem fehlen, was uns schon hier auf der Erde wahrhaft glücklich gemacht hat". Auch bei Buddha heißt es: „Alles was wir sind, ist das Ergebnis unserer Gedanken; es gründet sich darauf und besteht daraus."

Im letzten Buch der Bibel, der Offenbarung, jener gewaltigen visionären Prophezeiung des Johannes wird uns ein recht detailliertes Bild vom ewigen Leben gezeichnet und im 21. Kapitel ebenfalls gezeigt, wie die erneuerte Welt und das himmlische Jerusalem aussehen wird.

Körperlich-seelische Entspannung – um jeden Preis?

Wir leben in einer Zeit von Glas und Stahl, Computern und Überschallflugzeugen. Wir leben in einer schnelllebigen, hektischen Welt, in der man sich zu wenig Gedanken über Sinn und Zweck unseres Lebens und über die Zukunft macht. Unser Organismus muß sich heute auf eine Umwelt einstellen, die sich in den letzten Jahrzehnten fast explosionsartig gewandelt hat. Man leidet immer mehr unter einer „Informationsüberbelastung". Eine Vielzahl von Dingen, die tagtäglich auf uns einströmen, können wir vielleicht noch registrieren, aber nicht mehr verarbeiten. Vieles übersteigt unser Aufnahmevermögen: Spannungen, Enttäuschungen, Feindseligkeiten nagen an den Kräften unserer Gesundheit. Wir sind einem täglichen Streß ausgesetzt!

Der Mensch wird durch die Industriegesellschaft und den Leistungsdruck irritiert. Unser Körper wird geschwächt; wir werden empfänglich für Erkrankungen. Die natürlichen Abwehrkräfte in uns, das uns vom „Schöpfer geschenkte dynamische Gleichgewicht" kann nicht mehr in Schach gehalten werden. Streß ist ein ganz normaler biologischer Vorgang, der zum Leben gehört. Er ist die „Reaktion unseres Körpers auf äußere und innere Reize", die auf unseren Organismus einwirken; diese Reaktion ist bei jedem Menschen verschieden. Streß ist sowohl eine „physische" als auch eine „psychische" Belastung.

„Streß ist ganz einfach die Reaktion des Körpers auf die Belastungen und Anforderungen des Alltags. Jede Tätigkeit, jede Gemütsbewegung ... ruft Streß hervor. Und die Art, wie Ihr Körper mit solchen Stressoren (Streßerzeugern) umgeht, hat eine Menge damit zu tun, wie es um Ihre Gesundheit und Lebenskraft bestellt ist.

Seinen Körper ständigem Streß auszusetzen ist etwa so sinnvoll, wie einen Motor ununterbrochen auf Hochtouren laufen zu lassen. Irgendwann wird sich das unausweichlich rächen. Steht der Körper unter Streß, dann sind alle seine Teile der Spannung ausgesetzt; ob aber schließlich das Herz, die Nieren, der Magen oder irgendein anderes Organ streikt, hängt davon ab, welches Organ bei dem Betroffenen für Erkrankungen am anfälligsten ist.

Man kann daher sagen, daß Streß der Auslöser mancher Krankheiten ist und viele andere verschlimmert"[47].

Zweifellos hat jeder schon einmal das Gefühl gehabt, mit seinen Nerven am Ende zu sein. Eilen wir doch alle dem Höhepunkt von Streß, Spannung und Überanstrengung zu. Heute wird allgemein anerkannt, daß Körper und Seele eine Einheit bilden. Dabei ist die Erkenntnis nicht neu. Schon im Psalm 32,3+4 heißt es: „Als ich es wollte verschweigen, verschmachteten meine Gebeine (wurde ich körperlich krank) ... mein Saft vertrocknete, wie es im Sommer dürre wird."

Wie können wir nun dem alltäglichen Streß begegnen? Wollen wir gesund bleiben, müssen wir etwas gegen Überbelastung unternehmen; es ist nicht sinnvoll, mit seiner Lebenskraft allzu verschwenderisch umzugehen. Leider kann man nicht alles, was Streß verursacht, ändern oder abschaffen! Den Streß vollkommen zu vermeiden, sind wir nicht in der Lage, aber wir können eine Strategie entwickeln.

Selye hat es folgendermaßen ausgedrückt: „Sollen wir also Streß vermeiden, so gut es geht? Sicherlich nicht. Streß ist Würze des Lebens ... Wem würde schließlich ein Leben ganz ohne Höhen und Tiefen gefallen? Außerdem haben einige Arten der Betätigung eine heilende Wirkung und helfen sogar, den Streßmechanismus in Gang zu halten."

Natürlich müssen wir etwas gegen ein Übermaß an Streß tun. Aber treiben Sie nur nicht den Teufel mit

Beelzebub aus, indem Sie zur Zigarette greifen, ein Beruhigungs- oder Aufputschmittel nehmen oder zum Alkohol greifen! Was wir brauchen ist Entspannung! Der Mensch sucht die Ruhe, die Entspannung, die er früher automatisch hatte. Nur reichen zur Entspannung die natürlichen Methoden wie frische Luft, Sonne, körperliche Betätigung, gesunde Ernährung und Wasseranwendungen heute oft nicht mehr aus. So greifen dann immer mehr Menschen zu sogenannten „Selbsthilfeprogrammen" oder besuchen Kurse, um bestimmte Entspannungstechniken zu erlernen. Autogenes Training, Yoga und Transzendentale Meditation bieten sich an, um mit Hektik und Lärm, mit Streß und so manchen Risikofaktoren fertig zu werden. Leider vergißt man den einfachsten Weg, nämlich sein Vertrauen auf Gott zu setzen, der all unsere Sorgen kennt und auch versteht!

„Lebensprobleme, Sorgen, Schwierigkeiten verschiedener Art sind da, um überwunden zu werden, nicht um sich von ihnen fertigmachen zu lassen. Deswegen dürfen wir es nicht zulassen, daß diese negativen Kräfte unser Leben beherrschen, sondern wir müssen uns weigern, diese Herrschaft über unser Leben anzuerkennen. Die Herrschaft über unser Leben hat ein anderer. Den Anspruch hat Jesus Christus. In der Lebensgemeinschaft mit ihm liegt die Basis zu einem glücklichen und sinnvollen Leben"[127].

Wir müssen also in unserem Leben eine Änderung vollziehen, und zwar müssen wir von einer „angespannten Aktivität" zu einer „schöpferischen Ruhe" gelangen.

Entspannungsverfahren zur Bekämpfung der Auswirkungen von Streß und Ängsten sind in den letzten Jahren in Mode gekommen, auch wenn die „tatsächliche Wirksamkeit immer noch umstritten"[161] ist.

Diese Entspannungsmethoden, die heute auf immer größeres Interesse stoßen, sind meist schon vor mehr als 50 Jahren aufgekommen und zwar deshalb, weil schon damals wie heute ein Bedürfnis nach bewußter Entspannung bestand.

Wie kann man sich nun entspannen? „Klassische Beispiele eher passiv angelegter Entspannungsverfahren sind die Hypnose und das autogene Training sowie die meist aus fernöstlichen Traditionen stammenden Meditationsverfahren. Als Repräsentanten eher aktiv übender Verfahren können die ‚Progressive Relaxation' und Biofeedback-Verfahren gelten"[161].

Mit der Biofeedback-Methode will man sich also aktiv entspannen, wobei die Atemfeedbackbehandlung eine Methode zur Vorbereitung einer Psychotherapie ist, die „zwischen Hypnose und autogenem Training" liegt. „Bio" heißt Leben und „feedback" Rückmeldung. Bei wissenschaftlichen Untersuchungen hat Prof. Leuner aus Göttingen festgestellt, daß das EEG – also die elektrische Hirnstrommessung – unter Biofeedback schlafähnliche Zustände zeigt und einen hypnoiden Charakter hat.

„Den Experimentierern in der Biofeedback-Therapie wird folgende Frage gestellt: Wissen die Patienten schon im voraus, daß hier Techniken gebraucht werden, die einige Erfinder für die Einführung der Selbsthypnose verwendet haben? ... Ich möchte vorschlagen, daß äußerste Vorsicht angebracht ist bei denen, die mit autogenem Biofeedback therapieren ..."[126].

Angesichts des breiten Spektrums von krankhaften Erscheinungen werden immer häufiger Entspannungsverfahren durchgeführt. Dabei müssen die physiologischen von den psychischen Veränderungen unterschieden werden. Zu den ersteren zählt der Tonusverlust der Skelettmuskulatur, die periphere Gefäßerweiterung und die Verlangsamung sowie die Gleichmäßigkeit der Atmung. Zu den allgemeinen psychischen Veränderungen gehören das Gefühl zunehmender geistiger, körperlicher und psychischer Gelöstheit, das Gefühl von Ruhe und Gelassenheit.

Die Fremdsuggestion „Hypnose", d.h. das „passive Sichhingeben an den Hypnotiseur"[144] sowie die Selbstinstruktion „Autogenes Training" und fernöstliche

Praktiken der Selbstentäußerung und Selbstregulation werden gesondert beschrieben. Erwähnenswert erscheint mir hier, daß bei vielen Entspannungsverfahren – auch beim Yoga – Atemübungen eine große Rolle spielen! Die „Suggestionen der Schwerelosigkeit (Arm wird leicht und hebt sich von der Unterlage ab) und Muskelstarre (Arm ist bewegungslos und steif) sind für die Einleitung einer Entspannungsreaktion nicht nötig"[161].

Absolute Entspannung kann „kein biologisch notwendiges und positives Ziel"[144] sein. Die Entspannung soll vielmehr dazu dienen, mit den Lebensaufgaben besser fertigzuwerden; sie ist also nicht als ein „Heilmittel schlechthin" anzusehen.

„Das Problem der Entspannung ist heute in das Bewußtsein des abendländischen Menschen getreten"[144]. Und wenn heute die Hochspezialisierung, die Hochzüchtung einzelner Begabungen, die allgemeinen Leistungsanforderungen – schon in der Schule – und noch vieles mehr den Menschen in immer größere Spannungen geraten lassen, soll man dann nach einer „Entspannung um jeden Preis" fragen?

Es geht nicht um die Frage eventueller „Wunderheilungen". Es geht darum, ob man aus religiöser Sicht die einen oder anderen Verfahren akzeptieren kann. Wird nicht einem wahren Christen das Gebet helfen? Ist ein gläubiger Mensch nicht am ehesten in der Lage, durch freudige Gedanken „seine Nerven zur Entspannung zu bringen"[100]?

Jeder normale Mensch kann sich entspannen! Ein Christ braucht keine medialen Therapien, wie sie sogar auf Kongressen angeboten werden, keine Meditationspraktiken des Ostens und keine suggestive Entspannungstherapie des Westens! Auch mit Musik – insbesondere Jazz – ist weniger eine Entspannung bzw. Beruhigung zu erzielen als vielmehr ein Anregungsempfinden, das oft zu einer gesteigerten Erregung führt. „Stark rhythmische Musik führt eher zum Lusterleben der Ekstase im Sinne ungezügelten Lustempfindens"[111]. Eine Entspannung soll nicht auf Suggestion oder Autosuggestion zurückzuführen sein. Es kommt darauf an, daß man von der Anspannung zur Entspannung gelangt, daß die angespannten Nerven eine Entspannung erfahren. Mit Schallplatten oder Tonbändern, die zum Ausdruck bringen, daß "die Suggestion die größte Heilkraft der Welt sei" bzw. "alle Kraft von der Seele aus kommt", erreichen wir keine wahre Entspannung. Erst wenn wir erfahren, daß Freude unentbehrlich für die Gesundheit unserer Nerven ist, wie es Lechler schreibt, und daß unsere Nerven eine Kräftigung erfahren, wenn unser Herz von Freude erfüllt ist und wenn wir mit Paulus sagen können: "Freuet euch in dem Herrn allewege", also in jeder Lebenslage, dann werden wir die wahre Methode der Entspannung erfahren. Lernen wir also Entspannen!

Hypnose – Vergewaltigung des Seelenlebens

In unserer Zeit dürfte es nur wenige Menschen geben, die noch nichts von Hypnose gehört haben. Was ist das nun? Scharlatanerie, Hokuspokus oder Heilmethode? Steht hinter der Hypnose etwas Geheimnisvolles, Bedrohliches, wird durch übersinnliche Kräfte und die oft stechenden Augen eines "Magiers" jede Willenskraft gebrochen? Ist Hypnose eine "Hexerei", etwas Undurchschaubares und als teuflisch abzulehnen?

Hypnose ist von dem griechischen Wort Hypnos abgeleitet, das Schlaf bedeutet. Dabei handelt es sich nicht um eine Erscheinung der Neuzeit, denn schon die alten Ägypter und Griechen huldigten der "schwarzen Kunst". Im Mittelalter bedienten sich sogar verschiedene Mönchsorden der Hypnose. In Indien haben besonders Fakire hypnotische Fähigkeiten. Bei uns im Westen verbreitete sich die Hypnose erst etwa seit Anton Mesmer (s. Mesmerismus). Über den Mesmerismus heißt es: „Der Magnetiseur als Arzt hatte die Aufgabe, ein physikalisch gedachtes ,Fluidum' auf den Kranken zu übertragen und ihn damit direkt zu beeinflussen. Dieser Einfluß affizierte die ganze Person des Kranken, versetzte ihn in Trance und Ekstase"[134].

Bekannt wurde der Ausdruck Hypnose erst 1843 durch den englischen Arzt James Braid aus Manchester, der den Begriff „Hypnotismus" in die Medizin einführte, um sein Verfahren vom Mesmerismus (dem „tierischen Magnetismus") radikal abzugrenzen. „Er entdeckte experimentell die Methode der Augenfixation, mit der er regelmäßig bei seinen Patienten den hypnotischen Zustand induzieren konnte. Er charakterisierte diese Methode als eine Konzentrationsleistung, als eine ,fortgesetzte Fixierung des geistigen und sehenden Auges auf ein Objekt'. Die Hypnose, die er dadurch hervorrufen konnte, bezeichnete er als ,nervösen Schlaf' (nervous sleep), der sich eindeutig vom normalen Schlaf und vom Wachzustand unterschied ... Braid führte nicht nur die Fremdhypnose, sondern auch die Selbsthypnose als therapeutisches Mittel in die Medizin ein und wurde somit zum Vorläufer des autogenen Trainings"[134]. „Hypnose übt auf alle am Okkultismus interessierten Menschen einen besonders faszinierenden Reiz aus; in der Öffentlichkeit wird zur Zeit Hypnose wieder als besonders wirksames ,Heilmittel' gepriesen, wobei man sich häufig nicht scheut, der Hypnosetherapie ein esoterisches Mäntelchen umzuhängen"[23].

Heute wird in reichhaltiger Literatur die „ärztliche Hypnose"[22, 83, 84] angepriesen. Man beschäftigt sich mit hypnotischen Experimenten zu Heilzwecken. Ärztlicherseits ist es sogar möglich, „die Behandlung einer Einzelperson durch Hypnose" – wie es in der Gebührenordnung unter Nr. 845 heißt – über die Krankenkasse abzurechnen.

Aber „ein Arzt, der diese Methode anwendet, ist untüchtig für Gottes Werk". „Halte dich fern von allem, was nach Hypnose riecht", schrieb schon vor Jahren eine gläubige Amerikanerin. Sie fährt fort: „Durch diese Wissenschaft wird die Tugend zerstört und der Grund zum Spiritismus gelegt ... Die Diener Satans werden so zahlreich, und es ist so allgemein, sie um Rat zu bitten, daß Worte der Mahnung völlig am Platze sind ... Viele Christenbekenner in diesem sogenannten christlichen Zeitalter nehmen ihre Zuflucht zu bösen Geistern, anstatt der Kraft des lebendigen Gottes zu vertrauen." Wir leben in einer Zeit, in der sogenannte Heilungen durch Hypnose hoch im Kurs stehen.

Bei der Hypnose versucht der Hypnotiseur zunächst die Augenmuskeln des „Patienten" zu ermüden. Das Ziel ist, daß der Hypnotisierte in seiner Aufmerksamkeit gänzlich an Signale des Therapeuten gebunden ist, zum Beispiel an dessen Stimme. Der Hypnotisierte kann äußerlich betrachtet den Eindruck eines „Schlafenden" machen; er schläft aber nicht, sondern nimmt alle Signale des Therapeuten wahr und ist in der Lage, diese zu akzeptieren und darauf zu reagieren. Hinsichtlich der Tiefe des „Dämmerzustandes" unterscheidet der Fachmann zwischen Schläfrigkeit (Somnolenz), mittlerem Schlaf (Hypotaxis) und tiefer Trance (Somnambulismus). Die einzelnen Sitzungen dauern zwischen wenigen Minuten und einer Stunde. Die wesentliche Verbindung zur Umwelt besteht nur noch in der Person des Hypnotiseurs. „Ist der hypnotische Zustand erreicht, folgt die Versuchsperson jedem suggerierten Befehl des Hypnotiseurs und dieser kann alle gewünschten Halluzinationen auslösen. Hierzu einige Beispiele: Suggeriert der Hypnotiseur, es sei unerträglich kalt, so beginnt die Versuchsperson am ganzen Körper zu frieren. Sagt er nun, daß es immer wärmer und immer heißer werde, beginnt die Versuchsperson zu schwitzen, bis ihr der Schweiß von der Stirn tropft. Körperteile können durch einfache Suggestion steif, lahm oder empfindungslos gemacht werden ... Hypnotischen Experimenten sind keine Grenzen gesetzt ... Hier sei noch der Begriff der ‚Posthypnose' kurz erläutert. Es ist möglich, eine in der Hypnose gegebene Suggestion entweder über das Aufwecken hinaus weiter wirken zu lassen oder aber in der Hypnose einen Befehl an ein Signal zu koppeln, das erst nach der Hypnose im Wachzustand gegeben wird. Auf diese Weise lassen sich alle Phänomene der Hypnose auch im Wachzustand abrufen, falls diese während der Hypnose eingegeben und an ein Signal gekoppelt werden"[23]. Erwartungen von „Wunderheilungen" sind aber auch mit der Hypnose nicht zu befriedigen, wie von Hypnotiseuren berichtet wird.

Mancher gerät blindlings in den Sog der Hypnose hinein, wenn er von den geheimnisvollen Kräften liest, über sichtbare Erfolge staunt. Ahnungslos spielt er mit dem Feuer und erkennt den Schaden erst, wenn es bereits zu spät ist.

Der Unwissende glaubt den Ausführungen von „sachkundigen" Ärzten. Er liest von schmerzlosen Operationen ohne Narkose unter Hypnose, wie es sonst nur in China durch Akupunktur möglich ist. Weiter erfährt er von Heilungen seelischer Belastungen und Störungen. Manche gehen sogar so weit und schreiben, daß die Hypnose in den Bereich der naturgemäßen Heilweisen gehört, daß die Hypnose die „gesunden Kräfte aktiviert" und „in ärztlicher Hand niemals Schaden verursachen kann", daß sie sogar „eine lebensrettende Bedeutung" erlangen kann. Für mich als gläubigen Arzt ist dies unvorstellbar!

So kann man wirklich nur sagen: „Die Gegenwart macht es im höchsten Sinne notwendig, über die Gemeinschädlichkeiten des Hypnotismus aufzuklären ... Der Hypnotismus stellt einen Zweig des Pseudo-Okkultismus dar, der unter allen Umständen folgenschwere Wirkungen nach sich zieht ... Sehr viele sehen im Hypnotismus den Weg zum Glück und zur Höherentwicklung des Menschen, sie bezeichnen die Fähigkeit des Hypnotisierens als eine hohe geistige Kraft. Nur wenige ahnen, daß durch ihn der Menschheit, den Völkern, den Familien und jedem einzelnen die größten Gefahren drohen"[19].

„Der Hypnotismus vertritt ein Programm der Inner-
lichkeit, vielleicht besser ausgedrückt: der Innenheit
(Verinnung wäre vielleicht der zutreffende Ausdruck).
Die kosmischen Kräfte werden zu psychischen Kräften,
die Wechselwirkung zwischen den Personen wird zurückgeführt auf das psychosomatische Wechselspiel im
Individuum selber. Damit meinen die Anhänger des
Hypnotismus, die Magie endgültig aus der wissenschaftlichen Medizin verbannt zu haben.

Doch ähnlich wie für uns im Alltagsleben der Mond
‚scheint‘, und nicht lediglich Sonnenlicht reflektiert,
strahlt für viele Menschen auch heute noch der Hypnotiseur imaginäre Kräfte aus, scheint in ihm die Energie-
quelle zu liegen, ähnlich wie im Konzept der Geisthei-
lung ...

In der heutigen Medizin wird die Hypnose als For-
schungs- und Behandlungsmethode wenig beachtet, obwohl bestimmte hypnotische Verfahren – zumeist unter
Vermeidung des Wortes Hypnose – Eingang in die klini-
sche Praxis gefunden haben, wie etwa das Autogene
Training, das auf einer bestimmten Technik der Selbsthypnose beruht"[134].

Wenn ein Mensch an einer Krankheit leidet, wird er
versuchen, Heilung zu finden. Bei einem kranken Menschen leidet auch „das Seelenleben". Und so mancher
Kranke glaubt, weil die modernen Errungenschaften
der Medizin nicht die erwünschte umgehende Heilung
bringen, an irgend etwas – wenn es nur hilft!

Jeder sollte aber prüfen, an was er glaubt; „Prüfet die
Geister!" heißt es in 1. Johannes 4,1-2. Denn „unkritischer Glaube an geistige Kräfte öffnet diesen Tür und
Tor". Hypnotische Suggestion mag manche Krankheiten für eine kurze Zeit zum Verschwinden bringen.
Doch sind solche Heilungen nur Schein und Trug und
von kurzer Dauer. Durch Hypnose kann niemals eine
Krankheit beseitigt werden! Eine scheinbare Heilung
wird zu teuer erkauft!

So muß man sich fragen, ist die Hypnose wirklich

„das souveräne Mittel, um eigenes Selbstvertrauen und eine innere Ausgewogenheit und Gelassenheit stufenweise aufzubauen?"[28]

„Schwere seelische Schäden werden oft dadurch herbeigeführt neben den geistigen Bindungen, die durch die hypnotisierenden, spiritistischen, okkulten Mächte dabei auf den Kranken wirken. Die alte heidnische, orientalische, dämonische Kunst der Suggestion der Hypnose, die von den ältesten Völkern zum Zweck der Wahrsagerei schon angewandt wurde, ist unter dem harmlosen Gewand der sogenannten ,modernen Wissenschaft' wieder neu aufgetaucht und ebnet fast unangetastet den Weg für andere moderne Verblendungs- und Heilmethoden. Die Hypnose ist das wirksamste Mittel, das allen bösen Geistern die Tür öffnet zum Unterbewußtsein durch völlige Ausschaltung des Willens und der bewußten Sinnestätigkeit"[76].

„Wieviel Leid durch die Hypnose über die Menschheit gebracht wird, kann kein Verstand ermessen ... Die Folgen der Hypnose sind schwerer als alle Krankheiten, Leiden und Gebrechen, die es in der Welt gibt ..., denn die Hypnose raubt dem Menschen seine Vernunft, den freien Willen und die sittliche Verantwortlichkeit. Sie nimmt ihm seine Freiheit, sein Glück, seine Ruhe, zerstört seinen Frieden und bringt ihm unsägliches Leid ... Mittels Hypnose und Suggestion kann eine verbrecherisch veranlagte Person beinahe jedes Verbrechen ausführen, ohne als Urheber erkannt zu werden ... Wer sich freiwillig hypnotisieren läßt, begeht ein Unrecht an sich selbst"[19].

„Bei den wissenschaftlichen Vertretern der Hypnose besteht die Auffassung, daß der Mensch in der Hypnose zu nichts gezwungen werden könnte, zu dem er nicht im Wachzustand fähig wäre. Vollends wird die Meinung vertreten, Verbrechen in der Hypnose wären nicht möglich. Zunächst sei vermerkt, daß nicht alle Fachwissenschaftler diese Überzeugung haben. Mir sind außerdem in der Seelsorge viele Fälle bekannt geworden, bei denen Verbrechen unter Hypnose sich ereigneten.

Von der Bibel her ist es auch verständlich, daß ein bisher unberührtes Mädchen unter Hypnose mißbraucht werden kann. Jesus sagt: ,Aus dem Herzen des Menschen kommen arge Gedanken.' Auch in dem moralisch besten Menschen schlummern ungute Dinge. Im Normalzustand werden alle triebhaften Dinge vom Oberbewußtsein, das durch charakterliche Veranlagung, Erziehung und religiöse Einstellung geformt ist, beherrscht und niedergehalten. In der Hypnose ist dieser Regulator ausgeschaltet. Die triebhaften Regungen können ungehindert aus dem Unterbewußtsein hochsteigen und von gewissenlosen und enthemmten Menschen ausgenützt werden. Ferner wird von den Fachwissenschaftlern nicht beachtet, daß es außer der schulmäßigen Hypnose auch eine magische Hypnose gibt, die in ihrer Wirkung viel weiter reicht als die normale Hypnose. Die magische Hypnose wird oft daran erkannt, daß der Patient hinterher nicht mehr glauben und beten kann"[68].

Carothers[20], der u.a. in der Hypnose und dem Spiritismus „den Schlüssel für das Wirken des Geistes Gottes" in seinem Leben zu finden suchte, schreibt: „Ich hatte die Macht des Feindes sehr unterschätzt. Damals wußte ich es noch nicht, aber die Hypnose kann geistlich außerordentlich gefährlich werden; wer sich ihr ausliefert, öffnet sich den Einflüssen der Dämonie."

„Die Ausübung der Hypnose gehört in das Gebiet der schwarzen Magie ... Sie steht in krassem Gegensatz zu jeder Religion, jedem Moral- und Sittengesetz und dem gesunden Lebensgefühl des Menschen. Jeder wahre Menschenfreund muß sie ganz entschieden ablehnen"[19].

Der beste Schutz gegen die Gefahren der Hypnose und der Suggestion ist das Gebet, ein Gebet „ohne Unterlaß". Denken wir hierbei auch an das Wort aus Psalm 3,9: „Bei dem Herrn findet man Hilfe."

Wenn ein gläubiger Mensch sich unter das Gebet

stellt und gegen die Hypnose, ist jeder Hypnotiseur machtlos. Ein Mensch „mit einem starken Willen kann nicht gegen seinen Willen hypnotisiert werden"[68].

Hierzu folgende Erfahrung eines jungen gläubigen Mädchens: Eine Freundin bat sie, doch einmal zu einer Hypnoseveranstaltung mitzukommen. Sie lehnte dies aufgrund ihrer christlichen Einstellung ab. Als ihre Freundin aber nicht locker ließ, ihr erklärte, daß die Veranstaltung in einem großen Saal stattfände, und sie sich in die letzte Reihe setzen wollten, ging das Mädchen mit. Nachdem sich beide – wie vereinbart – in der letzten Reihe niedergelassen hatten, betete das gläubige Mädchen inbrünstig und fast ununterbrochen zu Gott. Dem Hypnotiseur war es – trotz mehrerer Versuche – nicht möglich, die nach vorne gebetenen Zuhörer in Hypnose zu versetzen. Als er schließlich sagte, daß jemand im Raum sei, der nicht an die Hypnose glaube, und das gläubige Mädchen schließlich auf die Bitte ihrer Freundin hin den Saal verlassen hatte, war – wie sie dann später erfuhr – die Hypnose möglich gewesen.

Jeder Mensch sollte sich vor den Gefahren des Hypnotismus schützen. Sicher hatte A. Forel mit seiner Aussage von vor fast 100 Jahren nicht recht, als er schrieb: „Um über Hypnotismus urteilen zu können, muß man selbst eine Zeit lang hypnotisiert haben, – aber auch, so können wir ergänzen, hypnotisiert worden sein und die Phänomene am eigenen Leib erfahren haben" (zit. bei[134]).

Bei der Hypnose wird dem Menschen die freie Entscheidung genommen; der Mensch wird in seiner freien Entscheidung betrogen. Nur wenn wir unseren Willen ganz dem göttlichen Willen unterordnen, können wir hypnotischen Suggestionen widerstehen. Eine Entspannungsmethode – ganz gleich wie wir sie nennen – kann ein echtes Glaubensleben weder ersetzen noch mit Inhalt füllen!

„Wir müssen uns bewußt machen, daß ohne Rücksicht auf die Theorie der Wirkung der Hypnose eines gewiß ist, es ist eine Unterwerfung des Willens des Hypnotisierten unter den Willen des Hypnotiseurs ... Es gibt eine Schwächung der Willenskraft und des Urteilsvermögens des Hypnotisierten. ... Wenn auch die Hypnotiseure gewöhnlich sprechen, um ihren Patienten in einen Trancezustand zu versetze, so ist dies nicht notwendig. Manchmal wird das Subjekt gebeten, seine Augen auf einen entfernten Punkt zu richten. Manchmal ist der Raum schwach erleuchtet, und oft spricht der Hypnotiseur mit einer langsamen, monotonen Stimme ... Wenn die moderne Hypnose auch erst vor 2 Jahrhunderten zu medizinischen und therapeutischen Zwecken eingeführt wurde, so ist sie doch eine der ältesten Heilmethoden, die zurückgeht an den Anfang der Geschichte. Aber jetzt gibt es einen wissenschaftlichen Namen und man versucht vorzugeben, daß sie nicht identisch ist mit der altmodischen Zauberei und Magie. Aber es ist ein und dasselbe!"[126]

Autogenes Training – konzentrative Selbstentspannung?

Nicht nur Streß, wie wir schon lasen, auch Angst, innere Unruhe, Probleme mit sich selbst, der Familie oder am Arbeitsplatz, Leistungsdruck, Ärger und Enttäuschung führen zu Krankheiten, sogenannten psychosomatischen Erkrankungen. Hierbei handelt es sich um Erkrankungen, die eigentlich nicht organisch sondern seelisch bedingt sind. Doch können sie zu organischen Störungen führen.

Diese seelisch bedingten Krankheiten nehmen heute immer mehr zu. Vordringlich ist, daß bei solchen Krankheitszuständen der „innere Seelenfrieden", die „innere Harmonie" wiedergefunden wird. Die Behandlung von Menschen mit psychosomatischen Erkrankungen erfordert von Seiten des Therapeuten sehr viel Zeit. Aber welcher Arzt hat heute für jeden Patienten ausreichend Zeit? So ist es allzu verständlich, daß sich sowohl Therapeuten als auch immer mehr Patienten einer Entspannungs-Praxis bedienen, bei der man innerlich ruhig werden und vollständig abschalten kann.

So zeigt sich in der Medizin nicht nur zunehmendes Interesse an Hypnose sondern auch an autogenem Training. Es werden Seminare zum autogenen Training und auch Bücher angeboten. Fast alle Volkshochschulen führen Kurse im autogenen Training durch. Entspannungstherapie wird ganz groß geschrieben! Langjährige ärztliche Erfahrung mit der „suggestiven Psychotherapie und dem autogenen Training" sprechen den Leser an. Man geht sogar soweit und spricht von „ärztlichen Methoden zum Aufbau des Selbstvertrauens" durch Hypnose und autogenes Training.

Es ist verständlich, wenn gerade gläubige Menschen fragen, ob sie sich mit autogenem Training behandeln lassen dürfen. Kann man eventuell sogar durch das autogene Training in seinem Glaubensleben Schaden erleiden? Diese Frage taucht verstärkt auf, gerade weil andere meditative Praktiken als Autosuggestion abgelehnt werden, das autogene Training aber als „nützliche Selbstbeeinflussungstechnik" empfohlen wird[41]. Für mich unverständlich, wenn man bedenkt, daß die „Parallelen zwischen autogenem Training und der transzendentalen Meditation größer als ihre Gegensätze"[85] sind, beide das „Bewußtsein einengen", bzw. das autogene Training den Bewußtseinszustand verändert[81], das autogene Training dem „Yoga sehr nahe steht"[76] und es sich „unmittelbar aus den Experimenten der Hypnose" entwickelt hat. Es gibt für den Christen Dinge, zu denen er ein klares „Nein" sagen muß!

In diesem Zusammenhang möchte ich das Wort aus Markus 8,36 zitieren: „Was hülfe es dem Menschen, wenn er die ganze Welt gewönne und nähme an seiner Seele Schaden?"

Was ist nun autogenes Training? Was steckt hinter der sogenannten „konzentrativen Selbstentspannung", die auch als „Evangelium der Entspannung" bezeichnet wird, die die Leistungsfähigkeit steigern, von Angst befreien und ein erhöhtes Selbstwertgefühl geben soll, die von Migräne, Asthma, Rheuma, Schlafstörungen und Herzneurosen befreit, mit der man sogar Fettsucht, Nikotin-, Alkohol- und Drogensucht, ja sogar Selbstmordgedanken und Zwänge überwinden kann?

„Das autogene Training ist wie die Psychoanalyse aus der Hypnose entstanden"[114]. „Autogenes Training" heißt wörtlich übersetzt: „aus dem Selbst entstehendes Üben." Das autogene Training ist, geschichtlich betrachtet, eine „Tochterdisziplin der Hypnose". Die Methode des autogenen Trainings hat sich also aus der Hypnosetechnik entwickelt. „Das autogene Training ist von der ärztlichen Hypnose abgeleitet und stellt eine Selbsthypnose dar"[28]. „Das autogene Training führt zur Ruhe, Besinnung und zum Selbst. Es ist somit ein Weg zur Selbstverwirklichung"[97].

Sein Begründer ist der Nervenarzt Johannes H. Schultz. Der Untertitel seines Buches[135] – „Konzentrative Selbstentspannung" – macht ganz deutlich, was man unter autogenem Training versteht, nämlich: eine Anleitung zur Selbsthypnose. „Schultz ist wissenschaftlich experimentell der Frage nachgegangen, worin das Essentielle der hypnotischen ‚Umstellung' zu suchen sei. Er hypnotisierte gesunde, psychologisch geschulte Versuchspersonen und gab ihnen den Auftrag, ohne Ausnahme alle ihre Empfindungen introspektiv mitzuteilen"[144].

Schultz machte zunächst seine Erfahrungen mit hypnotisierten Patienten an der medizinischen Universitätsklinik in Breslau; Abend für Abend behandelte er im Hypnoseambulatorium am Burgfeld, oft bis gegen Mitternacht, 40 bis 50 Patienten. Später wurde Schultz Professor in Berlin. Er berichtet selbst: „Die Patienten lagen in verschiedenen Räumen oder saßen in bequemen Lehnstühlen verteilt. Und ich, der junge Hypnoseenthusiast, ging nun von Raum zu Raum, von Patient zu Patient, um den Zustand zu kontrollieren und jedem einzelnen suggestive Anregungen zu vermitteln." Damit machte Schultz das, was lange vor ihm schon der berühmte Schweizer Nervenarzt Auguste Forel tat, er hypnotisierte.

Das autogene Training ist, wie Dr. Hammer aus Bad Nauheim in „HP aktuell" schrieb, „ein Lernvorgang, bei dem wir über das vegetative autonome Nervensystem durch eine gesteuerte Selbsthypnose unsere Organe beeinflussen, es ist eine Absenkung des Bewußtseins mit exakt aufgebautem hypnoseähnlichen Zustand … Es ist mit der Oberstufe ein Tresor des Selbst, wobei Konflikte bewußt werden".

Schultz sowie in ähnlichen Experimenten auch Stokvis mit N. Speyer stellten fest, daß die Hypnotisierten regelmäßig ein Gefühl der Schwere und Wärme in den Gliedmaßen und im Rumpf als Folge von Entspannung der Gefäßwände erlebten.

Schultz ging nun den „entgegengesetzten Weg: Er ließ die Versuchspersonen in einer bestimmten Haltung durch Selbstsuggestion ‚Schwere' und ‚Wärme' üben und versetzte sie dadurch in einen Zustand der Selbstentspannung, und das nannte er autogenes Training"[141].

Die Methode des autogenen Trainings hat sich also aus der Hypnosetechnik entwickelt. Das autogene Training besteht aus 6 Grundübungen. Es wird im Liegen oder Sitzen in körperlicher Ruhe vorgenommen, ist also mit keinerlei Bewegung verbunden. – „Arme und Beine sind warm" (Gefäßentspannung); „Herz schläg ruhig und gleichmäßig"; „Atmung ganz ruhig und gleichmäßig"; „Sonnengeflecht (Nervenzentrum der Bauchorgane) ist strömend warm"; „Stirn angenehm kühl" (örtliche Gefäßverengung) – und das Ergebnis soll ein entspannter Ruhezustand mit warmem Körper und kühlem Kopf sein, ein gehobenes Gefühl.

Bevor das autogene Training weiter analysiert werden soll, ist darauf hinzuweisen, welches Menschenbild

Schultz seinem System zugrunde gelegt hat. Er schreibt hierzu:

„Stellen wir uns in einem groben Schema den Körper mit seinem Funktionssystem von einem ICHBEWUSSTSEIN beseelt vor, so dürfen wir fragen, welche Systeme am nächsten mit einem solchen schematischen ICH verbunden sind. Es ergibt sich dann eine sehr eindeutige Gruppierung. Am nächsten dem fiktivem ICHMITTELPUNKT liegt die Skelettmuskulatur, deren Gewohnheitsfunktion uns ja den trügerischen Schein willkürlicher Bewegung vermittelt. Etwas entfernter vom theoretischen ICHPUNKT sehen wir das Kreislaufsystem, das noch in ganz direkter unausgesetzter Verbindung zum Erlebnisstand des Ichs gehört.

Weniger direkt ist dagegen in Alltagsbeobachtungen, Klinik und Experiment die ICHVERBINDUNG zu den allgemeinen vegetativen Abläufen und mit ihnen verglichen am entferntesten dürfen wir die eigentlichen Stützungssysteme des Skeletts usw. einordnen. Wir können diese grobe Abstufung veranschaulichen, wenn wir in eine Reihe konzentrischer Kreise die in Frage kommenden Systeme um den fiktiven ICHMITTELPUNKT einordnen ..."[135].

Im Zentrum des autogenen Trainings steht also das „Ich". Der Mensch versetzt sich in einen eigenartigen Zustand der „Entrücktheit" und vertieft sich in eine „harmonische Innenschau", was am besten mit „Versenkung" bezeichnet wird.

„Der entspannt versenkte Mensch kommt – bei entsprechender Veranlagung – in einen ‚Zauberbereich beglückender Phantasie' wie Schultz schrieb. Er bezeichnete diesen Zustand auch als ‚Fakirismus'"[141]. „Dieses Sich-absinken-lassen in die Passivität des hypnotischen Zustandes"[57] soll durch die Methode des autogenen Trainings erreicht werden. „Der hypnotische Zustand ist gekennzeichnet durch die Herabsetzung der Kritik, der Orientierung, der Selbstbestimmung und geht mit einer allgemeinen ‚Umweltentfremdung' einher"[141].

Schultz schreibt auch (zitiert bei[141]), „daß man Ähnliches wie beim autogenen Training auch anderswo beobachtet: Bei den Zauberriten der sibirischen Schamanen, bei den chinesischen Hellsehern, bei der autosuggestiven Ekstase der Pawang auf den Fidschi-Inseln, bei den heulenden Derwischen in Asien, bei den heilenden Teufelstänzen der Kaffern und beim indischen Yogi."

Dies muß uns aufhorchen lassen! Öffnet man sich hier nicht der Dämonenwelt? Es ist der Plan des Widersachers, jeden Menschen – ungläubig oder gläubig, ungebildet oder gebildet – mit seiner Geisterwelt zu beherrschen. Satan weiß, daß er nur noch wenig Zeit hat!

Das autogene Training besteht aus einer Unterstufe und einer Oberstufe. Den Teilnehmern des autogenen Trainings wird eingeschärft, daß man eine positive Einstellung, eine innere Bereitschaft zum autogenen Training haben und sich nur mit dem Vorhaben beschäftigen muß.

Die Unterstufe des autogenen Trainings setzt sich aus sieben Gliedern zusammen, wobei die auffällige Parallelität zum Yoga deutlich wird.

1. Haltung: richtige Sitzhaltung (Droschkenkutscherhaltung). Beim achtgliedrigen Yogasystem entspricht das dritte Glied, Asana, der richtigen Sitzart!

2. Augenschluß: Augen schließen

3. Ruhetönung: zur inneren Ruhe finden („Ich bin vollkommen ruhig"). Beim Yogasystem entspricht das achte Glied, Samadhi, Versenkung, dem Zustand der völligen Ruhe.

4. Schwereversuch: volle geistige Konzentration, Schweregefühl durch eine hypnotisch-konzentrierte Einstellung auf die Formel: „der rechte Arm ist ganz schwer" (= sechstes Glied, Dharana, die Festlegung des Denkorgans, Konzentration und siebtes Glied, Dleyana, geistige Versenkung, Meditation, des Yogasystems).

5. Wärmeversuch: Erzeugung des Wärmegefühls, „er ist ganz warm".

6. Ausdehnung des Wärmegefühls auf Bauchregion, Atemregulierung (= das vierte Glied, Pranayama, Atemregulierung des Yogasystems), Beruhigung des Herzens (vergleiche die Glieder sechs bis acht des Yogasystems) und Stirnkühlung (verglichen mit dem „Geisterhauch" der Spiritisten).

7. Zurücknehmen (Enthypnotisierung): „Das siebte Glied der Unterstufe handelt von der Enthypnotisierung des Übenden. Das heißt, der durch das autogene Training Selbsthypnotisierte muß sich wieder in sein normales Wachbewußtsein zurückrufen, indem er sich durch die Aufforderung ‚Arme fest', ‚tief atmen' und ‚Augen auf' wieder aus der hypnotisierten Erstarrung löst"[57]. Genauso muß ein Hypnotisierter am Schluß der Hypnose enthypnotisiert werden.

Schultz hat selbst darauf aufmerksam gemacht, daß vorgenannte Erscheinungen wie Schwere, Wärme usw. schon lange aus hypnotischen Untersuchungen bekannt und nicht für das autogene Training spezifisch sind[114].

Wenn es gelingt, im autogenen Training bis zu den letzten Schwellen der Unterstufe fortzuschreiten, dann kann man bereits einen Zustand erleben, der – wie schon gesagt – nach Schultz einem „Zauberreich beglückender Phantasie" vergleichbar ist und die Oberstufe des autogenen Trainings einleitet. Dieser Schritt in die Oberstufe erfolgt meist nach 2-3 monatigem intensivem Üben der Unterstufe. Die Oberstufe „wird eingeleitet durch eine Versenkungs- und Hypnotisierungstechnik, nach der die beiden Augäpfel so nach innen und oben gedreht werden, daß der Blick zur Stirnmitte gerichtet werden kann. Der dabei erzielte Effekt versetzt den Übenden in einen schlafähnlichen Zustand bis hin zur Gefühllosigkeit, in der eine brennende Zigarette ohne Schmerzempfindung berührt werden kann. In dieser Verfassung ist der Übende empfänglich für eine ‚visionäre innere Bildschau', bei der er auch ‚Engelstimmen' und ‚Sphärenmusik' vernimmt. Das heißt, die ständige Praxis des autogenen Trainings führt zu besonderen religiösen Erlebnissen, wie sie auch in dem Buch[135] von Professor Schultz zu finden sind ..."[57].

Übrigens ist das Blicken zur Stirnmitte zu ein uralter Bestandteil aller Versenkungs- und Hypnotisierungstechniken. „Eine der ergiebigsten Auslösungen einer ‚Bilderschau' bei der Oberstufe des autogenen Trainings ist der ‚Weg auf dem Meeresgrund', wie ihn der Pfarrer und Arzt Prof. K. Thomas beschreibt, der jetzt das ‚I.H.-Schultz-Institut für Psychotherapie, autogenes Training und Hypnose' in Berlin leitet. Die Versuchsperson muß dabei den formelhaften Vorsatz fassen: ‚Ich gehe ganz ruhig. Schritt für Schritt, immer weiter und immer tiefer hinunter auf den Grund des Meeres'. Um den ‚Gefahren' des Meeresgrundes gewachsen zu sein, muß der Übende folgenden weiteren Vorsatz fassen:

‚In meiner rechten Hand befindet sich ein Zauberstab. – Er läßt sich nach Belieben verwandeln, in jede Waffe, um mich zu schützen, oder in einen Schlüssel, der jede verschlossene Tür oder jeden Behälter öffnet. – Der Zauberstab kann auch jedes lebende Wesen verwandeln.'

Über 75 Prozent der Teilnehmer gelangen dabei zu positiven Bilderlebnissen und sehen Fische aller Größen, Drachen, Ungeheuer, Krebse, Hexen, auch ‚Totengebeine wie in Hesekiel 37'. Letzteres sahen sogar solche, die niemals im Alten Testament gelesen hatten"[141].

Befürworter des autogenen Trainings geben zu, daß „in der Oberstufe das autogene Training ein heikles Instrument" ist, „kein ganz harmloses Werkzeug"[82].

„Das autogene Training verlangt eine innere Hingabe an bestimmte ‚Übungs-Ein-Bildungen' und führt durch verschiedene Stufen ... Konzentrative Selbstentspannung ... Vertiefung des körperlichen Ich als persönliche Erfahrung ... spontane meditative Vertiefung ... und als höchste Stufe: die vertiefte, eigene Selbstschau mit optischen und bildhaften Erlebnissen und visionären Erscheinungsformen und Träumen ... In tieferer Hypnose entwickelt sich ein traumhafter nachtwandlerischer Zustand ... Das Training der Oberstufe öffnet buchstäblich Fenster, durch welche völlig neue Wahrnehmungen eindringen; der Übende öffnet sich frei aufsteigenden Bildern und gelangt zu bildhaftem Erleben! ... Der Nachteil der Hypnosetechnik ist die dauerhafte, mindestens für die Zeit einer Behandlungsserie anhaltende Bindung zwischen Hypnotisiertem und Hypnotiseur." Diese Auszüge aus Schriften der Gründer zeigen, so schreibt Kremer[76], „zur Genüge, wie gefährlich das autogene Training werden kann. Die Hypnose als Heilmethode öffnet allen Finsternismächten die Tür, die durch okkulte Behaftungen den Hypnotiseur wie den Hypnotisierten unbewußt beeinflussen oder beherrschen können."

Der Mensch ist im Zustand der Selbsthypnose versucht, „sich selbst zu erlösen von schlechten oder auch sündhaften Gewohnheiten und Charaktereigenschaften."

„Unsicherheit, Kontaktschwierigkeiten, Angst, Aggressivität, all diese Geißeln, die den Menschen einengen, die ihn an der Entfaltung seiner Persönlichkeit hindern, werden im autogenen Training erkannt und durch die Kraft des eigenen Selbst bewältigt"[31].

„Gerade im autogenen Training sind wir in der Lage, durch die Innenschau und die Selbsterkenntnis – nach Aussortieren der Fakten, also der Gegenüberstellung von Ursachen und ihren Beziehungen – uns aus neurotischem Verhalten zu lösen.

Wer mit einer neurotischen Fehlhaltung lebt, die Ursache nicht kennt, hat also mit dem autogenen Training die Möglichkeit, diese Ursache in der tiefen Versenkung zu entdecken. Es kommt in der Oberstufe über die Innenschau zum Klärungserlebnis. Mit diesem ‚Aha-Phänomen' ist der Mensch nun fähig, den ihm aufgezeigten Weg zu verfolgen, sich aus der Umklammerung der Neurose zu lösen"[31].

„Die Beeinflussung der Organe und Organsysteme gibt die Sicherheit, nun auch mit dem psychischen Störkomplex fertigzuwerden"[31].

„Über die mit Hilfe konzentrativer Vorstellung mögliche Innenschau kommt es zur Persönlichkeitsentfaltung. Sie suchen jetzt bewußt nach einer positiven Lebenseinstellung. Das hat eine Haltungskorrektur im Sinne einer Charakterbildung zur Folge. Aus den Kräften dieser Erkenntnis reift die Persönlichkeit, die zu einer bewußten, positiven Lebenseinstellung strebt. Sie gehen den Weg vom Ich zum Selbst. Diese Übungen führen uns in das innere Reich. Es ist, als ob wir durch die Pforte des Bewußtseins schreiten und wir mit einem bisher nie gekannten Gefühl – dem Eigengefühl – neue Wege gehen. Neue Ideen, neue Gedanken drängen sich zur Gestaltung. Es wachsen in uns schöpferische Fähigkeiten, die das Leben bereichern und uns glücklich machen.

In der Versenkung werden Sie auf das Wesentliche zurückgeführt: Sie fühlen sich in das kosmische Geschehen mit einbezogen, dessen Größe Sie nur ahnen können. Das Ich tritt zurück und damit die Sucht nach allem, was sterblich und vergänglich ist, auch nach Ehre und Ruhm"[31].

Sicherlich wird man sich nun die Frage stellen müssen, ob man als Christ das autogene Training praktizieren darf. Auf diese Frage gibt es nur eine Antwort: Nein! Die Heilige Schrift kennt kein passives Sich-Hingeben, Fallenlassen, wie es leider immer häufiger praktiziert wird. Wir wissen, daß in dieser letzten Zeit die bösen Geister besonders fleißig falsche Lehren verbreiten. Das Gebot der Stunde lautet: Wachet! (1. Korinther 16,13).

Ein gläubiger Christ sollte eine Abneigung gegen das autogene Training haben und diese „okkulte Praktik" ablehnen, weil er dem Mahnen des Heiligen Geistes gehorcht; er sucht keine Hilfe in einer Selbsthypnose; er wendet sich keiner „Ersatzreligion" zu, die ihn „widergöttlichen Mächten" ausliefert.

Diese okkulte Praktik wurde wissenschaftlich aufpoliert, aber bei genauem Hinsehen ist der Pferdefuß deutlicher sichtbar"[141].

Ein Christ findet Trost, Zuversicht und Hilfe ausschließlich bei Gott. Hebräer 12,1-3: „Sie alle, die uns wie eine Wolke umgeben, können uns ein Beispiel geben. Darum wollen wir uns von allem freimachen, was uns beschwert, besonders von der Sünde, die sich so leicht an uns hängt. Wir wollen durchhalten in dem Lauf, zu dem wir angetreten sind. Dabei wollen wir Jesus nicht aus den Augen lassen. Er hat uns den Weg des Vertrauens geöffnet und bringt uns auch ans Ziel. Er hat das Kreuz auf sich genommen und sich nichts aus diesem schändlichen Tod gemacht, weil eine so große Freude auf ihn wartete. Jetzt hat er seinen Platz neben Gott eingenommen.

Denkt daran, was er ertragen mußte und wie er die ganze Feindschaft der sündigen Menschen auf sich genommen hat. Das wird euch helfen, mutig zu bleiben und nicht aufzugeben" (G.N.).

Der Blick des gläubigen Menschen ruht auf Jesus und nicht auf sich selbst. Er weiß, daß er Gott nötig hat und nichts aus eigener Kraft vermag.

Das autogene Training dagegen „stellt sich aufs Ganze gesehen als eine der vielen Formen der menschlichen Selbsterlösung dar"[57]. Der Mensch, als gefallenes Geschöpf Gottes, ist aber nicht fähig, sich selbst zu erlösen; vielmehr wissen wir um die Verheißung, durch Jesus Christus erlöst zu werden. Auch die Unterstufe des autogenen Trainings ist für einen Christen nicht praktikabel, selbst wenn keine Zweifel daran bestehen, daß gewisse Heilerfolge durch das autogene Training zu erzielen sind!

„Der Reiz des autogenen Trainings liegt ja darin, daß es große Hoffnungen für den streßgeplagten und leidenden Menschen unserer Tage zu wecken vermag. Es bietet sich nämlich an als ‚wichtige Lebenshilfe', als das Mittel zur Behebung von Konzentrationsschwäche oder zur Verhinderung des Leistungsabfalls, als die Möglichkeit, ‚Seelentoilette‘ zu machen, dadurch innerlich zu gesunden und sich für eine Leistungssteigerung die Voraussetzung zu schaffen oder zur ‚Befreiung von Angst‘ zu führen und letztlich zu einem ‚erhöhten Selbstwertgefühl‘ zu verhelfen. Außerdem wird das autogene Training für die Methode ausgegeben, durch die Migräne, Asthma, Rheuma, Schlafstörungen und Herzneurosen geheilt werden können, und die auch geeignet sei, den Menschen von Süchten zu befreien, wie der Fett-, Nikotin-, Alkohol- und Drogensucht, und ihn auch von seinen Selbstmordgedanken und Zwangsvorstellungen abzubringen"[57].

Bei allen positiven „Erfolgen" dürfen wir allerdings nicht übersehen, daß beim autogenen Training „das Ich des Menschen ganz im Zentrum steht". Was bedeutet dies? „Bei all den unbestrittenen Heilerfolgen ist der Übende während der hypnotisch-meditativen Praktik des autogenen Trainings ganz in sich hineinvertieft, ganz auf sein Ich konzentriert – dabei kann kein Gedanke auf Gott gerichtet werden –, das dadurch enorm gestärkt wird bis hin zum krassesten Egoismus"[57].

Der Mensch gewinnt also nichts durch die Methode der Unterstufe, er wird vielmehr zur „Ichsucht" getrieben, hat also nur noch einen „Blick für sein eigenes Ich". „Wer sich auf das autogene Training verläßt, bleibt sich selbst überlassen und wird damit Gott entfremdet"[57].

Daß das autogene Training kein „harmloses Werkzeug" ist, wird auch von Befürwortern nicht bestritten: „Auch wir sind der Ansicht, daß das unkontrollierte Sich-hinein-gleiten-lassen in ein lang anhaltendes Dösigkeitsstadium – wie es nicht selten von Schlafgestörten betrieben wird – in ungünstigen Fällen das Aufkommen eines Dämmerzustandes und damit einer depressiven Verstimmung begünstigen kann"[107].

Ferner ist zu bedenken, daß das autogene Training und der indische Yoga verwandtschaftliche Beziehungen aufweisen, die schon Schultz feststellte. Und Yoga ist eine „ausgefeilte Selbsterlösungstechnik".

„Die Bedeutung der Körperhaltung bei ähnlichen Übungen ist von den Indern über eine Periode von 4000 Jahren bewahrt worden und hat dort religiöse bzw. mystische Hintergründe. Das autogene Training lehrt unabhängig von ihnen, daß ein kleiner Fehler in der Körperhaltung, der zu Beginn der Übungen unterlaufen ist, schon verhältnismäßig schwere Störungen mit sich bringen kann"[144].

„Wodurch unterscheidet sich das autogene Training von Yoga? Yoga, wörtlich Anpassung, ist das Bestreben, durch körperliche und geistige Konzentration zu einem höheren Bewußtseinszustand zu gelangen.

Parallelen oder auch Verbindungen finden wir in der Oberstufe des autogenen Trainings. Man könnte das autogene Training auch als Yoga des Westens bezeichnen – frei von den im Yoga bekannten körperlichen Übungen, jedoch gleich in der Versenkung auf dem Weg vom Ich zum Selbst.

„In der Selbstverwirklichung ist das Ziel identisch, die Wege hierzu sind jedoch verschieden"[30].

„Der Beginn der Selbsthypnose in Europa begann mit Dr. Oskar Vogt zwischen 1890 und 1900. Er beobachtete, daß intelligente Patienten, die eine Serie von Hypnose-Sitzungen absolviert hatten, in der Lage waren, sich selbst in einen Zustand zu bringen, der sehr ähnlich dem einer Hypnose ist. Seine Patienten berichteten, daß diese Episoden ihnen zu helfen schienen, und er nannte sie ‚prophylaktische Selbsthypnose'. Um 1910 kombinierte Johannes Schultz seine Forschungen in Hypnose mit Yoga-Methoden. Er nannte dieses autogenes Training. Dr. Schultz borgte einige der Ideen von Yoga.

Verschiedene religiöse Sekten haben während der ganzen Menschheitsgeschichte selbsthypnotische Übungen praktiziert. Sie alle gebrauchen ähnliche Methoden. Eine Sekte des 14. Jahrhunderts sagt uns, wie man das Bewußtsein ändern kann. Sie führen es wie folgt aus: Erwähle ein Wort, sage vielleicht, Gott', und beginne es wieder und wieder in deinem Sinn zu wiederholen. Wenn irgend etwas anderes in deinen Sinn kommt, dann lösche es unmittelbar aus durch wiederholtes Fortsetzen des erwählten Wortes. Mit der Zeit kommt der selbsthypnotische Trance-Zustand bis alles andere vergessen ist ...

Ich sehe keinen Nutzen in der Selbsthypnose. Sie ist eine entschiedene Gefahr für die moralische und geistige Kraft derer, die in diese Therapie eingeführt werden. Der fortgesetzte Gebrauch einer solchen Therapie kann die Willenskraft des Einzelnen schwächen und ihn der Möglichkeit eines psychischen Zusammenbruchs aussetzen ... Selbsthypnose kann gefährlich für den Menschen sein, denn es leitet den Menschen weg in eine Traumwelt der Phantasie und gewisse Menschen auch in psychotische Zustände"[126].

Leider muß man immer wieder feststellen – was allzu verständlich ist –, daß diejenigen, die das autogene Training praktizieren, behaupten, das autogene Training sei eine „wissenschaftlich fundierte Technik, hinter der keine Ideologie steht", sie sei „eine Selbstentspannungsmethode, die mit Selbsterlösung überhaupt nichts zu tun hat". Ich glaube, jeder Leser wird durch die zahlreichen Zitate sein eigenes Urteil fällen können.

Es ist unverständlich, wenn in christlichen Kreisen vor Spiritismus und Magie gewarnt wird, aber niemand ein Wort über die Schädlichkeit der Hypnose und des autogenen Trainings verliert! Wir haben es hier mit Wirkungen und Kräften wie beim Spiritismus zu tun. Deshalb müssen wir nicht nur vor Zauberei, Magie und Spiritismus warnen, auch nicht nur vor Hypnose, sondern auch vor dem autogenen Training.

Das autogene Training kann wunderbar funktionieren, d.h. es kann entspannen und den Schlaf fördern. Es kann aber nicht die Probleme, die eigentlichen Ursachen beheben. Nur dann, wenn wir unsere Probleme vor Gott bringen, werden sie aus dem Wege geräumt, und wir finden unseren inneren Frieden, Ruhe und Schlaf.

Mit eindringlichem Ernst muß vor dem autogenen Training gewarnt werden, denn „es ist eine heimtückische, endzeitliche Falle des Teufels"[141].

Satan geht heute aufs Ganze; er weiß, daß er nur noch wenig Zeit hat. Offenbarung 12,12: „Darum freut euch, ihr Himmel mit euren Bewohnern! Aber wehe dem Land und dem Meer, seit der Teufel sich dort bei euch aufhält! Er tobt vor Wut, denn er weiß, daß ihm nur wenig Zeit bleibt" (G.N.).

Ohne Zweifel stimmt es auch nicht, daß alle Ärzte das autogene Training positiv beurteilen. Denn es beinhaltet gewisse Gefahren. So kann z.B. bei der Gefäßentspannung („Rechter Arm wird ganz warm") ein Kollapszustand bis zu einer halben Stunde Dauer auftreten. „Ein kritischer Arzt, der mit dem autogenen Training gearbeitet hat, sagte: ‚Die Heilung wird erreicht, indem ein Zwangszustand eingetauscht wird'" (zit.b.141). Natürlich ist an gewissen Heilerfolgen nicht zu zweifeln; ob sie nur vorübergehend oder gar Täuschungen sind, bleibt dahingestellt.

Sollten Sie mit dem autogenen Training zu tun gehabt haben, dann lösen Sie sich innerlich und äußerlich davon! Beugen Sie sich vor Gott und lassen Sie sich reinigen! Und denen, die sich noch nicht mit dem autogenen Training abgegeben haben, möchte ich zurufen: Hände weg! Autogenes Training ist nichts für ein Kind Gottes!

„Worin liegen die geistigen Gefahren der Selbsthypnose? ... Sie ist verwandt mit der Philosophie des Hinduismus und des Yoga, wo Gott im Menschen selbst entdeckt wird. Das Selbst nimmt dann den Platz Gottes ein, und indem man sich das bewußt gemacht hat, daß man selbst göttlich ist, glaubt man, die Vollkommenheit zu erlangen. Der Mensch glaubt, er tue die rechten Dinge spontan. Er läßt sein Gewissen Grundlage für all sein Handeln sein. Diese Philosophie des göttlichen

Wesens oder des Gottes in uns, wie es die Selbsthypnose lehrt, hat nach meiner Ansicht keinen Platz in der christlichen Lehre"[126].

Nicht im autogenen Training finden wir Halt und Geborgenheit, sondern nur im Vertrauen auf Gott. In der Hektik unseres Alltags brauchen wir eine „stille Zeit". Halten wir im Getriebe unseres Alltags inne; werden wir uns bewußt, was die Prioritäten in unserem Leben sind! „Stille" finden wir im Gebet und auch in der Natur, nicht im autogenen Training. Wenn wir auf Gott vertrauen, dann fühlen wir uns bei ihm auch geborgen und angenommen. Gott liebt uns und sorgt für uns, wie es auch ein guter irdischer Vater tut. In schwierigen Situationen hat schon oft das Gebet Friedrich Christoph Oetingers (1702 – 1782) geholfen:

„Gib mir die Gelassenheit, Dinge hinzunehmen, die ich nicht ändern kann; gib mir den Mut, Dinge zu ändern, die ich ändern kann, und gib mir die Weisheit, das eine vom andern zu unterscheiden."

Kehren wir wieder zum sogenannten Formalprinzip der Reformation zurück: „Sola scriptura" – allein die Heilige Schrift kann uns sagen, was wir zu glauben, zu lehren und zu tun haben. In der Gemeinde Jesu zählt nur das Argument: Wer steht auf dem Boden der biblischen Wahrheit? Professor Beyerhaus sagte einmal in einem Vortrag: „Wenn es ein Einzelner sein sollte, der die gesamte Christenheit gegen sich hat, dann würde die Stimme immer noch gehört werden müssen!"

Auf einer anderen Veranstaltung hat Beyerhaus die Frage gestellt: „Wie sollen wir der vielgestaltigen, antichristlichen Verlockung begegnen?" Hierzu führte er aus: „Wir haben uns durch das Wort des Propheten Jeremia aufrütteln lassen: ‚Mein Volk begeht eine zweifache Sünde: Mich, die lebendige Quelle, verlassen sie und machen sich Zisternen, die doch rissig sind und kein Wasser geben' (Jeremia 2,11-13). Wir alle stehen ständig in der Gefahr, uns von der echten Quelle des Lebens zu entfernen, dadurch, daß wir aus Trägheit oder Unlust den Umgang mit Christus im Gebet und im stillen Hören auf sein Wort vernachlässigen. Und wir alle stehen ebenfalls in der Versuchung, zur Anreicherung unseres Lebens unser Herz an andere Werte zu hängen, die wir höher schätzen als die Gemeinschaft mit Christus ...

Ein falscher Christus, ausgestattet mit den magisch-spirituellen Kräften außerchristlicher Religiosität, setzt sich an die Stelle des biblischen Christus."

Hierbei können wir u.a. an den Guru Bhagwan denken, der den „ausdrücklichen Anspruch erhebt, als lebender Christus an die Stelle des toten, historischen Christus getreten zu sein. Erschütternd ist, daß eine wachsende Zahl getaufter Christen auf dieses sein Angebot eingeht und bereit ist, hier aus einer vermeintlichen Quelle des Lebens zu trinken. Daß sie in Wirklichkeit tödliches Gift trinken, wird zeichenhaft deutlich ... Ist er nicht einer jener falschen Christusse und Propheten, die nach Jesu Worten aufstehen werden mit großen Zeichen und Wundern? Das biblische Jesusbild wird mit heutigen menschlichen Erfahrungen und Ideen versetzt!"

In ihrer unersättlichen Lebensgier drängen die Menschen zu anderen Quellen, experimentieren mit ekstatischen Transzendenzerfahrungen. Hinter dem steht die Strategie des dämonischen Widersachers Gottes und seines Volkes. Satan will eine Loslösung von der „Christus-Bewegung". Im Gegensatz dazu stehen die bekannten Barmer Thesen von 1934, deren erste folgendermaßen beginnt:

„Jesus Christus, wie er uns in der Heiligen Schrift bezeugt wird, ist das eine Wort Gottes, das wir hören, dem wir im Leben und Sterben zu vertrauen und zu gehorchen haben."

Heute modelt man Jesus um und macht aus ihm einen Sozialisten, Pazifisten, Ökologen oder was auch immer – entsprechend der eigenen ideologischen Ziele. Schwärmerische Ideen werden als neue Heilswege im Namen Jesu Christi verkauft.

„Was hier aber geschieht, ist nicht nur ein fragwürdiger sprachlicher Trick, nein hier geschieht in Wahrheit ein Verbrechen! ... ‚Wahrlich, wahrlich, ich sage euch: Wer nicht zur Tür hineingeht, sondern steigt anderswo hinein, der ist ein Dieb und ein Mörder‘ (Johannes 10,1). Das, was sie alle gemein haben", gemeint sind die „neuen Heilswege", „ist, daß in ihnen nicht mehr der geschichtliche Gott-Mensch Jesus Christus sein Heilswerk für uns vollbringt. Vielmehr sagen diese Mode- oder Genetiv-Theologien unter Berufung auf Jesus dem Menschen, was er zu leisten hat und mit seinen Kräften vermeintlich auch zu leisten vermag: die Selbsterfahrung, die Selbstbestimmung, die Selbstverwirklichung, entweder als einzelner oder als Kollektiv, immer unter Verwendung biblischer Begriffe und Bilder"[4].

Befleißigen wir uns nicht, offensichtlichen Okkultismus zu verharmlosen! Denn dies war schon immer die Strategie Satans.

Yoga – Heilgymnastik oder Selbsterlösung?

Millionen von Menschen betreiben Yoga aus nichtreligiösen Gründen. Warum ist Yoga so populär geworden? Viele erwidern hierauf: Weil sich durch Yoga die Gesundheit bessert. Andere meinen, es setze verborgene Talente frei oder es fördere eine ruhige Gemütsverfassung. Yoga ist für viele im Westen zu einem „Breitensport" geworden, zu einer heilgymnastischen Körperübung. Yoga wird als eine gewisse Art von Lebensphilosophie angeboten. Gerade deswegen sollte niemand vergessen, daß hinter Yoga eine bestimmte religiöse Anschauung steht! Yoga gehört zur „Musterkollektion des Teufels".

In zunehmendem Maß erfreut sich Yoga in der westlichen Gesellschaft an Beliebtheit; Yoga findet bei immer mehr Menschen Interesse und gewinnt an Attraktivität. Überall werden Yoga-Kurse angeboten. Yoga-Literatur mit dem Hinweis auf „heilgymnastische Körperübungen" überschwemmt den Büchermarkt. Menschen aller Bildungsschichten nehmen an Yoga-Kursen teil in der Hoffnung, Hilfe zu finden, den Berufsstreß und überhaupt das Leben besser bewältigen zu können.

Ist Yoga wirklich so unproblematisch, wie Millionen denken? Darf man mit Yoga liebäugeln? In dem Universal-Lexikon der Neuen Schweizer Bibliothek wird folgende Definition gegeben: „Yoga (ind. = Anspannung), eines der 6 orthodoxen indischen Philosophiesysteme, welches durch systematische Sammlung, Versenkung, Meditation, Askese und Ekstase, Atemübungen, Muskeln und Nerven beherrschende Körperhaltung außerordentliche Bewußtseinszustände (mystische Schau) und Kräfte und Vereinigung des vergänglichen Menschen mit dem Universalen (Göttlichen) erwecken will."

„Der Yoga hat als ‚kulturschöpferische Kraft erster Ordnung', wie Hauer sich ausdrückt, oder als die ‚spezifische Dimension indischen Geistes' (nach Eliade) den ganzen indischen und darüber hinaus asiatischen Raum befruchtet. So läßt sich eine geschichtlich lückenlose Kette verfolgen von den Anfängen des Yoga bis in die Gegenwart und eine Ausbreitung im ganzen asiatischen Raum über den Yoga im Djainismus über den tibetischen Lamaimus, die ‚buddhistische Versenkung', wie Heiler sie nannte, die ‚taoistische Meditation' und das ‚Zen', um nur die wichtigsten zu nennen. Bei all diesen ‚asiatischen Meditationen', wie ich sie gern zusammengefaßt nenne, läßt sich die Gemeinsamkeit und damit die Verbindung zum Yoga nachweisen durch den achtstufigen Pfad im Aufbau dieser asiatischen Selbstversenkungsmethoden. Er ist zwar im Yoga am klarsten durchgebildet, läßt sich aber ebenso bei den anderen asiatischen Meditationen nachweisen.

Die asiatischen Glaubensformen sind so eng an die Meditation gebunden wie die theistischen Religionen, und damit auch die christlichen Glaubensformen, an das Gebet. Der asiatische Mensch braucht schon wegen seiner Glaubensform eine entsprechende Meditation; denn er erlangt seine Befreiung ausschließlich durch eigenes Bemühen, ‚da außer ihm selbst kein Gott ist, der ihm helfen oder mit dem er sich vereinigen könnte‘ (Zaehner). Die Selbstversenkung ist somit der Weg, durch den der asiatische Mensch entsprechend seiner monistischen Glaubensform zu einem religiösen Erlebnis kommen kann"[85].

Schon diese Darlegungen weisen klar auf die Gefahr dieser orientalischen Geistesströmung hin. So hat mit Recht in einem Aufruf an alle Christen Südniedersachsens die evangelisch-katholische „Arbeitsgemeinschaft 75 – Kreis junger Christen" in Lindau/Harz vor der Beteiligung an Yoga-Kursen gewarnt. Es wird darauf hingewiesen, daß Yoga versucht, „die völlige Herrschaft über das ‚Ich‘ auf körperlichem, seelischem und geistlichem Gebiet zu erlangen." Yoga ist auf keinen Fall nur das „einfache System von wohltuenden körperlichen Übungen", wie er fälschlicherweise oft angepriesen wird. Mit Yoga dringt der moderne Hinduismus in die westliche Gesellschaft ein, und man setzt sich – bewußt oder unbewußt – den dämonischen Einflüssen der indischen Hindu-Religion aus. Yoga in seinen verschiedenen Formen ist auf dem besten Wege, Europa zu erobern – häufig auch christliche Kreise. Yoga ist unbiblisch und von gläubigen Christen abzulehnen!

In der indischen Zeitschrift „Vedanta Kesari", herausgegeben von der Ramakrishna-Mission, schrieb Dr. B.S. Surti in der Ausgabe vom September 1981: „Das Hauptziel der Yogaphilosophie besteht darin, die Hilfsmittel weiterzugeben, durch die die menschliche Seele vollständig mit dem höchsten Geist vereint werden kann."

Ein Kenner asiatischer Religionen schreibt[11]: „Yoga erscheint harmlos als eine Folge von Übungen, führt aber die Menschen, ohne daß sie es merken, in eine neue Geisteswelt und in eine neue Form der Religion hinein. Es möchte den Menschen vergessen lassen und ihn – sei es auch nur für kurze Zeit – von seiner Sinneswelt lösen und ihm vollkommenes Glück schenken. Yoga ist Religion und entwickelt sich heute zu einer der größten Ersatzreligionen im christlichen Raum."

Der Meister und Urheber des Yoga war Krishna, einer der beliebtesten Hindugötter. Auch im Westen ist Krishna der bekannteste Hindugott, „dank des missionarischen Eifers der singenden und tanzenden Hare-Krishna-Jünger, die man in ihren Safrangewändern in allen größeren Städten antrifft"[93].

Rabindranath R. Maharaj, ein Nachkomme einer langen Linie von Brahmanenpriestern, der schon als kleines Kind in Yoga und Meditation trainiert wurde und der sich täglich mehrere Stunden in geheimnisvollen Gebeten, Riten und Anbetung seiner vielen rätselhaften Götter übte und dabei in transzendentale Zustände geriet, mit „Geistern" in Kontakt kam und den man als Gott anbetete, der schließlich durch innere Kämpfe den wahren Sinn für sein Leben findet, schreibt in dem Buch „Der Tod eines Guru" folgendes:

„Nichts war wichtiger, als unsere tägliche transzendentale Meditation, das Herz des Yoga, welche Krishna als den sichersten Weg zur ewigen Glückseligkeit empfahl. Es konnte aber auch gefährlich sein. Beängstigende psychische Erlebnisse erwarteten den Unachtsamen, ähnlich einem Horrortrip bei Drogenmißbrauch. Man wußte von Yogis (d.h. jemand, der schon eine gewisse Fähigkeit in Yoga erlangt, der durch dessen Ziel, die Vereinigung mit Brahman – das Absolute, die höchste und letzte Realität –, erreicht hat), wie sie die Veden (die frühesten Schriften des Hinduismus, die noch größer sein sollen als die Götter) beschrieben, die von Dämonen besessen worden waren. Die Macht der Kundalinie (eine Göttin), die angeblich wie eine Schlange zusammengerollt am unteren Ende des Rückgrats schlummert, konnte in tiefer Versenkung ekstatische Erlebnisse erzeugen, bei unbeherrschter Handhabung aber auch geistigen und körperlichen Schaden hervorrufen. Die Grenze zwischen Ekstase und Horror war sehr schmal ...

In der täglichen Meditation begann ich psychedelische Farben wahrzunehmen, hörte überirdische Musik und besuchte sogar geheimnisvolle Planeten, wo die Götter mit mir sprachen und mich ermutigten, nach noch höheren Bewußtseinsstufen zu streben. Zuweilen begegnete ich in der Trance jenen schrecklichen dämonischen Wesen, die in Hindu-, Buddhisten- und Schintotempeln abgebildet sind ... Manchmal erlebte ich ein Gefühl der mystischen Vereinigung mit dem Universum. Ich war das Universum, Herr über allem, allmächtig, allgegenwärtig ...

Der Friede, den ich während der Meditation erlebte, verließ mich zwar schnell, aber die okkulten Kräfte, die durch meine Yogaübungen gefördert wurden, blieben mir und begannen schon in der Öffentlichkeit wirksam zu werden ...

Während ich in tiefe Meditation versenkt war, wurden oft die Götter sichtbar und sprachen mit mir. Zuweilen schien ich durch Astralprojektion auf andere Planeten und in Welten anderer Dimensionen versetzt. Erst Jahre danach erfuhr ich, daß solche Erfahrungen in Labors mit LSD und durch Hypnose unter der Anleitung von Parapsychologen nachgemacht wurden ...

Durch Yoga erfuhr ich zunehmend die Gegenwart von Geistwesen, die mich leiteten und mir psychische Kräfte verliehen ... In der Trance des Yoga fühlte ich das Einssein mit dem ganzen Universum ... Ich kannte keinen anderen Weg zu Gott als durch Yoga."

Auch dieser junge Guru mußte schließlich bekennen, daß „kein Mensch Gott ist und deshalb der Anbetung würdig wäre" und daß, „wenn du je in wirklicher Gefahr sein solltest und nichts anderes hilft, es dann noch einen Gott gibt, zu dem du beten kannst. Sein Name ist Jesus."

Und als Maharaj Christ geworden war, stellte er fest: „Wir verstanden bald, daß nicht Nanas Geist uns verfolgt hatte, sondern Geistwesen, die in der Bibel Dämonen genannt werden. Das sind Engel, die sich Satan in seiner Auflehnung gegen Gott angeschlossen haben und jetzt darauf aus sind, Menschen zu verwirren und sie zu verführen, sich ihrer Auflehnung anzuschließen. Sie sind auch die eigentliche Macht, die hinter jeder Gottheit und jeder Philosophie steht, die dem wahren Gott seine Stellung als Schöpfer und Herr streitig machen. Das waren die Wesen, denen ich in der Trance des Yoga und in der tiefen Meditation begegnet war, die sich allerdings als Shiva oder eine andere Gottheit ausgaben."

Und er machte die aufregende Entdeckung, „daß so viele Süchtige die gleichen Erlebnisse hatten mit Drogen wie Yogis durch östliche Meditation. Drogen erzeugen demzufolge einen ähnlichen Bewußtseinszustand wie die Meditation. So können die Dämonen auf die Nervenzentren wirken. Das löst diese übernatürlichen Erfahrungen aus, die aber nichts anderes als Vorspiegelungen sind. Die gleichen bösen Geister, die mich immer tiefer in die Meditation geführt hatten, um von mir restlos Besitz zu ergreifen, stehen auch hinter der Drogenbewegung, und zwar mit dem gleichen teuflischen Ziel. Es wurde mir immer klarer, daß der Drogenkult, die Meditation, die freie Liebe, und die Auflehnung der Jugend in der Hippiebewegung zur selben satanischen Strategie gehören. Diese Bewegung fand ihren Ausdruck unter anderem in der Musik von Gruppen wie den Beatles oder Rolling Stones ... Meine Besorgnis wuchs, als mir klar wurde, daß Satan daran war, den Westen völlig mit östlichem Mystizismus zu unterwandern ... Die Selbstverleugnung, die der östliche Mystizismus fordert, basiert auf der irrtümlichen Auffassung, daß falsches Denken das einzige Problem des Menschen sei, und daß er nur lernen müsse zu erkennen, daß er Gott sei ... Das war nicht die Lösung, sondern eine Lüge Satans ... Welche maßlose Blindheit, östlichen Mystizismus als wahre Erleuchtung anzusehen!"[93]

Der suggestive Charakter, die Art und Weise ist es, die den unzufriedenen und unglücklichen Menschen ansprechen. Dabei kann das Argument der Körperbeherrschung durch Yoga nicht durchschlagen! „Natürlich haben die Yogis der Neuzeit auch ‚ihre' Wissenschaftler ... Es gibt auch Mediziner, die den alten Yogaglauben sozusagen nur als Sprungbrett für eigene Gedanken benutzen. Unter den Wissenschaftlern des Yogatums stellen die Yoga-Sektierer J.H. Schultz an erste Stelle"[120].

Beim klassischen Yoga, dem Raja-Yoga, dem königlichen Yoga, geht es um eine befreiende Erlösung; mit Hilfe von Askese, körperlichen Übungen, Atemtechniken und Meditationen will man die menschliche Seele von allem Irdischen befreien. „Dabei hat die angestrebte Befreiung eine doppelte Bedeutung. Es ist damit nicht nur die jeweilige individuelle Existenz des Menschen gemeint, der Yoga praktiziert, sondern vor allem der Kreislauf der Wiedergeburten, auch Seelenwanderung genannt.

Die ungeläuterte Seele des Menschen muß nach alter hinduistischer Auffassung unter dem Zwang ihres ‚Karma', ihres früheren Wirkens, immer wieder in einen Mutterschoß eintreten und aus diesem geboren werden. Erst wenn es ihr gelingt, sich aus eigener Kraft zu läutern, erreicht sie die Erlösung und damit die Befreiung von jeglicher Wiederverkörperung (Reinkarnation). Die Erlösung bedeutet gleichzeitig auch die Erkenntnis, daß die Einzelseele (Atman) letztlich identisch sei mit der Weltseele (Brahman). Dem indischen Yoga liegt demnach die Auffassung zugrunde, daß jede Seele ihrer Natur und ihrer Substanz nach im tiefsten eins sei mit dem Göttlichen. Hier liegt die geheime Versuchung des Yoga: Er lehrt die Vergottung des Menschen. Der Mensch ist für ihn nicht das durch den Sündenfall beschädigte Ebenbild Gottes, sondern Gott selbst"[129].

Es gibt viele Formen des Yoga. Die in Europa am meisten verbreitete Form ist der Hatha-Yoga, der grobe Yoga, der Yoga der körperlichen Übungen.

Im Mantra-Yoga werden mehr meditative Techniken bevorzugt. Hier wird mit der lauten, leisen oder stillen Wiederholung von Mantras gearbeitet; Mantras sind magisch religiöse Formeln. Mit Hilfe der unaufhörlichen Wiederholung solcher Mantras glaubt der Hindu sich mit einer heidnischen Gottheit zu identifizieren. Mantra-Yoga wird in unseren Tagen in den westlichen Ländern insbesondere durch die sogenannte Transzendentale Meditation vermittelt, auf die ich noch gesondert eingehen werde.

Die Form des Hatha-Yoga ist es also, die „viele Menschen im Westen praktizieren und sich dabei der Überzeugung hingeben, sie würden körperliche Gymnastik verbunden mit seelischen Entspannungsübungen betreiben. Von da ausgehend nimmt es nicht wunder, wenn dieser Yoga vielfach als eine religiös neutrale Methode gilt, der sich auch Christen guten Gewissens anvertrauen können"[57].

Die dabei gelehrten Übungen sollen vor allem den Organismus kräftigen, dem Körper eine wohltuende Lockerung und Bewegung vermitteln, die Gelenke elastisch erhalten, die Nerven beruhigen. Alle Übungen dienen dazu, „den innermenschlichen Mechanismus in den rechten Rhythmus zu bringen, damit Körper und Geist, leibliches und transzendentales Sein harmonisch aufeinander abgestimmt sein können"[57]. Um dies zu erreichen bedient man sich zweier Glieder des klassischen Yoga; so legt man erstens Wert auf eine besondere Körperstellung (Asanas) und zweitens auf eine Atemtechnik (Pranayama). Alle Yogatechniken können nicht aus ihrem religiös-philosophischen Zusammenhang herausgelöst werden.

„Patandschali, ein indischer Gelehrter des Altertums", so war in einer Zeitschrift zu lesen, „war vermutlich derjenige, der die Yogaphilosophie systematisierte, indem er acht Stufen aufführte, über die man angeblich eine Vereinigung mit dem ‚Ewigen' erreichen kann.

Diese Vereinigung soll eine gute Gesundheit bewirken. Gemäß dem Hinduglauben nannte Patandschali 14 Hindernisse auf dem Weg zum Ziel des Yoga, zu denen schlechte körperliche Gesundheit, ‚rastlose Glieder' gehören. Somit sind Gesundheit und die verschiedenen Körperhaltungen ein wesentlicher Bestandteil der Yogaphilosophie. Asana oder richtige Körperhaltung ist die dritte dieser acht Stufen und erregt in der westlichen Welt mehr Aufsehen als die anderen. Andere Stufen, die in der westlichen Yoga Eingang gefunden haben, sind Beherrschung des Atems, Konzentration und Meditation. Trotz allem ist gute Gesundheit nicht das Hauptziel der Yoga. Der Hindu-Schriftsteller Swahananda sagte: ‚Wer das Geistige sucht, wird die gesundheitlichen Vorteile immer als Nebenerscheinungen betrachten, die seinem Hauptziel, nämlich dem Erkennen des Selbst oder Gottes, untergeordnet sind'."

Professor Tirala, ein Experte für Heilatmung, schrieb, daß man bei Yoga „durch die Beherrschung des Atems Macht über das Leben zu gewinnen" sucht. „Die Yogis glauben nicht nur die Herrschaft über den eigenen Körper, sondern auch Herrschaft im geistigen Sinne zu erreichen. In der Zeit der Apnoe (= Zustand, in der der Mensch nicht zu atmen braucht, weil der spezifische Reiz auf das Atemzentrum, der infolge der Zunahme der Kohlensäure entsteht, fehlt) nämlich ist der Mensch der Autosuggestion und Fremdsuggestion besonders zugänglich. Die Yogis benutzen diesen Zustand, um ihre Anhänger mit ihren Ideen zu erfüllen.

Wenn wir aber die Atemtechnik des Hatha-Yoga überprüfen, müssen wir feststellen, daß sich hier die schwersten Fehler finden. Wir haben also Veranlassung, ausdrücklich davor zu warnen.

Im Grunde maßt sich der Yoga an, unserer naturwissenschaftlichen Krankheitslehre (die sich mit den Begriffen Vererbung, Konstitution, Erleben, Infekt, Verschleiß, Abnützung, Verbrauch, Alterung usw. abstekken läßt) die Behauptung entgegenzusetzen, Krankheit sei innere Unausgeglichenheit ... Yoga verspricht Gesundheit jenen Menschen, die nicht gesund, aber auch nicht krank im normalen Gebrauch des Wortes sind. An sie wendet sich Yoga genauso wie das autogene Training, die ‚Christliche Wissenschaft' und die moderne Psychoanalyse. Dies ist ein jahrtausendealtes Mißverständnis ... Wie oft kommt es vor, daß der Psychoanalytiker einen Patienten jahrelang vergeblich behandelt.

All diese Atemübungen sind physiologisch falsch und geeignet, bei dem Schüler recht bald eine Erweiterung der rechten Herzkammer und eine schwere Lungenblähung zu erzeugen. Die physiologische Erklärung dieser Schäden ist einfach. Durch das Verharren in der Einatmungsstellung wird die Lunge überdehnt. Wenn diese Dehnung durch regelmäßige Yoga-Übungen übertrieben wird, so wird nicht nur das elastische Gewebe und die Muskulatur der Lunge an der notwendigen Erschlaffung gehindert, sondern diese elastischen Elemente gehen überhaupt zugrunde, die überdehnten Alveolarsäckchen zerreißen, es beginnt das Lungenemphysem"[156].

„Selbstverständlich beschränkt sich der Yoga nicht nur auf die Asanas; diese bilden jedoch die eigentlichen Grundlagen seiner Lehre, ganz gleich, ob es dabei mehr um den Körper geht oder um seine psychischen Techniken, vor allem um die Meditation. Die Asanas bilden nicht nur die Eingangstür zum sogenannten körperlichen Yoga, sie eröffnen einen Zugang zu sämtlichen psycho-physiologischen Stufen des Yoga", so ist in dem Buch „Meine tägliche Yogastunde"[91] zu lesen. Weiter heißt es dort: „Während des Verharrens in einer Sana müssen die Muskeln tatsächlich in einem Zustand sein, der grundverschieden von allen Situationen des täglichen Lebens ist, ob es sich dabei nun um den Sport, das Turnen, die Arbeit oder gar den Ruhezustand handelt. Äußerlich erinnert Surynamaskar (= der Gruß an die Sonne) stark an Turnübungen, aber welch ein Unterschied in der inneren Haltung des Übenden!

Turnen und Sport – deren Wert nicht angezweifelt wird – stellen körperliche Betätigungen dar, die zur Außenwelt hin orientiert sind, wogegen der Yoga den Übenden in seine innere Welt zurückführt ... Eine Yoga-Übungsstunde soll nicht etwa abrupt mit der letzten Asana enden. Für die Yogis sind die vorbereitenden Übungen und die Haltungen die Hors-d'œuvres, Pranayama die Vorspeise und der geistige Yoga, unglücklicherweise ‚Meditation‘ genannt, ist das Hauptgericht, das auf der Speisekarte westlicher Yoga-Anhänger nicht immer aufgeführt ist."

Wie aus den Handbüchern zu entnehmen ist, hat jede Körperübung etwas Besonderes zu bedeuten, sie sind z.T. symbolisch zu verstehen; so der Lotossitz, die Kobrastellung, z.B. Begrüßung der Sonne, Verneigung, die heroische Stellung. Mit den einzelnen Körperpositionen will man auf einen ganz bestimmten Körperteil einwirken, z.B. auf die Wirbelsäule, den Oberkörper, die Glieder usw.

„Doch es gilt vor allem auch die inneren Organe, Drüsen sowie die Nervenzentren zu beeinflussen, da eine solche Einwirkung von entscheidender Bedeutung ist. Alle diese verschiedenen Asanas dienen dem Zweck, einerseits die einzelnen Teile des menschlichen Körpers harmonisch einander zuzuordnen und andererseits auch die Harmonie zwischen ihnen und dem, wie die Natur ihren Gesetzen gemäß waltet, zu erreichen. Der Yogi, der diese Körperstellungen beherrscht, verspricht sich davon nicht nur, daß er seine Organe kräftigt, sondern auch Krankheiten heilen kann, wie Atem- und Schlafstörungen, Sehschwäche oder Verdauungsbeschwerden oder auch die Dumpfheit des Geistes beseitigt und er geistesfrisch sein kann"[57].

Es kann nicht geleugnet werden, daß körperliche Übungen eine wohltuende Wirkung auf die Gesundheit des Körpers haben. Das brauchen wir uns nicht von den Yogis sagenzulassen. Wir haben auch in Europa „klassische und gesunde Gymnastik-Übungen, die den Körper geschmeidiger machen und die Gesundheit fördern, ohne uns in die Gefahr gewisser schädlicher geistlicher Einflüsse des Yoga zu bringen"[76]. Allein schon jeder Spaziergang an der frischen Luft, jedes einfache Turnprogramm, jedes Schwimmen wird dem Körper sicherlich in noch gesünderer Weise guttun! Bei der Yoga-Gymnastik handelt es sich nicht um eine „klassiche Gymnastik", mit dem Ziel, den Organismus, die Muskeln zu kräftigen bzw. zu stählen, sondern um eine sogenannte „unbewegliche Gymnastik", bei der keine schnellen, ermüdenden oder erhitzenden Bewegungen ablaufen. Es handelt sich vielmehr um „eine Konzentration der Gedanken", wie der französische Mönch J.M. Dechanet schreibt[22], der ein eifriger Verfechter (!) des Yoga ist.

Die Regulierung der Atmungstätigkeit, Pranayama, ist „deshalb für den Yogi so bedeutsam, weil die Atmung als die wichtigste Körperfunktion gilt und für seinen Gesundheitszustand maßgebend ist. Aus diesem Grunde ist die Einführung in das bewußte Atmen auch ein Hauptfach in den Yoga-Schulen und bildet den wesentlichsten Bestandteil des Elementarunterrichts … Diesen ganzen Atmungsprozeß muß der Schüler so beherrschen lernen, daß er völlig bestimmt wird von dem Rhythmus des Ein- und Ausatmens mit der Ruhestellung zwischen den beiden Bewegungen.

Es ist sicher möglich, sich dadurch eine gesunde Atemtechnik anzueignen, die auch entkrampfend wirken kann. Nicht verschwiegen werden darf aber, was dazu von Ärzten festgestellt worden ist, die diesem Atemrhythmus, wenn er dauernd praktiziert wird, schädliche Auswirkungen auf die menschlichen Organe zuschreiben"[57].

, Wie die körperlichen Übungen untrennbar mit etwas Geistigem verbunden sind, so geht es auch bei der Atemlehre um eine Religionsphilosophie. Unter einem Deckmantel „stiller, ruhiger Übungen" wird das eigentliche, wahre, geistige Ziel des Yoga erstrebt. Bei näherem Hinsehen sind die scheinbaren Gymnastikübungen geistig gesteuert, und auch das Atmen ist nur dann effektvoll, wenn es in das Ziel der hinduistischen heidnischen Religion mündet. Das eigentliche Ziel des Hatha-Yoga ist nichts anderes als die „Vorbereitung auf den klassichen Yoga, dem es allein zukommt, die menschliche Selbsterlösung herbeizuführen. Das heißt, gut vorbereitet ist also der Yogi, der sich intensiv den verschiedenen Körperstellungen und den Atemübungen widmet, bis er sie vollkommen beherrscht"[57].

Die Yoga-Übungen sind „letztlich nicht – wie oft behauptet wird – von den besonderen Konzeptionen des Hinduismus, von der okkulten Geisterwelt, die dahintersteht, zu trennen. Das bezeugen selbst Befürworter des Yoga ganz offen"[129].

„Der ganze Yoga läßt sich in einem Wort ausdrücken: Meditation, d.h. eine Serie von Betrachtungen, Versenkungen. Er ist eine Ausschaltung des ganzen Denkens und erstrebt die Kontrolle des Leibes und der Lebensenergie ... Sein höchstes Ziel ist, den Menschen zur Ruhe des Geistes zu führen, die notwendig ist, um das ‚Göttliche' zu erreichen. Man muß zunächst Meister seines Leibes und seiner Instinkte werden und dann seinen Geist aufwecken! Die Übung des Yoga macht empfänglicher und daher offener für den persönlichen Austausch mit Gott"[22].

Der Mensch wird also durch Yoga dazu geführt, sich den „Einflüssen der geistigen Welt" zu öffnen. „Die Yogis (Yoga-Anhänger) beweisen, daß der Mensch durch die Beherrschung des Leibes in Verbindung mit Gott treten will und sich durch seine eigenen Bemühungen zu erretten und zu ändern versucht. Es ist der Weg von außen nach innen, und von unten nach oben. Yoga ist also Selbsterlösung"[76]. Die Grundlehre des klassischen Yoga beinhaltet 8 Yogangas, „acht Mittel zur Befreiung". Diese werden wie folgt bezeichnet:

„1. Yama, Disziplin, sittliche Zucht. Darunter versteht man die fünf großen Gebote, nämlich nicht zu töten, nicht zu lügen, nicht zu stehlen, nicht unkeusch und nicht besitzgierig zu sein.

2. Niyama, Selbstzucht. Sie wird geübt durch das Einhalten von Reinigungsvorschriften, das Hersagen und Studium heiliger Sprüche, das Praktizieren von Genügsamkeit und durch die Haltung der Gottergebenheit.

3. Asana, richtige Sitzart. Sie bezeichnet verschiedene Körperhaltungen, die beherrscht werden müssen.

4. Pranayama, Atemregulierung. Sie schreibt vor, wie nach bestimmten Regeln einzuatmen, Atem anzuhalten und auszuatmen ist.

5. Pratyahara, Zurückziehung, Abtötung der Sinne. Sie besteht darin, daß die menschlichen Sinne sich von den Objekten, die von ihnen erfaßt werden, zurückziehen und dadurch abgetötet, unwirksam gemacht werden.

6. Dharana, die Festlegung des Denkorgans, Konzentration. Sie wird erreicht durch die Fixierung der Aufmerksamkeit auf einen bestimmten Punkt zur Sammlung des Geistes.

7. Dhyana, geistige Versenkung, Meditation. Sie ereignet sich, wenn die Vorstellungskraft, die ganze Aufmerksamkeit völlig auf diesen einen Punkt gerichtet ist.

8. Samadhi, Versenkung, Zustand der völligen Ruhe. Dieser Zustand ist erreicht, wenn in der Meditation das voll konzentrierte Denken mit seinen Objekten eins wird. Das heißt, es wird sozusagen eine Langzeitmeditation erzielt"[57].

Yoga-Übungen machen den Menschen nicht glücklicher. Yoga gehört mit zu den Irrtümern aus Fernost. Yoga, als vermeintliche Selbsterlösung, führt von unten nach oben. Johannes 8, 23: „... Ihr seid von hier unten, aber ich komme von oben. Ihr gehört zu dieser Welt, aber ich bin nicht von dieser Welt" (G.N.). Für den Christen führt der Heilsweg von oben nach unten. Jesus, als der Sohn Gottes, kommt von oben. Der Yoga-Anhänger lebt in der hinduistischen Tradition; er öffnet sich einer orientalischen Ersatzreligion und gelangt unter den Einfluß des Teufels. Im Wort Gottes wird uns gesagt, daß wir von Dämonen der Finsternis umgeben sind. Epheser 6,12: „Denn wir kämpfen nicht gegen Menschen. Wir kämpfen gegen unsichtbare Mächte und Gewalten, gegen die bösen Geister zwischen Himmel und Erde, die jetzt diese dunkle Welt beherrschen" (G.N.).

Beim Yoga geht es um magische Kräfte. Ein Kenner des Yoga schreibt: „Ein Yogi galt in Indien immer als Mahasiddha, als Inhaber okkulter Kräfte, als Zauberer" (zitiert bei[129]).

Orientalische Einflüsse strömen immer mehr in das Abendland ein. Nur mit Christus können gläubige Christen sich gegen alles Okkulte, gegen die Werke des Teufels wenden. Denn Jesus ist der Herr und Siegesfürst über Satan.

Yoga ist also nichts für Christen! Sicherlich möchten auch Sie nichts mit übernatürlichen Geistermächten zu tun haben, die versuchen, Sie zu beherrschen. Denn wer Yoga betreibt, muß mit dieser Möglichkeit rechnen. Beim Betreiben von Yoga kann man in das Okkulte verwickelt werden.

Ein ehemaliger Yogi sagte: „Man denkt, man beherrsche andere, im Universum verborgene Mächte. Aber mit Schrecken muß ich heute feststellen, daß man eigentlich von ihnen beherrscht wird." Mancher denkt, er könne die scheinbar harmlosen Merkmale der Yoga von denjenigen trennen, die er für schädlich hält. Gemäß der folgenden Aussage in einem Wörterbuch des Hinduismus scheint das nicht möglich zu sein: „Kein System der Yoga besteht isoliert, sondern jedes ist häufig mit Elementen eines andern verbunden."

1. Johannes 3,8: „Wer nicht aufhört zu sündigen, gehört dem Teufel, denn der Teufel hat von Anfang an gesündigt. Der Sohn Gottes aber ist auf die Erde gekommen, um die Werke des Teufels zu zerstören" (G.N.).

Leider nehmen so viele Menschen die Wahrheit Gottes nicht an. Das Wort aus 2. Thessalonicher 2,10-11 geht heute in Erfüllung: „Alle, die verlorengehen, wird er durch seine bösen Künste täuschen. Das ist die Strafe dafür, daß sie sich der Wahrheit nicht zugewandt haben und sich nicht retten lassen wollten. Darum liefert Gott sie dem Irrtum aus, so daß sie der Lüge Glauben schenken" (G.N.).

Und Yoga gehört heute zu den Irrtümern unserer Zeit. Es gibt kein „christliches Yoga", auch wenn viele diese Methode „mit christlichen Vorzeichen" benutzen, ja sogar Theologen diese Übungen befürworten.

Mit Yoga kann man kein ermüdetes Gebetsleben auffrischen. Gott weist uns andere Wege, wenn „unsere Leitung tot ist". Auch steht die Lehre der „Selbsterlösung" im krassen Gegensatz zu unserem Glauben als Christ. Wir haben als sündige Menschen keine Macht, uns durch bestimmte Übungen zu erlösen. Nie werden wir unser „göttliches Selbst" entdecken. Vielmehr wissen wir von unserer Sünd-, Schuld- und Boshaftigkeit. 1. Mose 8,21: „... denn das Dichten des menschlichen Herzens ist böse von Jugend auf..."

Es gibt keine Kombination von Yoga und christlichem Glauben. Ein Christ richtet seine Gedanken auf Christus, nicht auf unbekannte Kräfte in den Yoga-Übungen. Ein Christ glaubt an einen lebendigen Gott; er sucht nicht sein Heil in anderen Religionen. Yoga ist ein Weg, der in den Abfall, ins Verderben führt. Für den Christen gilt: Apostelgeschichte 4,12: „Jesus Christus und sonst keiner kann die Rettung bringen. Nirgends auf der ganzen Welt hat Gott einen anderen Namen bekanntgemacht, durch den wir gerettet werden können" (G.N.).

Wir können neben Jesus nicht noch anderen Götzen nachlaufen. „Wie lange hinkt ihr auf beiden Seiten?" (1. Könige 18,21). Wenn wir Jesus Christus als unseren persönlichen Heiland annehmen, finden wir die gesuchte innere Entspannung; wir finden Frieden mit Gott, und zugleich erkennen wir auch den wahren Sinn unseres Lebens.

Sicherlich dient es der Gesundheit, wenn man ein regelmäßiges körperliches Training durchführt; die Muskulatur wird gekräftigt, Spannungszustände werden gelockert, Körperhaltung und Atemtätigkeit verbessert. Dies räumt auch die Bibel ein. Aber im Gegensatz zum Yoga ist ein solches körperliches Training von der Religion getrennt; es heißt in 1. Timotheus 4,8: „Denn die leibliche Übung ist zu wenigem nütze; die Gottseligkeit aber ist zu allen Dingen nütze, indem sie die Verheißung des Lebens hat, des jetzigen und des zukünftigen."

Anthroposophie –
die „Weisheit des Menschen"

Wie konnte sich eine solch fremde Lehre Yoga überhaupt in Europa ausbreiten? „Viele dieser Dinge waren in Europa bekannt zu einer Zeit als sich eine neue Geistesrichtung breitmachte, die sich Anthroposophie nennt. Der Glaube an geheimnisvolle Dinge und die Unwissenheit um sie haben für diese Richtung, die sich geschickt verschiedener demagogischer Mittel bediente, den Boden bereitet. Um die Vorgeschichte noch besser zu verstehen, müssen wir weiter ausholen und uns die Exponenten dieser neuen Geistesrichtung näher ansehen.

Der Anstoß, Indien wieder in den Mittelpunkt des Interesses der europäischen Kulturstaaten zu rücken, ging von drei Personen aus, die in chronistischer Reihenfolge zu betrachten sind: Madame Blavatsky, Annie Besant und Rudolf Steiner. Madame Blavatsky, mit Mädchenname Helena Petrowna von Hahn-Rottenstern, wurde 1831 in Jekaterinoslawa (jetzt Dnjepropetrowsk) geboren. Sie soll ein besonders phantasiebegabtes Kind gewesen sein. Mit 17 Jahren heiratete sie General Blavatsky, nach 3 Jahren wurde die Ehe aber bereits geschieden. Madame Blavatsky reiste nun 12 Jahre in Europa, Amerika und Indien. In den folgenden 7 Jahren galt sie als verschollen. Sie sagte selbst, sie habe sich im Himalayagebiet bei einer Sekte weiser Männer, den Mahatmas, aufgehalten. Dort habe sie viele Weisheiten kennengelernt, sei ‚Adeptin' geworden und habe verschiedene Fähigkeiten entfaltet. So könne sie z.B. materielle Gegenstände ohne mechanische Hilfe bewegen.

1870 gründete sie in Kairo einen spiritistischen Zirkel, der sich aber nicht lange hielt. Darauf ging sie – angeblich auf ‚Befehl' ihres ‚Guru' (Lehrer) mit Namen

Koot Hoomi nach New York, wo sie 1875 die ,Theosophische Gesellschaft' gründete. Sie reiste viel herum, gründete 1888 die deutsche Theosophische Gesellschaft, brachte in deutscher Sprache ihre ,Geheimlehre' heraus und umgab sich mit einem sogenannten ,esoterischen Kreis' (esoterisch = geheim), in dem sie Eingeweihten Teile ihres Wissens bekanntgab. Madame Blavatsky war eine Betrügerin, obwohl sie von ihren Anhängern, die in Indien, wo sie Buddhistin wurde, besonders zahlreich vertreten waren, begeistert verehrt wurde. So konnte ihr nachgewiesen werden, daß ihre Bücher (insbesondere ,Unverhüllte Isis') nicht, wie sie behauptete, vom Astralleib ihres Koot Hoomi geschrieben wurden, der für sie angeblich beschriebene Blätter von der Decke fallen ließ, die sie morgens vorfand, sondern von ihr selbst verfaßt worden sind (Aufklärung durch Schriftsachverständige). Nach dem Tode von Madame Blavatsky uneinig geworden, verrieten sich zwei ihrer Anhänger, die Eheleute Coulomb, gegenseitig. Dabei kam u.a. zutage, daß auch der geheiligte Schrein, der bei den Theosophen eine große Rolle spielt, nichts Geheimnisvolles birgt oder bewirkt. Nach Madame Blavatsky wurden in diesem geheiligten Schrein zerbrochene Gegenstände ohne jedes Zutun wieder heil und hineingelegte Zettel, auf denen Fragen standen, wurden auf geheimnisvolle Weise schriftlich beantwortet. Diese Behauptungen waren jedoch nicht mehr zu halten, nachdem die Eheleute Coulomb verraten hatten, daß dieser Schrein von einem anderen Raum aus zugänglich war.

Die Lehre der Madame Blavatsky war geschickt ausgerichtet. Ihr Hauptprogrammpunkt war die Vereinigung aller Menschen, unabhängig von Rassen. Kein Wunder, daß ein solches Programm gerade in Nordamerika bei dem schwarzen Teil der Bevölkerung Erfolg haben mußte. Ferner war intensives Studium der religiösen Schriften der Brahmanen und Buddhisten erforderlich, und vor allem versprach sie die Förderung der psychischen Kräfte des Menschen. Da es in ihrer Lehre keine ewige Verdammnis gab, wie sie das Christentum kennt, konnte sie sich sogar in christlichen Kreisen durchsetzen.

In der Theosophie spielte eine weitere Frau eine große Rolle: Anni Besant. Sie war als Kind sehr fromm, wäre fast Diakonisse geworden, heiratete aber dann einen englischen Geistlichen. Die Ehe wurde bald geschieden, und die Besant wandte sich dem Atheismus zu, siehe hierzu ihr bekanntes Buch ‚Mein Pfad zum Atheismus‘. Später wurden sie Theosophin und Mitglied des ‚esoterischen Kreises‘, sprach in Indien für den Hinduismus und wird dort als Inkarnation der Göttin der Beredsamkeit gefeiert. Sie hatte ‚eyes like a tiger‘. Eine fragwürdige Person, Mr. Leadbeater, ihr Sekretär, der für sie gelehrte, heilige Bücher schreibt, bezieht seine Kenntnisse hierfür direkt aus dem ‚Aether‘. Ihre größte Dreistigkeit aber ist, daß sie einen Hinduknaben mit Namen Krischnamurti als wiedergeborenen Christus ausgibt und mit ihm durch Europa reist.

Zu diesem Zeitpunkt, offensichtlich auch veranlaßt durch die Schwindeleien der Madame Blavatsky, die immer mehr durchsickerten, sagt sich die deutsche theosophische Sektion unter Rudolf Steiner von den Theosophen los.

Rudolf Steiner, ehemals der Generalsekretär der Frau Anni Besant, gründet 1913 die Anthroposophische Gesellschaft. Seine Schriften sprechen eine geheimnisvolle Sprache – wie sie eben im ‚esoterischen Kreis‘ gesprochen wurde. Indische, ägyptische und iranische Mythologie wird von ihm zum Ausbau seiner Anthroposophie in Anspruch genommen.

Die Attraktion seiner Lehre, die der Papst 1919 scharf abgelehnt hat, war ein Christentum neuer Prägung, das sowohl dem einfachen Menschen als auch dem Intellektuellen auf viele Fragen scheinbar Antwort gab. Auf die Frage, ‚was geschieht nach dem Tode‘ beispielsweise, verheißt Steiner Unsterblichkeit und Seelenwanderung und predigt gleichzeitig eine Kosmogonie und kommt deshalb dem einfachen Glaubenszweifler und suchenden Menschen nahe. Sein unbewußtes Erfolgssystem, dem Menschen nahe zu kommen, war also nicht verschieden von dem der bekannten Naturheilkundigen Kneipp, Felke und Rasputin, die ja ob ihrer Beziehung zur Religion (sie alle waren Geistliche bzw. Ordensbrüder) aus der ihnen entgegengebrachten Glaubensbereitschaft als Vertreter des Übermächtigen schöpfen konnten.

Die in Westeuropa wie Pilze aus der Erde schießenden Yogiclubs aber werden sich weiter vergrößern, denn – wie Bleuler sagt[13] – ,leichter kann ein Geisteskranker tausend Gesunde bekehren als tausend Gesunde einen Geisteskranken'. Zahlreiche neue theosophische und anthroposophische Literatur wird auf den Markt geworfen – kritiklos gesammelte Yoga-Märchen in neuem Gewand. Und es werden weiterhin Vorstellungen, die vor 2000 Jahren geprägt wurden in einem Land, indem auch Schlankaffen für heilig gehalten werden (Weinert[165]), auf uns Europäer übertragen. Ein neuer Versuch, Yoga zu rehabilitieren und trotz Wiederholung alter Yogamärchen wissenschaftlich zu fundieren, zeigt das 1963 für den Psychotherapeuten interessante lesenswerte Buch von Langen. Interessant und bemerkenswert ist auch der Versuch der Katholischen Kirche, sich des Yogas zu bemächtigen und religiös zu interpretieren (vgl. dazu Déchanet[22]). Für die Geschichte der Hypnose und Suggestion ist die Kenntnis der Yogalehre unentbehrlich"[120].

Wir wollen nun die von Rudolf Steiner (1861 – 1929) begründete Anthroposophie (von „anthropos" = Mensch, plus „sophia" = Weisheit, also die „Weisheit des Menschen"), die ein Gemisch aus christlichem, buddhistischem, neuplatonischem, indischem und spiritistischem Gedankengut enthält, näher beleuchten. Der Hauptsitz der Gesellschaft ist Dornach in der Schweiz.

Ohne Zweifel hat die Anthroposophie in der Öffentlichkeit Beeindruckendes vorzuweisen. Erinnert sei hier nur an die Waldorf-Schulen, die Heilmittelkunde und die Alternativ-Ernährung durch biologisch-dynamischen Landbau. Was aber steckt hinter diesen Schulen? Kann man seine Kinder arglos in die Waldorf-Schule geben, weil diese Schule einen „so guten Namen hat"? Was steckt hinter der „Bio-Welle" und den „Bio-Erzeugnissen"?

Lesen wir zuvor ein Wort aus der Bibel. Es heißt in 1. Johannes 4,1: „Geliebte, glaubet nicht jedem Geist, sondern prüfet die Geister, ob sie von Gott sind! Denn es sind viele falsche Propheten hinausgegangen in die Welt."

„Schon in der Kindheit hatten sich bei Rudolf Steiner hellseherische Fähigkeiten gezeigt, die ihn das Vorhandensein einer geistigen Welt ‚hinter‘ und ‚über‘ der Sinnenwelt nie in Zweifel ziehen ließ. Von früh an war darum sein Problem nicht die Frage: ‚Gibt es eine geistige Welt?‘ – sondern die: ‚Wie stehen physische und geistige Welt zueinander?‘

In einem Vortrag, den Rudolf Steiner 1913 in Berlin als Skizze seines Lebensabrisses hielt, spricht er davon, wie seine ungewöhnliche Erlebnisfähigkeit den Verstorbenen gegenüber schon in der Kindheit auftrat. Es wird um das Jahr 1868 gewesen sein, also in seinem achten Lebensjahr. Eines Tages saß der Knabe allein im Wartesaal des Stationsgebäudes von Pooschach. Als er so dasaß, war es, als ob sich die Tür auftat, eine Frauenpersönlichkeit trat zur Tür herein, ging bis mitten in die Stube, machte Gebärden und sprach auch Worte, die etwa in der folgenden Weise wiedergegeben werden können: – Versuche jetzt und später, so viel du kannst für mich zu tun! – Dann war sie noch eine Weile anwesend unter Gebärden, die nicht mehr aus der Seele verschwinden können, wenn man sie gesehen hat ... Das Kind wußte, daß es sich nicht um einen leiblichen Menschen gehandelt hatte"[137].

Steiner war „einer der ersten Verfechter und Systematiker okkulter Philosophie im Westen … Man muß ihn als einen Klassiker zeitgenössischen okkulten Denkens bezeichnen. Weitgehend Synkretist, schuf Steiner ein verwickeltes Weltanschauungssystem, das er aus den verschiedensten Quellen geschöpft hat. Alle geistlichen, metaphysischen und wissenschaftlichen Konzepte fanden darin Platz, solange sie in sein Gesamtschema paßten. So begegnet man in seiner Kosmologie christlichen ‚Engeln' (allerdings nicht der biblischen Art, sondern nach der Vorstellung Steiners: unsichtbare ‚elementare' Geister), dem hinduistischen Chakra System (mit Steinerschen Variationen) und wissenschaftlichen Theorien (Evolution und Entwicklung des Universums aus einem ursprünglich gasförmigen Zustand)"[137].

Als Steiner 1902 der schon vorne erwähnten Theosophischen Gesellschaft von Helena Blavatsky beitrat, war ihm das östliche Gedankengut von Reinkarnation, Karma usw. bekannt, schon in frühen Jahren zeigte er einen starken Hang zum Mystischen.

Steiner leugnete das Wunder der Schöpfung. In der Anthroposophie wird „die Evolution von Geisteswesen überwacht, die den Menschen fügen und formen und ihn in die zunehmende Erweiterung seines Bewußtseins führen"[137]. „Ich bin nicht von Gott geschaffen, sondern ich habe mich aus früheren Lebensstufen meiner selbst entwickelt!" Steiner behauptete, daß er seine Erkenntnisse aus „übersinnlichen Wahrnehmungen" gewonnen habe. „Er verwendete Meditationsverfahren, wodurch ihm, wie er versicherte, frühere Welten und das Wissen um Herkunft und wahre Bestimmung des Menschen erschlossen wurden … Das Herz von Steiners okkulter Metaphysik ist die Evolution, und zwar sowohl die menschliche wie auch die erdgeschichtliche. Die Folge dieses Evolutionskonzepts ist sein Glaube an die Reinkarnation" (= Wiederverkörperung von Verstorbenen). Nach Steiner wurde der Mensch durch geistige Wesen geschaffen, die seine Entwicklung bestimmen. Steiner präsentiert seinen Anhängern eine recht weitläufige Geschichte vom Ursprung des Menschen und seinen Endzielen. Er lehrt, daß unser wahres Ich sich entwickelt, indem es „durch eine Reihe von Leben und sogar durch Geschichtsepochen vollkommen wird … Völlig Mensch zu werden ist in Steiners Augen nicht ein lebenslanger, sondern ein sich über Zeitalter erstreckender Prozeß. Wir alle müssen eine Reihe Leben und Verkörperungen durchschreiten"[137]. Nach Steiner ist „die Zeit zwischen dem Tod und einer neuen Geburt in ihrer Dauer dadurch bestimmt, daß das Ich erst dann wieder in die Welt zurückkehrt, wenn die sich so umgestaltet hat, daß Neues von dem Ich erlebt werden kann. … Es finden in der Regel zwei Verkörperungen statt, eine als Mann, eine als Frau, da die Erlebnisse des Menschen verschieden sind."

Steiner stellte okkultistische Theorien auf; diese und die Meditationstechniken nannte er „Geistliche Wissenschaft". Er behauptete, daß auch okkulte Phänomene erfaßbar seien. Der Steinersche Okkultismus stellt eine Herausforderung an das Christentum dar. Er selbst nannte seine Bewegung „wahres Christentum" und „christlicher Okkultismus"; und etliche anthroposophische Vereine nennen sich „christliche okkulte Gesellschaft". Steiner vertrat die Auffassung, daß die Evangelien esoterische, nur für die Eingeweihten bestimmte Dokumente waren. Nach Steiner war Christus das vollendete Beispiel menschlicher Entwicklung. Die wahre Einzigartigkeit Jesu liege darin, daß er nur eine Reinkarnation durchlaufen habe. So spricht Steiner von zwei Jesusknaben, der eine stelle eine Reinkarnation Zarathustras, eine hochentwickelte Person dar, der andere sei der wiederverkörperte Geist Buddhas; im 12. Jahr vereinigten sich beide. Der Christus, den Steiner verherrlichte, ist nicht der Jesus der Wirklichkeit. Der anthroposophische Christus ist von Grund auf unbiblisch!

„Wenn jemand das Geheimnis Christi in der ganzen Tiefe und Fülle erfassen und an seiner Kraft und Verheißung teilhaben will, kann er das nur durch Meditation, die ihm den Zugang zu den übersinnlichen Welten verschafft. In dieser Prozedur sieht Steiner die Evangelien als Leitfaden zu ‚christlicher Initiation' in die Wahrheiten und Erfahrungen der übersinnlichen Welt, die unter Umständen zu einer Verbindung zwischen dem Eingeweihten und dem ‚Phantom' führt. Das meint Steiner, wenn er sagt: ‚Das Phantom, das aus dem Grab auferstand, vermittelt sich dem, der sich selbst dafür passend macht' … Viele Aspekte der Anthroposophie sind dem biblischen Bild der Wirklichkeit fremd – wenn nicht gar feindlich"[137].

Steiner leugnet das Wunder der Schöpfung; er lehnt Gottes Offenbarung ab und macht an deren Stelle eine „hellseherische Schau in die Tiefe des Ichs zum Maßstab". In Galater 1,8 heißt es: „Aber wenn auch wir oder ein Engel vom Himmel euch etwas anderes als Evangelium predigen würde, außer dem, was wir euch verkündigt haben, der sei verflucht!" Paulus sagt weiter in 1. Korinther 4,6, daß wir „nicht über das hinausgehen" sollen, „was geschrieben steht".

„In Hebräer 9,27 heißt es: „… gewiß ist es dem Menschen bestimmt, einmal zu sterben, danach aber das Gericht." Und was sagt Steiner? „Schicksal (Karma) hat die Seelen der Kinder in erkrankte, mißgebildete Leiber geführt. Eine solche Verkörperung ist keineswegs sinnlos und vergeblich. Sie vermittelt Erlebnisse und Erfahrungen, die von der ewigen Individualität im Leben nach dem Tode verarbeitet werden und zu neuen Kräften für eine nächste Inkarnation heranreifen" (zit.b.[137]). Steiner gibt zu, daß es sich hier um eine Tatsache handelt, „die sich eben aus der okkulten Forschung ergibt". Steiners Anthroposophie ist ein Gemisch aus verschiedenen Religionen, Weltanschauungen und okkulten Sichten!

Die Anthroposophie bezeichnet sich als Erkenntnisweg, der über die Grenzen der Sinneswelt hinausführt und im Übersinnlichen eine erfahrbare Realität erkennt. Sie ist eine ganzheitliche Lehre, die versucht, den Menschen als seelisch-geistiges Wesen in seinem Zusammenhang mit der Welt und dem Kosmos zu begreifen[106]. So ist allzu verständlich, daß der anthroposophisch orientierte Heilmittelschatz in der Astrologie wurzelt. In diesem Zusammenhang sollte auch erwähnt werden, daß „etwa die äußerst wirksamen spagyrischen Mittel letzten Endes auf alchemistischen Erfahrungen beruhen, die Alchemie ist ihrerseits aber wieder nur möglich, wenn astrologische Prinzipien bedacht werden", schreibt H.A. Piper in HP aktuell.

Kurz erwähnt werden soll hier auch die biologisch-dynamische Ernährung. Hierzu hieß es im Spiegel Nr. 30, 1982: „Allerlei esoterischer Mystizismus war dabei, als der Anthroposophie-Begründer Rudolf Steiner vor fast sechs Jahrzehnten die biologisch-dynamische Landbevölkerung ins Leben rief und damit eine Tradition begründete, an die inzwischen Grüne und Öko-Aktivisten vielfach anknüpfen … Diesen Rückgriff auf altbewährte Landbaumethoden ergänzten die Steiner Anhänger durch eine Portion von anthroposophischem Hokuspokus … Daß sich mit den windigen Warenzeichen jedenfalls gute Geschäfte machen lassen (gemeint sind ‚Demeter‘, ‚Biodyn), haben die anthroposophischen Steiner Landwirte schon früh erkannt … Ebenso leicht ist es schließlich, als Einzelhändler ‚Demeter‘-reif zu werden. Nur zehn Mark ‚Anerkennungsgebühr‘ kostet ein ‚Demeter-Handelsausweis‘, der zur Teilhabe am gewinnträchtigen Geschäft mit den teuren biodynamischen Lebensmitteln berechtigt."*

„Das Gedankengut der Anthroposophie ist eine Mischung aus Humanismus (Goethe-Kult), brisant spiritistischer Theosophie, christlich bzw. pseudochristlicher Mystik und fernöstlichen, buddhistischen und hinduisti-

---

* Mehr hierzu findet der interessierte Leser in dem TELOS-Buch von Dr. Heide „Biblische Ratschläge zur Gesundheit – heute noch gültig".

schen Gedanken hochkalibrig okkulten Formats. Die Bewegung der natürlichen Lebensweise verdankt Steiner starke Impulse, indem dieser seine okkulten Methoden und Ansichten auch in die Anbautechniken der Bauern einführte. Auf Musterhöfen und Zentren, verbunden mit Namen wie Weleda und Demeter, werden nicht nur streng biologische Anbaumethoden gepflegt, man operiert auch mit astrologischen Gesetzmäßigkeiten des Mondzyklus und den sogenannten Erdstrahlen. Also auch hier sehen wir die Verbindung von Humanismus, Okkultismus und natürlicher Ernährung"[94].

Paulus sagt dazu in Kolosser 2,8: „Sehet zu, daß euch niemand einfange durch die Philosophie und leeren Trug, gegründet auf der Menschen Lehre und auf die Elemente dieser Welt und nicht auf Christus."

Homöopathie –
Ähnliches mit Ähnlichem heilen

In den letzten Jahren explodierte der naturwissen-
schaftliche Wissensstand. Homöopathie erscheint wieder vielen ganz modern. Aber sie trägt immer noch das
alte Kleid, das ihr von Samuel Hahnemann Anfang des
letzten Jahrhunderts geschneidert wurde. Hahnemann
war zweifellos ein außergewöhnlicher Mann und Arzt.
Sein hingebungsvolles Arzttum sollten sich viele der
modernen Routineärzte als Vorbild nehmen. Mit den
nachfolgenden Ausführungen soll nicht eine wissenschaftlich begründete Ablehnung der homöopathischen
Heilweise erfolgen. Vielmehr möchte ich – von verschiedenen Seiten darum gebeten – eine Aufklärung aus
biblisch begründeter Sicht geben.

Die Anwendung und Wirkung homöopathischer Mittel erhitzt immer wieder nicht nur die Gemüter der
Ärzte. Homöopathie wird von Ärzten und Heilpraktikern praktiziert und oft als eine Heilmethode beschrieben, die durch planvolle Ausnutzung erkannter Gesetzmäßigkeiten in vielen Fällen weiterführt als die sonst
übliche Schulmedizin. Auf die Schulmedizin – und das
sei vorweg gesagt – kann allerdings ein verantwortungs-
bewußter Arzt nicht verzichten. Wissenschaftlich exakte Kenntnisse und moderne Diagnoseverfahren sind
immer noch die Grundlage einer medizinischen Behandlung. Und auch Homöopathen geben zu, daß es
selbstverständlich Erkrankungen gibt, die mit schulme-
dizinischen Methoden weit besser zu behandeln sind.
Außerdem gibt es für die Homöopathie, d.h. für die
Wirksamkeit homöopathischer Mittel noch keine wissenschaftlichen Beweise. Bislang ist die eigene praktische Erfahrung der einzige Weg, sich von der Wirksamkeit dieser Heilweise überzeugen zu lassen. Die Ho-

möopathie ist eine Erfahrungswissenschaft und die größte medizinische Außenseiterbewegung – wohl auch auf dem Gebiet der Naturheilverfahren. „Verwandt mit der homöopathischen Medizin sind andere Heilverfahren, die sich etwa mit Homotoxikologie und/oder Elektroakupunktur beschäftigen"[146].

Ihr Begründer war der Arzt Dr. Samuel Hahnemann (1755 – 1843), etwa ein Zeitgenosse von Goethe. Nach Blatter[12] war er ein Freund von Mesmer, der den Magnetismus entwickelte und der zu seiner Zeit als großer Gotteslästerer galt und den Namen Jesu verabscheute. „In christlicher Hinsicht ist zur Charakterisierung seiner Person und seiner Lehre wichtig, daß Hahnemann Freimaurer war. Bereits 1777 als 22jähriger war er in den Freimaurerorden eingetreten (nach Tischner). Wir halten aber mit Loren Keip die Freimaurerei für eine Hochburg des Teufels. Dem Christentum hat Hahnemann seit seiner Jugend ferngestanden"[96]. Er war ein selbständiger Denker, denn er übernahm nicht einfach das, was die damalige Schulmedizin lehrte, sondern er kam zu eigenen Überlegungen; er verfocht eigene Auffassungen, und durch Selbstversuche angeregt, reifte in ihm der Gedanke, daß es möglich sein könnte, mit den Stoffen, die am Gesunden bestimmte „Krankheitszeichen" und Funktionsstörungen auslösen, in größerer Verdünnung die Krankheiten zu heilen, die sich in ähnlichen, am besten deckungsgleichen Symptomen äußern. So stellte er die sogenannte „Ähnlichkeitsregel" (lateinisch Simile-Regel) auf, die besagt, daß „Ähnliches durch Ähnliches geheilt werde" (Similia similibus curentur). Diese Simile-Regel ist der Kern der Homöopathie, setzt sich doch das Wort Homöopathie aus den griechischen Wörter „homoion" (ähnlich) und „pathos" (Krankheit; „pathein" = leiden) zusammen.

Hahnemann kam rein zufällig zu dieser Anschauung. Er entdeckte in einem Selbstversuch mit peruanischer Chinarinde, von der man wußte, daß sie das Sumpffieber heilt, daß Chinin bei ihm – dem Gesunden – Fieber erzeugte. Für ihn stand fest, daß Arzneimittel in großen Gaben gerade jene Krankheit bei Gesunden hervorrufen können, die sie in kleinen Mengen bei Kranken heilen. Dieses Experiment aus dem Jahre 1790 lehrte ihn auch einen anderen Hauptsatz der Homöopathie, nämlich die Prüfung von Arzneien am Menschen. Der vorgenannte Arznei-Selbstversuch wird als die Geburtsstunde der homöopathischen Medizin betrachtet.

Im Gegensatz zu dem „Ähnlichkeitsgesetz" will die Pharmakotherapie, die „Allopathie", eine von Hahnemann geprägte Bezeichnung für die Schulmedizin, eine Heilung durch eine Vielzahl von Arzneimitteln bewirken, und zwar im Sinne der Unterdrückung krankhafter Symptome; sie ist also gegen die Beschwerden gerichtet. „Allopathie" bedeutet soviel wie „anders" oder „gegen die Krankheit" gerichtet, also „Gegenmittel-Heillehre" und stammt ab von dem griechischen Wort „allos" = anders. „Die Allopathie ist die heute überwiegend angewandte Heilmethode; sie ist Teil der wissenschaftlich exakten, auf der strengen naturwissenschaftlichen Lehre aufbauenden (Hoch-) Schulmedizin … Die Stoffe greifen wirksam in das krankhafte Geschehen ein …"[96].

Die Homöopathie geht einen anderen Weg. Hier soll die Krankheit mit demselben Stoff zum Verschwinden gebracht werden, etwa so: „Das homöopathische Arzneimittel hält den Körperzellen eine Art Spiegel vor, in dem sie erkennen, daß sie falsch funktionieren. Die körpereigenen Abwehrkräfte werden dadurch angeregt, sich mit dem ,Fehler' auseinanderzusetzen und die Krankheit an ihren Wurzeln zu packen. Damit das klappt, muß die Wirkung der Arznei am Gesunden mit dem Krankheitsbild des Patienten in möglichst vielen Punkten übereinstimmen – sonst kann sich der Körper nicht in diesem Spiegelbild wiedererkennen", so war in der Zeitschrift „Brigitte" Nr. 7, 1984 zu lesen.

Ein weiteres Prinzip der Homöopathie ist das der Verdünnung oder „Potenzierung", die Lehre von den kleinen Arzneigaben. Man will also nicht – im Gegensatz zur allopathischen Therapie – durch viele und starke Medikamente wirken, sondern durch ein ganz spezifisches, das dem Kranken nur in erheblicher Verdünnung (der „homöopathischen Dosis") dargereicht wird. Die Homöopathie beruht auf der Anschauung, daß gerade von dieser Verdünnung eine wesentliche, die Heilkräfte anregende Reiztherapie ausgeht. Kritiker der Homöopathie behaupten oft, in diesen Arzneimitteln sei nur noch „ein Molekül Wirkstoff pro Bodensee" enthalten. Das hieße also: praktisch gar nichts!

Was ist nun unter homöopathischen Potenzen zu verstehen? Das Herstellen von Verdünnungen (Verdünnen bedeutete für Hahnemann potenzieren = dynamisieren, also verstärken) erfolgt im allgemeinen nach dem Dezimalsystem (hierher rührt der Buchstabe D mit der Ziffer auf den homöopathischen Arzneien) und zwar bei Tinkturen durch Alkohol (Dilutionen) und bei nicht löslichen Stoffen durch Verabreichung mit Milchzucker (Triturationen). Die Ausgangssubstanzen heißen Urtinkturen oder Essenzen und die Verdünnung Potenzen. Der Name „Potenz" wurde von Hahnemann gewählt, weil es sich nicht nur um eine „Verdünnung", sondern um eine Steigerung der Wirkung, eine Potenzierung der Wirkung, handelt.

Nach Hahnemann waren die „Verdünnungen" keine eigentlichen Verdünnungen, sondern ein Weg, um die Arznei mit einer bestimmten Kraft zu versetzen, damit ein Heilerfolg eintreten könne. So sprach er auch von einer „Dynamisation", von einer Krafterhöhung (Potenzierung). Hahnemann führte zunächst das Zentesimalsystem ein; er verdünnte jeweils 1 Gramm Ursubstanz mit 99 Gramm des jeweiligen Verdünnungsmittels. Später ging man dazu über, statt des Zentesimalsystems das Dezimalsystem für die Herstellung von Potenzen anzuwenden. Wie es der Name sagt, wird jeweils in der Zehnerstufe verdünnt, 1 Teil mit 9 Teilen Verdünnungsmittel. Eine Verdünnung von 1:10 ist D_1, von 1:1000000 (eins zu einer Million) heißt D_6. Im Bereich bis D_6 spricht man von tiefen, über D_{12} von hohen Potenzen. Mit Hilfe der „Loschmidtschen Zahl" hat man errechnet, daß ab D_2 keine stofflichen Arzneimittel (Moleküle) mehr in den Potenzen vorhanden sind. „Man weiß, daß bei der D_{23} bereits kein einziges Molekül der Ursubstanz mehr vorhanden sein kann. Alles, was ab der D_{23} noch geschieht, ist ein rituelles Verschütteln von Alkohol ... Der echte Homöopath aber benützt die D_{30}, damit er sicher ist, daß er nicht mehr mit Materie arbeitet"[23]. Welches Wirkungsprinzip hier noch wirkt, kann nicht genau gesagt werden.

Das Prinzip der Verdünnung besagt, daß durch sie schwache und mittlere Reize ausgeübt werden, welche die Lebenstätigkeit des Patienten anfachen und fördern, wogegen die von der Schulmedizin angewandten Medikamente starke und stärkste Reize auslösen.

Schon vor Hahnemann wurden Prinzipien der Homöopathie vertreten. Etwa 400 v.Chr. erwähnte der griechische Arzt Hippokrates bereits in seinen Schriften das „Ähnlichkeitsprinzip". Der Schweizer Arzt und Alchimist Paracelsus lehrte im 16. Jahrhundert, daß der Vergleich des Ähnlichen mit dem Ähnlichen zur Entdeckung der geheimen Heilmittel führte.

Zur Homöopathie schreibt Pfeifer[117]: „Ich persönlich könnte ... keinem Patienten homöopathische Mittel verschreiben. Wer es dennoch tut, ist sich meistens nicht bewußt, welche Hintergründe diese Lehre hat. Speziell warnen möchte ich vor Mitteln, die über die Potenz D_6 hinausgehen, gibt es doch über diese Grenze nur noch okkulte Erklärungen für deren Wirkung." „Stellt schon die Tatsache, daß in den Medikamenten ‚nichts‘ von dem, was die Aufschrift verspricht, enthalten ist, vor einige Probleme, so vergrößert die Dosierung die Verwirrung noch um einiges. Bekommt ein Patient zum Beispiel eine D_6 verschrieben, so muß er von dieser eventuell alle 2 Stunden eine Gabe nehmen – eine Gabe = immer sieben Tropfen oder sieben Globuli ... Von einem Medikament in der dreißigsten Potenz (D_{30}) darf er nur einmal am Tag eine Gabe einnehmen, eine D_{200} bekommt er nur ein einziges Mal und dann sechs Wochen kein weiteres Medikament. Es ist für einen an Tablettenkonsum gewöhnten Bürger ein sehr eigenartiges Gefühl, von einem Medikament sieben Tropfen zu erhalten und zu hören, er möge sich nach sechs Wochen wieder einmal melden – und das bei einer D_{200}, ‚wo doch schon so lange gar nichts mehr drin ist‘.

Die Verwirrung steigert sich noch, wenn man erlebt, daß ein Homöopath einer Frau das gleiche Medikament, das ihrem Ehemann so gut bei seiner Mandelentzündung geholfen hat, nun gegen ihre Krampfadern verschreibt. Dafür bekommt die Ehefrau bei der nächsten Mandelentzündung wieder ein gänzlich anderes Mittel. So fällt es auch auf, daß auf den Medikamenten keinerlei Hinweise zu finden sind, wo sie helfen"[23].

Bezüglich der Wirkung dieser extrem hohen Verdünnungen (der sog. „Hochpotenzen") erklären die Homöopathen (zit. bei[12]): „Bei jeder Stufe der Verdünnung wird das die Substanz enthaltende Fläschchen kräftig geschüttelt. Dies geschieht heute noch teils manuell, teils aber auch rein maschinell. Feste Stoffe werden pulverisiert (Trituration) und auf diesem Weg verdünnt und gleichzeitig geschüttelt. Feinstoffliche Kraft und Energie strömt durch den Schüttelprozeß von außen in die hochverdünnte Flüssigkeit."

In dem Informationsbüchlein über Homöopathie, herausgegeben von der „Deutsche Homöopathie-Union", wird gesagt: „Mit der Höhe der Potenz wächst der Verdünnungsgrad und entsprechend nimmt die Menge des Arzneiträgers (Alkohol, Milchzucker) zu und der Arzneigehalt ab." Die Homöopathen sehen diese feinstoffliche Energie identisch mit kosmischer Kraft. Hahnemann selbst hat auch von seinen Mitteln gesagt, daß diese nicht „chemisch" sondern „dynamisch" wirken, daß also besondere Kräfte auf die Arzneimittel einwirken. „Dynamisch" nennt Hahnemann auch die Schwerkraft und die Anziehung des Eisens durch den Magneten. Er bejaht in seiner Heillehre auch magnetische Kräfte, wie sie Mesmer ausgeübt hat.

„Die nähere Begründung dieser Theorie und die weiteren Zusammenhänge zeigen, daß die Homöopathie tief in Magie und Okkultismus verwurzelt ist. Diese Kräfte gehören nämlich in den Bereich des Okkultismus und sind auch wissenschaftlich nicht nachweisbar ... Von besonderer Bedeutung ist, daß er (Hahnemann) in der ‚Heilkunde der Erfahrung' die ‚dynamischen' Arzneimittel zusammen mit dem Mesmerismus erwähnt, denn bei diesem Mesmerismus (dem Heilmagnetismus seines Zeitgenossen Mesmer) handelt es sich um satanische Kräfte"[96]. Daß Hahnemann selbst die Methode des spiritistischen Magnetismus Mesmers praktizierte, bestätigen Nachforschungen Tischners (zit.b.[96]): „Wie ich aus Briefen feststellen konnte, hat er ihn in der Tat bei seinen Kranken angewendet oder bei seinen auswärtigen Kranken anwenden lassen."

Was steht nun eigentlich hinter den homöopathischen Mitteln? „Hinter diesen Medikamenten steht die Idee von der kosmischen Kraft. Kosmische Kraft deutet auf eine okkulte Weltanschauung hin. Kosmische Kraft, angeboten von der Weißen und Schwarzen Magie, dem Yoga, der Radiästhesie, der Antroposophie u.a.m. kann nie identisch sein mit Gottes Kraft"[12].

Tischner schreibt (zit.b.[96]): „Was das besagen will, lernt man am besten aus dem Aufsatz (von Hahnemann) ‚Wie können kleine Gaben ... noch große Kraft haben?' Wenn man in einen großen See einen Tropfen Arznei fallen lasse, könne man nicht durch intensive Mischung eine Arznei daraus machen, die Arzneikraft gehe darin bald zugrunde. Erst das starke Schütteln der Flüssigkeit und Reiben der Pulver in kleinen Mengen entwickle die Arzneikräfte."

Mithin sind also besondere Einwirkungen (geheime Kräfte) bei der Herstellung homöopathischer Mittel erforderlich! Da also durch die ungeheuer starke Verdünnung kein Heilerfolg erzielt werden kann, muß der angebliche Heilerfolg nur einer besonderen Kraft zugeschrieben werden. „In diesem Zusammenhang hat Hahnemann spiritualistische Auffassungen über das geistartige Wesen der Arznei und der Krankheit vertreten ...

Bei der Herstellung der homöopathischen Dosen fließt nach Hahnemann eine Kraft aus der Person des Herstellers auf geheimnisvolle Weise in die homöopathische Medizin ein ... Durch die Art und Weise, wie die Krafterhöhung in die verdünnte Medizin kommt, wird das Okkulte der homöopathischen Behandlungsweise deutlich ... Hahnemann nahm an, daß die Armkraft, welche er beim Verreiben fester Substanzen durch die Reibung oder beim Verdünnen der Flüssigkeiten in Form der Schüttelschläge verbraucht habe, in die Arznei übergehe, ihr eine Kraft verleihe, welche sie vorher nicht besessen habe, sie also potenziere, beseele"[96]. Diese Kraft wurde lt. Meyers Konversationslexikon als „Hahnemannismus" bezeichnet.

„Bestimmte Äußerungen von Hahnemann lassen den Schluß zu, daß Hahnemann überhaupt eine rein spiritualistische Krankheitsauffassung gehabt hat. In § 31 seines Hauptwerkes ‚Organon' äußert er, die Krankheiten seien ‚bloß geistartige, dynamische Verstimmung des Lebens'. Spiritualistisch ist auch die Theorie von Hahnemann, über die geistige Wirkung der Arzneimittel, daß sich nämlich die angewandte Arznei durch die ungeheure Verdünnung (der sogenannten ‚Dynamisation') ‚zuletzt gänzlich in ihr individuelles geistartiges Wesen auflöse' ... Im ‚Organon' betont Hahnemann selbst, durch die mechanische Bearbeitung werde die Arzneisubstanz mittels immer höherer ‚Dynamisation endlich ganz zu geistartiger Arzneikraft subtilisiert' ... Es handelt sich also um eine Lehre über die Vergeistigung der Materie. Hier haben wir wirklich eine spiritualistische Auffassung in reinster Form"[96].

„Eine interessante Beobachtung, die vielleicht den Zweiflern unter den Lesern weiterhelfen mag, ist die, daß Depressionen gehäuft in Familien vorkommen, in welchen homöopathische Mittel eingenommen werden.

Besonders synkretistisch, ja gotteslästerlich erscheint uns die Behauptung, kosmische Kraft sei identisch mit Gottes Kraft. Wenn von christlichen Publizisten der Odem Gottes, welcher in Psalm 104 beschrieben wird, mit kosmischer Kraft und kosmischer Energie gleichgesetzt wird, zeigt dies nur Verwirrung im geistlichen Bereich in unseren endzeitlichen Tagen auf: ‚Darum wird ihnen Gott kräftige Irrtümer senden, daß sie glauben der Lüge' (2. Thessalonicher 2,11). Für uns aber, die wir Christus treu und ganz nachfolgen wollen, steht das Wort: ‚Denn das Wort vom Kreuz ist eine Torheit denen, die verloren werden, uns aber, die wir selig werden, ist's eine Gotteskraft' (1. Korinther 1,18)".

Die Homöopathie ist dem Mesmerismus innerlich verwandt; bei beiden gehen geheimnisvolle Kräfte auf den Kranken über. Hahnemann hat eine dem Magnetismus ähnliche Heilmethode entwickelt, die „ebenfalls von okkulten Kräften ausgeht". „Diese Zusammenhänge zeigen das eigentliche Wesen der Homöopathie"[96].

„Auch von dem Begründer der Anthroposophie, Rudolf Steiner, der als Kind okkulte Erlebnisse, Verkehr mit Verstorbenen und Naturgeistern hatte, wurde die homöopathische Heilweise, die der geistigen Ausrüstung der Anthroposophie entgegenkam, übernommen und hat dort in der homöopathischen Weleda-Medizin eine neue Variante erhalten"[125].

Vor finsteren Mächten soll hier gewarnt werden, zeigt doch unsere Zeit ein bisher unbekanntes Angebot an fremden Religionen und Ideologien. Wieviel Menschen – auch Gläubige – suchen Heilung in Dingen, deren bösen Hintergrund sie nicht sehen. Lassen wir uns nicht von Äußerlichkeiten und eventuellen Erfolgen blenden! Greifen wir nicht zu verbotenen Mitteln, wenn es in Krankheitsfällen um die Heilung des Leibes geht! Bedenken wir, daß unser Leib heilig und ein Tempel des heiligen Geistes sein soll. Ein gläubiger Mensch weiß sich geborgen in der Hand Gottes. Gott ist unser Arzt!

Akupunktur –
nur ein Wirrwarr von Nadeln?

Warum steckt heute die „Schulmedizin" in einer „Vertrauenskrise" und warum neigen immer mehr Patienten, insbesondere wenn sie schwer erkrankt sind, dem Magischen zu? Warum ist man „esoterischen Dingen" gegenüber immer toleranter? Liegt es daran, daß die Medizin eine Zeitlang vergessen hat, daß bei einer Therapie immer der ganze Mensch zu behandeln ist? Auch von der Heiligen Schrift her kennt man keine Trennung von Körper und Seele! Warum ist ein Vertrauensschwund der Patienten gegenüber den Ärzten ganz allgemein feststellbar?

Liegt es daran, daß der Mensch heute mehr einer menschlich-ärztlichen oder priesterlich-ärztlichen Zuwendung bedarf? Die Zahl der Menschen in Not nimmt zu. Viele unter uns reagieren auf „die Entmythologisierung der technischen Medizin" mit einem tiefen Fall in den Okkultismus. Man wendet sich häufiger den faszinierenden Außenseitermethoden – sogenannten alternativen Heilmethoden – zu, passen doch diese Praktiken in den Zeitgeist, ist die Anwendung doch angeblich frei von Nebenwirkungen, helfen sie doch irgendwie in aussichtslosen Situationen. Auch der Trend „zurück zur Natur" herrscht heute vor. Viele angepriesene Heilmethoden aber haben nichts mit „Naturmedizin" zu tun! Mittels parapsychischer Kräfte, die wir eben noch nicht erfassen können, versucht man in das Kranksein eines Menschen einzugreifen.

Aber auch die Schulmedizin bedient sich im wahrsten Sinne des Wortes der „Naturheilkunde". So ist eine Diätbehandlung nichts anderes als angewandte Naturheilkunde, insbesondere gilt dies für die physikalische Medizin. Demgegenüber kann beispielsweise nicht be-

hauptet werden, daß die Akupunktur eine Naturheil-
methode ist. Sie ist den Naturheilverfahren nicht zuzuordnen, wie die Verfechter der sogenannten Außenseitermethoden immer wieder behaupten. Auch die Pa-
role „Wer heilt, hat recht!" ist unhaltbar! Die Akupunktur ist als eine Heilmethode aus dem Fernen Osten zu
uns gelangt. Wir wollen im Folgenden sehen, was hinter
dieser Methode steckt, die in aller Munde ist. Ist die
Akupunktur – von der selbst Befürworter schreiben,
daß bei ihr suggestive Faktoren nicht mit Sicherheit aus-
zuschließen sind – als eine Hypnose zu werten oder ist
sie gar als reine Scharlatanerie abzutun? Oder gibt es
eventuell inzwischen einen wissenschaftlich möglichen
Nachweis für die Effizienz der Akupunktur?

In den letzten Jahren wurde viel über Akupunktur gesprochen. Zeitungen und Illustrierte berichten mit sen-
sationeller Aufmachung über schmerzfreie Operationen durch die kleinen Nadeln. Akupunktur ist vielfach
zu einer Modetherapie geworden, wobei entweder die
herkömmliche Körperakupunktur oder eine auf das
Ohr beschränkte Nadelung praktiziert wird. Es gibt
aber auch noch andere Varianten. Viele Ärzte aus dem
Westen reisen nach China, um die Kunst des „Nadelns"
(= Nadeln aus verschiedenem Material in den Körper
einzustechen) zu erlernen. Nach Prokop und Seidel[122]
dürfte die Akupunktur 1683 von dem holländischen
Arzt Wilhelm ten Rhyne von Japan nach Europa gebracht worden sein. Und im Jahre 1845 beschrieb der
Berliner Chirurg J.F. Dieffenbach die Akupunktur als
ein „altes chinesisches, neugewordenes europäisches,
wundertätiges, gepriesenes, unwirksam gefundenes,
fast wieder vergessenes Mittel."

Die chinesische Medizin ist sehr alt. Die alte chinesische Akupunkturlehre beschreibt „eine große Fülle em-
pirischen Medizinwissens", und man ist „bemüht, dieses Wissen von unnötigem, mysthischen Ballast zu befreien", wie M. Gruber aus Innsbruck auf der Natura 80
in Basel darlegte.

Zum Lehrplan der Akupunktur gehört u.a. die Yin-Yang-Theorie „als dem globalen Prinzip aller Abläufe im Universum überhaupt, dem der Mensch als ein Mikrokosmos im ständigen Wandel mit seiner Umwelt – dem Makrokosmos – unterworfen ist. Die chinesische ‚Organ'-Theorie beschreibt weniger das anatomisch-histologische Substrat wie wir es sehen, sondern die biologische Funktion in somatischer und psychischer Hinsicht. (Auch uns ist diese Auffassung seit Freud, Adler, Jung nicht mehr fremd.)

Die Theorie von den Meridianen schließlich beschreibt mit einem nemo-technischen Denkmodell funktionelle Zusammenhänge zwischen Körperoberfläche und den Organen im Innern, die über Jahrtausende empirisch erfaßt worden sind"[39].

In einem Merkblatt der Deutschen Ärztegesellschaft für Akupunktur e.V. wird folgende Definition gegeben: „Die Akupunktur ist eine Heilmethode zur Behandlung innerer und äußerer Erkrankungen, ungenügender Körperleistungen und funktioneller Störungen über bestimmte Punkte der Hautoberfläche. Durch Einführen von feinen Nadeln in diese Akupunkturpunkte kommen Heilreize zustande, die auf dem Nervenwege nach entfernten Körperstellen oder tiefergelegenen Organen gelangen und dort eine Umstimmung herbeiführen."

Die Akupunktur geht auf die allerfrühesten Ärzte zurück, „wahrscheinlich auf spiritistische Schamanen"[117]. „Der Kampf gegen die vermeintlichen Dämonen im Körper eines Kranken hatte letzteren vielleicht den Gedanken eingegeben, die bösen Geister durch Einstiche mit Nadeln zu vertreiben"[155]. Die Stiche in die Haut erfolgen an charakteristischen Punkten, die an sog. „Meridianen" liegen. Akupunktur leitet sich aus den lateinischen Wörtern acus (Nadel) und punctus (Punkt) bzw. punktum (Stich) ab. Unter „Meridianen eines Organs" versteht man nach Krötlinger[80] „formal eine Verbindungslinie, die sich über eine Reihe von chinesischen Punkten hinzieht. Die Punkte stehen in Beziehung zu einem Organ, die sich dadurch äußert, daß bei einer Funktionsstörung oder einer Organerkrankung ein oder mehrere Meridianpunkte schmerzhaft werden."

„Die Akupunktur basiert auf der Vorstellung, daß definierte Punkte auf der Körperoberfläche mit jeweils bestimmten Organsystemen in Verbindung stehen und der Einstich von Nadeln in diese Akupunkturpunkte die Organfunktionen beeinflussen kann. Dabei sind 361 Punkte der klassischen Körperakupunktur gemäß ihrer Zugehörigkeit zu den Korrespondenzorganen durch das System der Meridiane untereinander und mit diesen verbunden. Der im Erkrankungsfall gestörte Fluß der Lebensenergie ‚Chi‘ in den Meridianen wird durch den Einstich der Akupunkturnadeln normalisiert, das Zusammenwirken der Organsysteme harmonisiert und damit die Gesundung eingeleitet"[2].

„‚Energie‘ bedeutet in der Akupunktur u.a. die Stärke der gesamten Funktionsabläufe im Körper. Der Begriff ist nicht naturwissenschaftlich, also nicht identisch mit mechanischer oder physikalischer Energie. Er umschreibt etwa, was Hufeland im 18. Jahrhundert mit ‚Lebenskraft‘ meinte"[132].

Die chinesische Akupunktur geht also davon aus, daß sich diese „vitale Energie" auf ganz bestimmten Bahnen im Körper bewegt, den sogenannten Meridianen. Auf diese Meridiane wirken in feststehender Richtung Yin- und Yang-Kräfte. Aber „es existiert kein spezifisches anatomisches oder physiologisches Korrelat für das Akupunktur- und Meridiansystem. Angebliche Nachweise spezifischer anatomischer Strukturen hielten einer wissenschaftlichen Überprüfung nicht stand. Die verschiedenen Meßverfahren zum Nachweis und zur Suche der Akupunkturpunkte sind nicht überzeugend und mit vielerlei Fehlermöglichkeiten behaftet.

Die spezifische Verbindung der Akupunkturpunkte zu den ihnen zugeordneten Organen und die daraus abgeleitete spezifische Wirkung der Nadelung bestimmter Punkte ist rein hypothetisch. Die Reproduzierbarkeit des therapeutischen Effektes ist bislang nicht überzeugend in kontrollierten wissenschaftlichen Untersuchungen belegt worden"[2].

„Die Akupunkturlinien und -punkte stehen in keinem Zusammenhang mit Nervenbahnen, Lymph- und Blutgefäßen, und es gibt verschiedene Schulen unterschiedlicher Nadelungslehren mit verschiedenen Theorien, für die kein anatomisches oder physiologisches Substrat vorliegt"[120].

Die ursprüngliche Geistertheorie wurde von späteren chinesischen Gelehrten verlassen, und sie bauten statt dessen die Akupunktur in ihre astrologischen Systeme ein[131]. Die Akupunktur hat philosophische Hintergründe, insbesondere zum Taoismus. So halten auch viele Autoren eine Berücksichtigung der chinesischen Naturphilosophie für unerläßlich[118, 133].

„Der Taoismus ist eine alte chinesische Religion, die auf den sagenumwobenen Philosophen Lao- Tse zurückgeht ... Schon lange vor Lao- Tse gab es im alten China Spekulationen über die Naturkraft, die diese Welt hervorgebracht hat. Diese kosmische Kraft nannten sie Tao, und ihre verschiedenen Auswirkungen führten sie auf die beiden Kräfte Yin und Yang zurück ... Yang ist das Symbol der Wärme, der Kraft, der Männlichkeit. Yin hingegen steht für Kälte, Schwäche, für das Weibliche ... Tao bedeutet nichts anderes als ‚den Weg des Universums'. Tao ist das erste und wichtigste Prinzip und steht damit über Gott selbst. Es ist die ‚universelle kosmische Energie hinter allen natürlichen Ordnungen' ... Das Tao hat zwei Gesichter, Yin und Yang. Sie sind einander entgegengesetzt und doch eins. Es gibt im Taoismus nicht, wie die Bibel es lehrt, die beiden widerstreitenden Kräfte von Licht und Finsternis, von Gott und Satan. Gut und Böse kommen aus derselben Quelle. Yin und Yang haben Beziehungen zu den Sternbildern und zu den Naturelementen (Feuer, Holz, Wasser etc.), zu den Jahreszeiten und zu den Farben, zu unseren Gemütsregungen und zu unseren Körperfunktionen. Wiederholt haben chinesische Philosophen Systeme entworfen, die alle diese Beziehungen einordnen[36]. So teilten sie auch den Körper in acht Teile, denen sie acht Zeichen zuordneten. Diese bestehen aus kurzen und langen Balken, die in drei Lagen übereinander angeordnet sind und deshalb auch Trigramme genannt werden. Sie wurden früher vor allem von den Meistern der Orakelkunst gebraucht, um Diagnosen zu stellen. Heute findet man sie immer wieder in den Akupunkturbüchern abgebildet ... Ein weiteres Element des Taoismus war die Meditation ... Gesundheit und Unbesiegbarkeit durch Meditation – wer wird da nicht an die Versprechungen des Maharishi Mahesh Yogi mit seinem Programm der Transzendentalen Meditation erinnert? Immer wieder und unter immer neuem Gesicht bieten okkulte Heilslehren dem Menschen an, wovon er schon lange träumt! Doch was nützt es dem Menschen, wenn er die ganze Welt gewinnt, und dabei doch Schaden an seiner Seele nimmt?"[117]. Man muß die Akupunktur den „parawissenschaftlichen Praktiken" zuordnen! Sie gehört nicht zu den Naturheilverfahren.

Immer mehr Menschen öffnen sich den östlichen Heilslehren, und es ist unverkennbar, „daß eine Welle von Okkultismus über die Welt hinwegzieht, und es ist auch unverkennbar, daß er die westliche Welt in ungleich stärkerem Ausmaß heimgesucht hat. Das Erscheinungsbild kann als bedrohlich bezeichnet werden – seit die Parapsychologie durch Arbeitsgemeinschaften und selbst durch Etablierung an Hochschulen an Raum gewonnen hat. Die naturwissenschaftlichen Fächer – z. T. völlig unvertraut mit den verschiedenen Erscheinungsformen der pseudorational aufgemachten Magie, stehen dem entweder fassungslos gegenüber oder gleichgültig"[120].

Ärzte wie Heilpraktiker, die Akupunktur praktizieren, fühlen sich mit dem philosophischen und okkulten Ballast nicht immer wohl. Man versucht seine Therapie zu rechtfertigen und den okkulten Hintergrund der

170

Akupunktur zu verharmlosen. Auch Dr. Bischko vom Ludwig-Boltzmann-Institut für Akupunktur in Wien versucht „die Akupunktur zu entmystifizieren, möchte aber die Begriffe beibehalten, weil sie ‚weit über unsere enggefaßten Synonyme hinausgehen‘"[7, 117].

„Andere Akupunkteure haben sich völlig von der Mutter ihrer Kunst, von der taoistischen Philosophie abgewandt. ‚Vergessen Sie die alten Lehren des Taoismus ... Was wir heute mit unsern Nadeln bewirken, beruht auf der Stimulierung des vegetativen Nervensystems. Yin entspricht dem Parasympathikus, Yang dem Sympathikus. Die alten Chinesen haben dieses System in genialer Weise erkannt, haben es aber mangels besseren Wissens in ihre Philosophie eingebaut‘. Diese Ansicht wird vor allem von naturwissenschaftlich ausgebildeten Ärzten vertreten, die eine gewisse Wirkung nicht leugnen wollen, sich sonst aber von Okkultismus und Aberglauben freihalten möchten. Solche Akupunktur-Ärzte zu finden, gleicht der Suche nach einer Stecknadel im Heuhaufen, denn ... ‚Neunzig Prozent aller Akupunkteure arbeiten mit okkulten Mitteln‘ ... Für viele Parapsychologen und Spiritisten ist die Akupunktur ein Beweis ihrer okkulten Lehren. Und immer mehr Menschen glauben ihnen unter dem Eindruck der Erfolgsmeldungen, die überall veröffentlicht werden ... An dem von Dr. Bischko geleiteten Ludwig-Boltzmann-Institut in Wien wird unter anderem auch mit dem Pendel ‚Forschung‘ betrieben"[117].

Bischko sagt selbst[8], daß man nicht alles über die gesamte Wirkungsweise der Akupunktur weiß, ebenso noch relativ wenig über die Punkte der Akupunktur und daß das Hauptinteresse im Westen der spektakulären Akupunktur-Analgesie, also der Schmerzbekämpfung galt, daß die Patienten in ihrer Mehrzahl angeben, „ein Gefühl der Wärme, Schwere, Taubheit etc. von den gesetzten und stimulierten Nadeln ausgehend zu verspüren. An diesen letzten Punkten hakten die mittlerweile auf den Plan getretenen Kritiker sofort ein. Da dieses

Gefühl dem der Einleitungsphase einer Hypnose nahezu entspricht, wurde vielfach die Akupunktur-Analgesie als eine induzierte Hypnose bezeichnet. Zudem kam noch, daß der die Akupunktur-Analgesie Durchführende natürlich mit dem wachen Patienten sprach und Fragen stellte. Dies schien die Hypnosetheorie nur noch zu erhärten, schließlich sind schon zahlreiche Operationen in Hypnose durchgeführt worden"[8]. So haben also die Forscher nicht unrecht, die die Wirkung der Akupunktur auf Hypnose und Suggestion zurückführen[163, 164]. Und wie groß „die Faszination durch eine bei einem Patienten eintretende Analgesie oder ‚Heilung' auch für den Arzt sein kann, zeigt uns wiederum die Medizingeschichte bei Mesmer selbst".

Die Akupunktur bleibt eben der Magie verhaftet, und Jores hat dies 1956 völlig richtig eingeschätzt, indem er die Wirkung solcher und ähnlicher Verfahren beschreibt und sagt: „Magische Wirkung wird gefördert:

1. wenn die Hingabebereitschaft des Patienten groß ist, er selbst noch in magischen Vorstellungen lebt;

2. wenn der Arzt von der Richtigkeit seines Handelns überzeugt ist und auch selbst magische Vorstellungen von dunklen und unerkannten Kräften hat;

3. wenn die getroffene Maßnahme neu ist, aus dem Ausland stammt, unmittelbare Manipulationen am Patienten erfordert und von ihm ein seinen Verhältnissen nach nicht unerhebliches Geldopfer verlangt"[120].

Von den Kritikern wird nicht in Abrede gestellt, daß man mit der Akupunktur auch Erfolge erzielen kann. Bei diesen Erfolgen handelt es sich jedoch, wie Frau Prof. Oepen sagt, „um unspezifische Wirkungen, d.h. um Effekte, die auch mit anderen Mitteln erreichbar sind"[175]. Und wenn von großen Erfolgen bei der Akupunktur gesprochen wird, „sollte man nicht vergessen, daß auch noch andere Faktoren zur Genesung beigetragen haben oder daß es zu einer Spontanheilung – wie es die Mediziner nennen – gekommen ist, d.h. die Krankheit ist von ganz allein überwunden worden"[175].

Das bisher Dargelegte dürfte schon deutlich gemacht haben, wie man als Christ die Akupunktur beurteilen kann und ob man sich als Christ von einem Akupunkteur behandeln lassen sollte. Sicherlich können nicht alle Wirkungen der Akupunktur dämonischen Kräften in die Schuhe geschoben werden. Sehr viele Ärzte, die sich mit der Akupunktur befassen, wollen nichts von den Hintergründen wissen, kennen sie vielleicht überhaupt nicht. Aber ein großer Teil der Ärzte geht gefährliche Wege. Bis „zu 90% rechnen mit der Wirkung okkulter Kräfte"[117]. Koch sieht hinter den Erfolgen der Akupunktur als wichtige Kraft den medialen Faktor[69].

Guttmann[40] weist die „verhängnisvollen Irrwege" an Beispielen nach, so z.B. wie zahlreiche Ärzte und Heilpraktiker mit der „Elektroakupunktur" arbeiten.

Auch diese Methode beruht auf den Theorien der klassischen chinesischen Akupunktur. Ausgehend von den Vorstellungen, daß das Einstechen der Akupunkturnadeln Energie zuführe oder sie ableitet, entwickelte ein deutscher Arzt ein modernes Akupunkturverfahren, indem er Mystik in Meßtechnik verwandelte. Man entwickelte Apparaturen, aus deren Meßwerten angeblich eine exakte Diagnose und eine ebenso sichere Therapie möglich ist. Der ideale Normwert soll bei 50 liegen; Werte unter 50 werden als degeneratives Geschehen gedeutet, Werte über 80 sollen besagen, daß eine Entzündung vorliegt. Der Meßgriffel ist nicht viel größer als ein Kugelschreiber, mit dessen Hilfe durch Druck auf die Haut die Akupunkturpunkte geortet werden. Über diese Punkte kann mit Hilfe niederfrequenter Stromimpulse Energie zugeführt oder abgeleitet werden; Nadeln sind bei dieser Technik also nicht erforderlich. Das Prinzip der Elektro-Akupunktur-Ausgangsbasis aber ist die Kenntnis der Theorien der chinesischen Akupunktur und der Akupunkturpunkte sowie das Wissen um die Vorstellungen über das energetische Gleichgewicht.

„Mit diesem Gerät wird ‚diagnostiziert'. Man prüft

die Wirksamkeit homöopathischer Hochpotenzen: zuerst wird mit dem Apparat an bestimmten Akupunkturpunkten eine organische Dysfunktion festgestellt (Prinzip des Apparates: Hautwiderstandsmessung) – es erfolgt ein bestimmter Zeigerausschlag. Dann wird dem Patienten ein Medikament (z.B. in Ampullen) in die Hand gegeben und nochmals gemessen. Wurde die ‚Krankheitsstrahlung‘ durch das Medikament ‚ausgelöscht‘, so war das Medikament richtig"[120].

Bei der Elektroakupunktur wird also über biologisch aktive Punkte und sensible reflektorische Zonen mit Hilfe von Elektroden ein schwacher Gleich- oder Impuls-Strom geleitet.

Eine weitere spektakuläre Methode ist die Ohrakupunktur. Nach Vorstellungen der „Aurikulo-Mediziner" soll die Ohrmuschel das Abbild eines auf dem Kopfe stehenden Embryos mit der Wirbelsäule, den Organen und Extremitäten sein.

Persönlich habe ich mit der Akupunktur keine Erfahrung. Aber das, was ich zuvor von Prokop zitierte, stimmt mit dem überein, was ich selber bei einem namhaften Akupunktur-Kollegen erlebte, als ich diesen einmal aufsuchte und bei der Behandlung von Patienten beobachten durfte. Der Ablauf entsprach genau der vorhergehenden Schilderung. Auffallend für mich war außerdem die zusätzliche „Auspendelung von Medikamenten". Dies zeigt mir, daß so mancher Arzt gefährliche Wege geht, weil er sich bei der Akupunktur in Bereiche begibt, die er vielleicht nicht mehr kontrollieren kann.

Was die Schulmedizin zur Akupunktur sagt, wurde zum Teil schon ausgeführt. Aber einige weitere Aussagen scheinen mir wichtig zu sein, weil ein wissenschaftlich ausgebildeter Arzt über die Widersprüche stolpern muß.

So schreib Prof. Oepen, daß „es notwendig erscheint, die Gründe für die Kritik an der Akupunktur ... erneut aufzuführen. Denn es geht hier nicht um private Glaubensvorstellungen, sondern um Belange Dritter, um Interessen der Patienten ... Das Risiko besteht vor allem darin, daß die Anwender der Akupunktur – ebenso wie die anderen paramedizinischen Methoden – in einer Weise ‚großzügig‘ sind, die zu Bedenken Anlaß gibt. Die beanstandete Haltung äußert sich in der überzogenen Indikationsliste ihrer Methoden, in der Leugnung jeglicher Gefahren bei ihrer Anwendung ..., in der fehlenden oder inadäquaten Reaktion gegenüber begründeter Kritik ... und in unkollegialem Verhalten. Dieses zeigt sich nicht nur gegenüber den Kritikern, die eingeschüchtert werden sollen, sondern auch in unsachlichen Querelen innerhalb der eigenen Gruppe"[112].

„Die Bedeutung der therapeutischen Akupunktur ist weiterhin höchst umstritten. Es liegen zwar eine große Zahl teilweise unkritischer Erfahrungsberichte über die erfolgreiche Anwendung der therapeutischen Akupunktur vor, sie genügen jedoch nicht den Ansprüchen kontrollierter wissenschaftlicher Untersuchungen. So gilt die Akupunktur in unserem Land weithin als ‚unwissenschaftliches, paramedizinisches Verfahren‘ ... Die Akademie der Wissenschaften der Deutschen Demokratischen Republik lehnt nicht nur die Anwendung der Akupunktur, sondern auch deren Erforschung kategorisch als absolut entbehrlich ab"[2].

Zu den heute so viel diskutierten Fragen der Akupunktur hat vorgenannte Akademie in Med.akt. 6, 1980, S. 385 (Hefte 1, 7, 9) eine kritische Stellungnahme veröffentlicht (zit. bei[24]):

„Die Akupunkturlehren fußen auf der Annahme spezieller Punkte auf der menschlichen Haut. Die Punkte sollen auf besonderen, unsichtbaren Leitlinien, den sog. ‚Meridianen‘ liegen. Die Akupunkturpunkte sollen ferner mit Organen zu bestimmten Tageszeiten in Korrespondenz stehen. Ein zeitlich begrenztes Anstechen dieser Punkte soll zur Heilung der verschiedensten Krankheiten führen. Hierbei ist nach den Akupunkturlehren das Metall, aus dem die Nadel gefertigt ist, ebenso von Bedeutung wie die Art der Bewegung (Drehen) der Nadeln, die auch mit Strom, ja sogar Musik, beschickt werden. Je nach Lehre sollen die Punkte entweder über den Körper verteilt oder auf der Ohrmuschel lokalisiert ('Aurikulotherapie') sein. Daneben gibt es die Zungen- und Fußsohlenakupunktur. Nachdem besonders in Westeuropa unter Beteiligung einiger Ärztevereinigungen wie auch Laienbehandlern sowie durch Tagespresse, Illustrierte und Fernsehsendungen in der Bevölkerung und z.T. auch bei einigen Ärzten Unsicherheit erregt wurde, sieht sich die Klasse Medizin nach eingehender Prüfung veranlaßt festzustellen:

● Akupunkturpunkte sind der Wissenschaft unbekannt, und ihre Existenz ist noch nicht einmal wahrscheinlich gemacht worden. Ihre angebliche Topographie ist bei den verschiedenen Akupunkturlehren gänzlich unterschiedlich angezeigt.

● Alle Verfahren, die Punkte histologisch zu beweisen oder mittels Widerstandsmessung aufzufinden, können nicht überzeugen.

● Der Akupunktureffekt ist punktunabhängig. Er liegt im Rahmen der Effekte, die auch durch andere suggestive Verfahren erreichbar sind, und ist daher mit der Erwartungshaltung der Kranken korreliert.

● Eine Behandlung von schweren Krankheiten, so Infektionskrankheiten, Organerkrankungen, Systemerkrankungen, Tumorleiden oder Erkrankungen von Sinnesorganen mittels Akupunktur ist nicht möglich.

● Es ist seuchenhygienisch äußerst bedenklich, wenn beispielsweise die Shigellose zu den durch Akupunktur zu beeinflussenden Erkrankungen gezählt wird.

● Die Heranziehung der Akupunktur zur Narkose leistet nicht mehr als andere Verfahren, die auf Hypnose, Suggestion und Autosuggestion beruhen oder sich der hysteroiden Grenzsituation des Patienten vor der Operation bedienen. Die elektrische Durchflutung des Körpers oder Kopfes irgendeiner Art (Elektronarkose, Elektroanästhesie) hat nichts mit der Akupunktur zu tun. Ebenso ist eine Beziehung zu den endogenen Mediatoren nicht erwiesen.

● Es gibt zur Zeit keine Veranlassung, eine Bereitstellung von Mitteln zur Akupunkturforschung zu empfehlen, wie auch eine Unterrichtung der Akupunktur bei der Ausbildung der Ärzte absolut entbehrlich ist."

Die schwedische Sozialbehörde will eine Verschärfung des 1960 erlassenen „Gesetzes gegen Quacksalberei" erreichen. Unter anderem sollen Akupunktur, Handauflegen, Augendiagnose, Zonentherapie und Hypnose verboten werden.

Akupunkturpunkte konnten bisher histologisch nicht nachgewiesen werden[111, 112]. Der angeblich gelungene histologische Beweis von Akupunkturpunkten durch Kellner[62] wird vom Untersucher selbst durch die Äußerung relativiert: „Ähnliche Verhältnisse wie bei den Akupunkturstellen haben wir bei der neutralen Haut." Diese Veröffentlichung wird dennoch „immer wieder als Beweis für den histologischen Nachweis eines Akupunkturpunktes angeführt"[113]. Kellner hat außerdem selbst an Professor Prokop bezüglich der Frage, ob „die Existenz von Akupunkturpunkten bewiesen" sei, geschrieben, daß er dies „nur mit einem klaren Nein" beantworten könne (zit. bei[111]).

Bei den Feststellungen von Endorphin- und Serotonin-Ausschüttungen nach Akupunktur handelt es sich um unspezifische Effekte[112, 121]. Die unerläßliche Forderung gegenüber der Akupunktur als Therapiemethode, „wenigstens einen Punkt oder Meridian und deren Organbezogenheit überzeugend nachzuweisen, konnte bisher von den Anhängern der Akupunktur nicht erbracht werden"[112]. Der in Akupunktur-Kreisen anerkannte Experte Herget[52] schreibt, daß „Meridiane mit unseren naturwissenschaftlichen Methoden nicht beweisbar, sondern als hypothetische Linien anzusehen sind."

Es steht also immer noch der Beweis aus, daß es überhaupt Akupunkturpunkte und Meridiane gibt. Widersprüchlich auch sind die Angaben über die Größe der Akupunkturpunkte. Sie schwanken von 1mm² (Herget[53]) bis zu 9 mm² (Bischko[6]). Auch das Temperaturverhalten der Akupunkturpunkte ist unterschiedlich, nach Herget strahlen diese Wärme ab, nach Thalmann[150] sollen sie um 0,3 bis 1°C kühler als die umgebende Haut sein. Widersprüchlich sind weiterhin die Angaben über die erforderliche Einstichtiefe (1 bis 7,5 cm) sowie die Höchstzahl der Nadeln[74].

„Eine Inkonsequenz auch prominenter Akupunkturärzte" ergibt sich hieraus, weil behauptet wird, daß die Akupunkturpunkte in der Haut lokalisiert seien, man die Nadeln aber dennoch bis 7 cm und tiefer sticht.

„Es werden auch die an der Haut variierenden Widerstandswerte sowie Differenzen der elektrischen Hautpotentiale als Charakteristika der Akupunkturpunkte aufgeführt. Ihr Vorkommen ist zwar unstreitig. Während jedoch Physiologen hierfür die Verteilung und Funktion der Schweißdrüsen in Abhängigkeit von psychischen Reaktionen verantwortlich machen, verwenden die Akupunkteure diese physiologischen Erscheinungen in elektrischen Suchgeräten für Akupunkturpunkte. Die Geräte zeigen natürlich Unterschiede an der Haut an. Ihre Deutung als Beweis für das Vorhandensein von Akupunkturpunkten muß jedoch ... als willkürlich bezeichnet werden. Weitere Widersprüche ergeben sich aus den uneinheitlichen Angaben über Zahl der Akupunkturpunkte, ihre Lokalisierung und ihre Auswahl bei der Therapie"[112].

Auch „eine empirisch befriedigende Antwort auf die Frage, wie Akupunktur wirkt, gibt es zur Zeit noch nicht. Die Hypothesen sind weitreichend, konzentrieren sich aber im allgemeinen auf Beeinflussung der Reaktionen des Nervensystems, hauptsächlich des Vegetativums, mit Auswirkungen auf das Funktionssystem von Organen ... Sovak und Engel zeigten, daß Akupunktur und Hypnose bei denselben Probanden die Schmerzempfindung in gleicher Weise beeinflußt"[89].

Der Ausschuß für Untersuchungs- und Heilmethoden der Kassenärztlichen Bundesvereinigung hat zur Akupunktur folgende Stellungnahme abgegeben:

„Bei der Akupunktur handelt es sich um eine naturwissenschaftlich noch nicht begründete Behandlungsmethode. Ihre Wirkungsweise ist bisher nicht ausreichend geklärt, insbesondere bleibt nach wie vor offen, ob diese über einen Placebo- oder Suggestiveffekt hinausgeht."

Im Deutschen Ärzteblatt vom 15. Februar 1985 schrieb Dr. Jan Baum: „Die verschiedenen Meßverfahren zum Nachweis und zur Suche von Akupunkturpunkten sind nicht überzeugend und mit vielerlei Fehlermöglichkeiten behaftet. Die spezifische Verbindung der Akupunkturpunkte zu ihren angeblichen Korrespondenzorganen und die daraus abgeleitete spezifische Wirkung der Nadelung bestimmter Punkte ist nicht belegt und rein hypothetischer Natur ... Die Theorie der traditionellen chinesischen Medizin, deren umfassende Kenntnis und Berücksichtigung Voraussetzung für den Therapieerfolg sein soll, ist in weiten Teilen unwissenschaftlich und anteilig zumindest nicht nachvollziehbar ... Die Akupunktur gilt weithin als unwissenschaftlich und paramedizinisches Behandlungsverfahren ... Es hat sich in der Bundesrepublik Deutschland der Einsatz der Akupunktur in der Anästhesie wegen der ... in wissenschaftlichen Untersuchungen belegten Nachteile nicht durchsetzen können ... Darüber hinaus ist es nicht gelungen, überzeugend die Existenz spezifischer Akupunktpunktkombinationen zur Therapie bestimmter Krankheitsbilder zu belegen, oder den Nachweis der gezielten Beeinflussung von Korrespondenzorganen durch einzelne spezifische Akupunkturpunkte zu führen ..."

In der gleichen Ausgabe des Deutschen Ärzteblattes schrieb Professor R.F. Schmidt, daß „die Ohrakupunktur als Suggestivmethode angesehen werden muß, da selbst engagierte Befürworter der Akupunktur keinen Anhalt für einen somatischen Wirkmechanismus finden können ... Für die klassische Akupunktur und ihre Spielarten gibt es nach wie vor keine Anhaltspunkte für einen primär neurobiologischen Wirkmechanismus"; und bezüglich der Elektroakupunktur schreibt Schmidt, daß „Zurückhaltung angebracht ist, da bisher weder allgemein anerkannte Indikationen zu ihrer Anwendung, noch gesicherte Erkenntnisse über die jeweils optimale Anwendungsform vorliegen".

Ist es nur Einbildung, Autosuggestion oder Fremdhypnose? Hierauf können nicht einmal chinesische Mediziner eine Antwort geben. Und im Spiegel Nr. 51 von 1972 war zu lesen: „Denn solange es keine plausible physiologische Erklärung dafür gibt, muß die Nadelstecherei wohl oder übel für etwas genommen werden, als was Mediziner des Abendlandes sie auf keinen Fall betrachten mögen: als eine Sonderform von Hypnose und Suggestion ... So scheinen Gemeinsamkeiten ... unverkennbar: etwa mit der Homöopathie oder dem Mesmerismus, der ‚animalen Magnetismus' durch Handauflegen überträgt."

Die Akupunktur hilft nur da, wo Vertrauen und Glauben vorhanden sind. Nach Köhnlechner „gibt es den Glauben an die Nadeln". Wir müssen uns fragen, ob hier nicht dieselben dämonischen Kräfte am Werk sind, die Uri Geller als Werkzeug benutzen, der von sich meinte (Das Beste, Nov. 1975), daß er „nicht etwa ein Verkünder, sondern rein zufällig Sprachrohr für überlegene Intelligenzen aus dem All" sei. Daß diese übersinnlichen Kräfte am Ende der Tage überhand nehmen, ist uns aus dem Wort Gottes bekannt (2. Thessalonicher 2,9-11; 1. Timotheus 4,1; Matthäus 24,24). Verführung ist besonders dort gegeben, wo wissenschaftlich klingende Namen für okkulte Praktiken und okkulte Heilungen gesetzt werden.

Akupunkteure fordern immer Anerkennung, indem sie auf ihre langjährige Tätigkeit oder ihre große Patientenzahl hinweisen; sie versäumen aber, ihre Ergebnisse ausreichend zu dokumentieren. „Es erstaunt immer wieder, mit welchem Fanatismus gewisse Akupunkturisten ihre Praktiken verteidigen, obschon ihnen längst einleuchten müßte, daß dem analgetischen und therapeutischen Nadelstechen wenig Rationales (und auch das noch völlig unspezifisch), dafür aber mehr Irrationales anhaftet"[35]. „Nach neueren Berichten herrscht selbst in China keine einhellige Meinung mehr über die Bedeutung der Akupunktur"[114]. Man hört aus China sogar von Komplikationen, bis hin zu Todesfällen. Die Akupunktur ist also keineswegs ein Verfahren, das ohne Vorsichtsmaßnahmen durchgeführt werden darf!

„Als schwerwiegendste akute Komplikation, vereinzelt mit Todesfolge, wurde in mehreren Arbeiten über den Pneumothorax nach nicht sachgemäßem Einstich berichtet. Lokalinfektionen im Bereich der Einstichstelle, vermutlich durch verschleppte Hautkeime, treten besonders bei Nadeln auf, die über längere Zeit gesetzt werden. Für die Inokulationshepatitis bei mangelhafter Sterilisation der Nadeln ist die lange Inkubationszeit zu beachten; infolge anikterischer Verlaufsform ist die Dunkelziffer vermutlich groß ... Es erscheint daher fast unglaublich, daß sich nach Keppler in 41 Lehrbüchern der Akupunktur keine oder nur mangelhafte Angaben über Desinfektions- und Sterilisationsmaßnahmen fanden und daß auch bei Ärzten, denen diese Prinzipien bekannt sein müßten, grobe Verstöße vorkamen"[130].

Oepen schreibt, daß es nicht nur die Heilpraktiker sind, die solche Zwischenfälle verursacht haben, wie von seiten der Akupunkturärzte immer wieder ins Feld geführt wird.

Daß es überhaupt Zwischenfälle nach Akupunktur gibt, ist (wie bei fast jeder anderen Therapie) zunächst zu erwarten. Von Bedeutung ist das Ausmaß des Risikos bei Anwendung der Akupunktur, auf dessen Kenntnis für die Ermittlung echter Indikationen dieser Behandlungsmaßnahme sowie der Leistungspflicht der Versicherungen nicht verzichtet werden kann.

Spätestens hier geben sich die Akupunkturärzte als unrealistische und damit typische Vertreter der Paramedizin zu erkennen; denn sie leugnen entweder das Risiko insgesamt, oder sie bagatellisieren es.

„Wegen der Übertragung ansteckender Krankheiten muß im Vorgehen der Akupunkturärzte eine Gefahr für die Öffentlichkeit gesehen werden, der Einhalt geboten werden muß, ehe ihr gutgläubige Patienten zum Opfer fallen"[114].

„Beim Studium der Akupunkturzeitschriften gewinnt man den Eindruck, daß der Erfolg so gut wie immer eintritt (wenigstens subjektiv!) und daß es keine oder nur ganz selten Zwischenfälle gibt, so daß es erstrebenswert erscheint, als Akupunkturarzt tätig zu sein. Leider sieht die Wirklichkeit anders aus. Prokop und Dotzauer haben Literaturberichte über Zwischenfälle zusammengetragen, bei denen es sich wohl ausnahmslos um vermeidbare Folgen handelt. Wegen Spätschäden oder aus anderen Gründen nicht mitgeteilter Akupunkturbehandlungen ist auch mit einer hohen Dunkelziffer zu rechnen!"[113].

Im 3. Programm des WDR-Fernsehens wurde am 12. Juli 1982 eine Sendung mit dem Thema „Akupunktur, Nadeltherapie im Zwielicht" ausgestrahlt. Während dieser Sendung kam u.a. ein Vertreter der Ohrakupunktur zu Wort. Er berichtete, daß organische Veränderungen, also Erkrankungen, bei denen etwas zerstört ist, nicht mit der Akupunktur behandelt werden können. Professor Herget, zu der Kritik an der Akupunktur befragt, gab zur Antwort, daß die Kritik an der Akupunktur fast ausschließlich von seiten der Medizintheoretiker komme, also von Ärzten, die Akupunktur selbst nicht ausüben.

Kein Theoretiker, aber trotzdem kritisch ist Dr. Heinrich Hasper aus Düsseldorf, der erste deutsche Arzt, der Akupunktur an Ort und Stelle in China studieren konnte, und zwar an der Akademie für chinesische Medizin in Peking, wo er an der Poliklinik theoretisch und praktisch die Akupunktur erlernte. Wörtlich urteilte er:

„Wir in Deutschland meinen ja oft, daß in China nur mit der Akupunktur behandelt wird. Das ist aber keinesfalls der Fall. Die chinesischen Patienten können sich aussuchen, ob sie mit Akupunktur behandelt werden wollen oder mit Kräutern oder mit westlicher Medizin, und es ist nach meinen Kenntnissen ganz sicher, daß die Akupunktur in China einen Verteidigungskampf führt gegen die westliche Medizin, daß wohlhabende Chinesen – Funktionäre also, Politiker – sich im allgemeinen nie mit der Akupunktur behandeln lassen würden.

Ich bin davon überzeugt, daß die Wirkung der Akupunktur umso eher eintritt, je berühmter der Heiler ist – der Akupunkteur, Arzt oder Heilpraktiker –, je gläubiger der Patient ist und je höher das Honorar ist. Ich habe eine Patientin behandelt, die hatte eine Blutung durch ein geplatztes Blutgefäß im Gehirn und anschließend eine Trigeminusneuralgie. Es war also eine organische Ursache für ein Leiden, was mit einem furchtbaren Schmerz verbunden war. Ich war beeindruckt, wie nach einer einzigen Behandlung mit Akupunktur die Schmerzen beseitigt waren, und das dauerhaft. Das war ein Erfolg, wie ich ihn mit anderen Methoden der Medizin selten erlebt habe oder vielleicht auch durch eine selbstbegünstigende Wahrnehmung nimmt man es mit anderen Methoden nicht so wahr. Trotzdem bin ich meiner wissenschaftlichen Ausbildung und meiner kritischen Denkfähigkeit so verpflichtet, daß ich nicht glaube, daß diese Heilerfolge nur auf die Nadeln zurückzuführen sind, sondern in dem Fall dieser Patientin war diese Patientin sehr gläubig; sie hoffte und glaubte, daß ich ihr helfen könnte, was ich dann auch tatsächlich konnte."

Daß mit der Akupunktur auch Schäden entstehen können, was übrigens in der chinesischen Tradition seit mehr als 2000 Jahren bekannt ist, berichtete in der genannten Fernsehsendung Dr. Schnorrenberger, Leiter eines Forschungsinstitutes für chinesische Medizin. So sagte er, daß man mit einer Akupunkturnadel einen Menschen umbringen kann, was „Anfang 1981 sehr eindrucksvoll und sehr bedauerlich bestätigt wurde durch einen Todesfall in München, der sich ereignete, als ein Nichtarzt einen Patienten falsch akupunktierte; dieser Patient starb unmittelbar nach dem Einsetzen der Nadel."

Zu den Bedenken aus den eigenen Reihen kommen auch die Überlegungen der Gerichtsmediziner. Die Rechtsmedizinerin Frau Prof. Oepen aus Marburg sagt zu Recht, daß Warnungen nicht unberechtigt sind, daß die Akupunkturtherapeuten oft auch eine Vorliebe für andere Verfahren haben wie Wünschelrute oder Irisdiagnostik. So scheint auch die warnende Stellungnahme des wissenschaftlichen Beirates der Bundesärztekammer zu Recht abgegeben worden zu sein (veröffentlicht am 27.7.1978 im Deutschen Ärzteblatt).

In der schon zuvor erwähnten Fernsehsendung führte Frau Prof. Oepen aus: „Die Akupunktur ist nämlich nicht so ungefährlich, wie sie von ihren Anwendern oft dargestellt wird, und die Zwischenfälle passieren nicht nur bei Heilpraktikern, sondern auch bei Ärzten. Die Kritik betrifft auch das Fehlen eines Konzeptes; weder ist die Zahl der Akupunkturpunkte bekannt noch ihre Lokalisation, nämlich in der Haut oder in der Tiefe, so daß gar nicht zu verstehen ist, warum wann wohin gestochen wird." So sollte man andere wirkliche Naturheilmethoden, wie sie in der Physikalischen Therapie zur Anwendung kommen, einsetzen.

Ein weiterer deutscher Arzt hat in China zu ergründen versucht, was Akupunktur wirklich ist. Dr. Tom Ots aus Hamburg war länger als alle anderen deutschen Ärzte in der Volksrepublik China, und er schloß seine Studien mit einem chinesischen Universitätsdiplom ab. Durch sein Studium hat er gemerkt, daß „die Theorie der chinesischen Medizin eigentlich keine Medizintheorie ist – ich meine jetzt die Theorie von Yin und Yang –, sondern eine allgemeine, gesellschaftlich soziale Theorie, die im Verlaufe der letzten Jahrtausende und Jahrhunderte auf die Medizin übertragen worden ist."

Zu der Forderung einiger Akupunkteure millimetergenau den Punkt zu stechen, da man ansonsten keinen Erfolg haben kann, führte Tom Ots aus: „Was ich in Peking gesehen habe war, daß der Radius der Akupunkturpunkte, d.h. die durch die vorangegangenen Stiche gesetzten Nadeln vielleicht einen Radius eines Fünfmarkstückes hatten. Die meisten und am häufigsten benutzten Akupunkturpunkte liegen am Kopf, unterhalb des Ellenbogens und unterhalb des Knies. Eine Erklärung dafür fand ich erst in China: Die nordchinesischen Winter sind sehr kalt, die kleinen Häuschen schlecht beheizt. Im Winter tragen Mann und Frau bis zu sechs Lagen dicker Wäsche, z.B. eine kurze Unterhose, zwei Paar baumwollene, eine dicke selbstgestrickte wollene Unterhose; darüber die Überhose, diese bei älteren Leuten oft noch wattiert. Dies ist eine Dauerkleidung, d.h. niemand zieht sich etwas aus, nur weil er oder sie sich gerade in einem besser beheizten Raum befindet, z.B. in der Klinik. Mit großer Mühe gelang es den Ärzten diesen Wust von Kleidung bis knapp unter Knie und Ellenbogen hochzuschieben. Die zu stechenden Punkte waren nun vorgegeben, obwohl wir eine chinesische Ärztin dabei hatten, der es nichts ausmachte, durch die Kleidungspartien hindurchzustechen."

Was es mit den Akupunkturpunkten auf sich hat, versuchte auch der Neurologe Prof. Baust von der Universitätsklinik in Düsseldorf herauszufinden. Von ihm wurde ein Teil der Patienten mit Migräne an den klassischen Akupunkturpunkten behandelt und ein weiterer Teil an Punkten gestochen, die neben den klassischen Akupunkturpunkten lagen. „Wir haben festgestellt, daß sich ein Unterschied im Behandlungserfolg zwischen den Patienten, die an den klassischen Punkten gestochen wurden und denen, die an den danebenliegenden Punkten gestochen wurden, nicht fand. Mit unseren Untersuchungen haben wir den Beweis erbracht, daß es gleichgültig ist, ob man an klassischen Punkten sticht oder an irgendwelchen beliebigen anderen Hautstellen"[175]. Die Frage, ob es sich um einen reinen Suggestiveffekt handelt, muß nach Prof. Baust offen bleiben.

Übrigens sagt Dr. Bischko, der Leiter des Ludwig-Boltzmann-Instituts in Wien, über den derzeitigen Stand der Akupunktur selbst, daß sich die Akupunktur nicht für alles eignet und daß „auch Raucherentwöhnung oder Abspecken mittels Akunktur in den Bereich des Bizarren fällt. Man kann mit Akupunktur allein nichts gegen den Willen des Patienten erreichen"[9].

Professor Frey schreibt: „Ich glaube, daß die Akupunktur nur ein Vehikel ist, ein Hilfsmittel zur psychologisch-suggestiven Beeinflussung des Patienten. Ich habe auch in der Analgesie (Aufhebung der Schmerzempfindlichkeit) niemals gesehen, daß nur mit Akupunktur eine volle Analgesie erreicht wurde."

Zusammenfassend können wir sagen, daß Erfolge bei der Akupunktur, die heute in Europa wie andere asiatische okkulte Praktiken eine weite Verbreitung erfährt, nicht wegzuleugnen sind. Aber dieser Umstand spricht noch nicht für das Gute einer Heilweise. Auch die „Wunderheiler" haben Erfolge. Auch die Magier, die Medizinmänner, die Zauberdoktoren der Naturreligionen Afrikas, Asiens und Südamerikas weisen Erfolge nach, sonst wäre ja diese Art okkulter Praktiken des Heilens längst ausgestorben.

Die Gefahr der Akupunkturbehandlung besteht aus medizinischer Sicht darin, daß erstens durch die Akupunktur bei vielen Patienten falsche Hoffnungen geweckt werden und zweitens, daß organische Erkrankungen übersehen werden können.

Als Christen sollten wir nicht vergessen, daß die Akupunktur einen „philosophischen Charakter mit astrologischem Akzent" hat. Weiterhin ist es „eine empirische Tatsache, daß die Akupunktur bei medialen Ärzten und medialen Patienten viel besser zur Wirkung kommt als bei Nichtmedialen ... Nahezu alle spiritistischen und magischen Praktiken sind ohne Medialität nicht durchführbar. Akupunktur ist in vielen Fällen eine mediale Anästhesie"[69].

„Vom historischen Hintergrund ist der Schluß zu ziehen, daß Akupunktur auf einer Philosophie begründet ist, welche Evolution, Astrologie, Pantheismus, Mesmerismus oder Hypnose einschließt, Meridiane, die anatomisch nicht existieren, Theosophie und orientalische Religionen, Wahrsagerei in der Diagnose sowie Seelenwanderung, ein integraler Bestandteil des Buddhismus und Hinduismus ... Akupunktur ist nicht harmlos ... Es mag viele Fragen über Akupunktur und Hypnose geben, die wahrscheinlich niemals voll beantwortet werden können, denn wir befassen uns hier mit einem Grenzgebiet der Psychologie und Hypnose. Das Pendel der Ideen schwingt weit ... Ganz gleich, ob es sich um die Streichelprozedur des Mesmerismus, der wiederholenden Stimme des Hypnotiseurs oder der wiederholenden Reize der Akupunktur handelt, das Ergebnis ist in allen Fällen das gleiche ... Die Ähnlichkeiten der Akupunktur und der Hynose können wie folgt aufgelistet werden:

1. Die okkulten Methoden von beiden – von Akupunktur und Hypnose oder Mesmerismus sind seit Jahrhunderten benutzt worden. Die Literatur der Mystik und der Magie beschreiben ihren Gebrauch in allen Einzelheiten.

2. Bis kürzlich sind beide – Akupunktur und Hypnose – Außenseiter im Bereich der Medizin gewesen. Hypnose ist kürzlich in den 50er Jahren von der American Medical Association anerkannt worden.

3. Es gibt keine anatomische noch physiologische Erklärung für Hypnose oder Akupunktur.

4. Akupunktur gilt als eine Form der Hypnose ... Der Hintergrund der Akupunktur ist mit Mystizismus umgeben"[126].

Nach den Worten Thorwalds in seinem Buch „Macht und Geheimnis der frühen Ärzte" ist die Akupunktur ein Teil der heidnischen, okkulten chinesischen Volksmedizin und fußt auf der heidnischen Auffassung von der Weltenergie oder dem Weltgeist Tao oder Chi. Die Vorstellung einer Weltseele, eines Weltgeistes ist bei allen asiatischen Religionen vertreten. So sind es auch nicht die Nadeln, worauf es ankommt, sondern etwas anderes, übersinnliche Kräfte. „So bleiben Erfolge und Mißerfolge der Akupunktur nach wie vor von vielen Rätseln umgeben, und bis heute vermag niemand den Wirkungsmechanismus des Verfahrens einleuchtend zu klären."

Die eigentliche Grundlage der Akupunktur ist mystisch! Der Okkultismus macht sich heute auf allen Gebieten bemerkbar. Vom ärztlichen und christlichen Standpunkt müssen wir also die Akupunktur entschieden ablehnen!

Transzendentale Meditation – nicht nur eine geistige Entspannungstechnik!

Aus Indien in den Westen transportiert wurde auch die Transzendentale Meditation, ein Weg der Verinnerlichung, der jenseits unserer irdischen Wirklichkeit liegt.

Der Begriff „Meditation" ist für viele ein Reizwort, weil „unter diesem Namen ein Überangebot von fernöstlichen Selbstfindungspraktiken besteht". Meditation bedeutet – vom lateinischen Wort meditatio = Nachsinnen, Denken – geistiges Abmessen, religiös motivierte Versenkung, die mit oder auch ohne Konzentration auf ein bestimmtes Objekt geübt wird. „Ihr Ziel ist die Ausschaltung individueller Anliegen zugunsten der Erfahrung des Absoluten, von dem sich der Meditierende in Besitz genommen weiß. Meditationsübungen sind typisch für die mystische Religiosität. Sie finden sich daher in den mystischen Strömungen prophetischer Religionen, wo sie dem Ziel einer Vereinigung mit der Gottheit dienen" (Meyers Enzykl. Lexikon, 1975).

„TM – die transzendentale Meditation – erobert die Welt. Es gibt bereits über eine Million Menschen, die nach dieser sensationellen Entspannungslehre leben, und Monat um Monat kommen über 30.000 neue TM-Anhänger hinzu." Mit diesen Worten leitet John White, ein nicht unkritischer Anhänger dieser Bewegung, sein Buch ein[170]. Was den Menschen an dieser Bewegung fasziniert, ist der „offensichtlich einfache Weg zum Glück".

„Im Gegensatz etwa zu Scientology will TM keine religiöse Praxis sein. Die Weltplan-Center wollen eine wissenschaftliche Methode, keinen Glauben verbreiten. Gerade die Einordnung unter die Religionen wird seitens der TM-Anhänger heftig bestritten"[41].

Doch was will Meditation eigentlich? Was will man

erreichen? Ganze Bücher könnte man und hat man darüber geschrieben. Auch wenn die Meditation ihren
scheinbaren Ursprung im Buddhismus hat, reichen die
Wurzeln dieser Art „des in die Stille Gehens" auch in
die christliche Religion hinein. Das Meditieren entspricht einem allgemeinen menschlichen Bedürfnis und
äußert sich je nach kultureller Entwicklung. Besonders
die „geschäftstüchtigen Gurus" haben der Meditation
ein „geheimnisvoll-exotisches Mäntelchen" umge-
hängt. Ist Meditation eine „Reise nach Innen"?

Der Buddhist strebt mittels Meditation das „Nirvana" an („nir" ist eine verneinende Vorsilbe und
„vana" bedeutet der „Wind weht", das „Feuer
brennt"). Nirvana ist also der Ort, wo kein Wind weht
und kein Feuer brennt, also absolutes Nichts, ein in der
Transzendenz gelegener Endpunkt, aus welchem alles
Sein kommt und in den alles Sein mündet. In dieses absolute Sein (oder Nichtsein) einzugehen, ist das Ziel eines buddhistischen Lebens. Und die „Zen-Meditation"
ist der Weg, sich diesem Absoluten zu nähern.

Nach diesen Vorstellungen kommt der Mensch aus
dem Nirvana, und er trägt davon etwas in sich, ist eine
„Buddhanatur". Diesen Urgrund gilt es zu aktivieren.
Man versucht, sich von den subjektiven Teilen seines
Ichs zu lösen und zu einem tieferen absoluten Seins-
grund vorzudringen.

Aus diesen buddhistischen Vorstellungen läßt sich
unschwer das Grundprinzip jeder meditativen Welter-
fahrung ableiten. Der Mensch ist – wie alles individuelle
Leben – Teil eines Absoluten; er trägt das „göttliche
Fünkchen" in sich, und er kann durch bestimmte Verfahren, durch Meditation z.B., zu diesem Urgrund in
Beziehung treten, an diesem absoluten Sein teilhaben.

Dieses Modell läßt sich, wenn auch an unterschiedlichen Bildern, in den meisten Meditationslehren wiederfinden. Ob Yoga, ob christliche Meditation, die Bilder,
die für die Grundidee stehen, sind austauschbar, das
Modell ist dasselbe.

Der Mensch versucht, aus seiner subjektiven Vereinzelung zu entkommen und sich in einen Urgrund der Existenz zu versenken, egal ob er ihn nun Gott, Sein oder Nichts nennt. Das Aufgehen des Subjekts in diesem Allgemeinen wäre dann auch jene Endphase der Meditation, die gewöhnlich mit Formeln wie „Erleuchtung", „höheres Bewußtsein", „unio mystica" umschrieben wird.

Sehr knapp hat es Dr. Joseph Murphy in seinem neuen Buch „Das Superbewußtsein" ausgedrückt: „Durch Innenschau und Meditation über das ICH BIN oder das Superbewußtsein – oder Gott – findet und berührt der Mystiker schließlich das Wirkliche. Indem er sich nach innen wendet, wird er zuerst gewahr, daß das, was wir gemeinhin als unseren Körper kennen, im Grunde aus Lichtwellen besteht und auch diese Erde, auf die wir gestellt sind, wird zu gleißendem Licht. Das äußere Leben wird zu einem Traum, und das innere Leben erwacht. Und wenn der Mensch sich weiter und weiter nach innen bewegt, verschmilzt er schließlich mit dem Unendlichen. Plötzlich wird er dann inne, daß er das Universum gefunden hat; daß Sonne, Mond und Sterne sich in seinem Innern befinden. Zum ersten Mal erkennt er sodann, daß Planeten Gedanken sind; daß Sonnen und Monde Gedanken sind; daß seine eigene Bewußtheit oder ICH BIN-heit die eigentliche Verwirklichung ist, die sie alle gegenständlich macht; daß die Träume des Träumers sich temporär im Raum bewegen; und die Welten, Sonnen, Monde und Sterne Gedanken des Denkers sind. Gott meditiert und wir sind seine Meditation. Es ist Gott, der über seine Mysterien meditiert.

Diese innere Reise geleitet den Menschen daher letztendlich in das Nirvana – in das Wirkliche; sie befreit den Menschen vom Gefühl des kleinen ,ich' und führt ihn zu der Erkenntnis des innewohnenden Gottes – des ewigen Selbst. Durch Meditation findet der Mystiker den Frieden, die Kraft und die Seelenstärke für weitere Schritte.

Meditation, regelmäßig praktiziert, verleiht jedem Impuls, jeder Einstellung und jeder Handlung Schönheit, Liebe, Frieden, Grazie und Würde.

Lassen Sie uns über ewige Weisheit meditieren, geschrieben von der Hand Gottes, überliefert durch alle Zeitalter hindurch: ‚Von allem, das existiert, BIN ICH (das BIN ICH) der Ursprung, der Verlauf und das Ende. ICH BIN der Keim, ICH BIN das Wachstum, ICH BIN der Verfall. Alle Dinge und Geschöpfe sind aus mir hervorgegangen. Ich erhalte sie, während sie im Äußeren verweilen, doch wenn der Traum des Getrenntseins endet, bewirke ich ihre Rückkehr – ihr Wiedereingehen in mich. ICH BIN das Leben, das Rad des Gesetzes und der Weg, der über alles Irdische hinausführt. Es gibt nichts anderes'[105].

Ist Meditation nur „ruhevolle Dynamik", „lebendige Stille" oder „Aktivität im Verharren"? Die Meditation bietet sich als ein Bedürfnis an, eine „Bewußtseinserweiterung", die ohne Drogen zu erreichen ist. „Es meditieren: ekstatische Hippies und asketische Nonnen, orthodoxe Theologen und ästhetisierende Mystiker. Es gibt heute Industrielle, die sich in Schlössern und Klöstern mit Meditation bekannt machen lassen, um nach Entspannung und Erholung ihren Job wieder konzentrierter ausüben zu können, und es gibt junge Linke, die meditieren, weil sie Meditation als ein nützliches Element der sozialistischen Lebensauffassung verstehen"[88].

„Viele naive Gläubige ‚mißbrauchen' das Wort Meditation für eine ‚stille, andächtige Besinnung' auf das Wort Gottes. Es ist wohl selbstverständlich, daß ein Christ täglich betend seine Bibel liest, und zwar in der Stille, möglichst am Morgen schon. Um aber das Wort Gottes auch recht zu verstehen, können wir unsern Herrn bitten: ‚Herr Jesus, schenke mir das Verständnis für Dein Wort durch den Heiligen Geist!' Dann sollten wir es tun wie die Leute zu Beröa, die täglich in der Schrift forschten, d.h. also nicht nur die Tageslosung lasen, sondern intensiv Bibelarbeit trieben. Wer so betend zu der Quelle lebendigen Wassers geht, dessen Durst der Seele wird immer neu gestillt und ‚von dessen Leibe werden Ströme des lebendigen Wassers fließen‘; der wird Lebenskraft Gottes weitergeben können.

Meditation dagegen ist eine Methode der Abschaltung des Bewußtseins, des ‚analytischen Denkens‘, und eine bedingungslose Auslieferung (‚erotisches Abhängigkeitsverhältnis‘) an ein Bild, ein Symbol (Kreuzkreis, Blume, Wiese, Kapelle, Gammler), das den Meditierenden fasziniert und inspiriert.

In einem in christlichen Kreisen verbreiteten Buch lautete ein entscheidender Satz: ‚Wer du auch immer seist, du Geist von oben, komm in mich hinein und erfülle mich!‘ Wer wurde hiermit angerufen? Wer inspiriert, d.h. welcher Geist erfüllt und steuert mich? Was sind das für Geister, die ich da rufe? Woher stammt die durch Meditation geschenkte ‚Intuition‘ = Eingebung? Keiner der Männer der Bibel hat jemals meditiert, aber sie waren alle Beter, die Gott ‚im Geist und in der Wahrheit anbeteten!‘

Die geistigen Wurzeln der Meditation sind außer den asiatischen Religionen (Hinduismus, Buddhismus, Yoga) die heidnische Gedankenwelt der griechischen Antike, die katholischen ‚Exerzitien‘ des Jesuiten Ignatius von Loyola und der Gegenreformation sowie in geringerem Maße die ärztlich-psychologischen Praktiken der Suggestion und des autogenen Trainings, angewandter Tiefenpsychologie …

Meditation ist sowohl Manipulation des Unbewußten als auch – in geistlicher Sicht – das antichristliche Gegenstück zu der biblischen Praxis des Gebetes und des Bibelstudiums, der einzigen Kraftquelle für einen Nachfolger Jesu!“[149].

„Christliche Meditation ist etwas anderes als transzendentale Meditation, bei der man seinen Verstand von allen vernünftigen Gedanken entleert und sich auf einen einzelnen Begriff konzentriert. Statt dessen entledigt sich der Christ aller bedeutungslosen Gedanken und konzentriert sich auf Christus und die Erlösung ..."[33].

Wohin gehört schließlich die transzendentale Meditation, die unter den fernöstlichen Meditationsverfahren in der westlichen Hemisphäre wohl die weiteste Verbreitung gefunden hat?

„Die asiatischen Glaubensformen sind so eng an die Meditation gebunden wie die theistischen Religionen, und damit auch die christlichen Glaubensformen, an das Gebet. Der asiatische Mensch braucht schon wegen seiner Glaubensform eine entsprechende Meditation; denn er erlangt seine Befreiung ausschließlich durch eigenes Bemühen, ‚da außer ihm selbst kein Gott ist, der ihm helfen oder mit dem er sich vereinigen könnte'. Die Selbstversenkung ist somit der Weg, durch den der asiatische Mensch entsprechend seiner monistischen Glaubensform zu einem religiösen Erlebnis kommen kann"[85].

Die transzendentale Meditation ist als „eine Sonderform des tibetischen Yoga"[85] anzusehen, als eine Form „religiöser Subkultur". Außer einigen zeitgeschichtlichen Aspekten spricht hierfür die große Bedeutung des „Mantra". „Die Technik der Transzendentalen Meditation beinhaltet, daß man sich morgens und abends jeweils 15 bis 20 Minuten in sein Inneres zurückzieht und das ‚Mantra' (geheimzuhaltende Silbe, die vom TM-Lehrer für den Schüler ausgewählt wird und als für ihn allein wirksam gilt) meditiert"[55].

Diese für uns „sinnlosen Mantra-Silben" sollen teilweise Codeworte für indische Gottesnamen sein. Aufrecht auf dem Boden sitzend wird mit geschlossenen Augen tief geatmet, man denkt an nichts und mit jedem Ausatmen wiederholt man eine Mantra-Silbe. „Das Mantra ist eine aus dem Sanskrit stammende, in unserer Sprache sinnlose Silbenkombination. Es wird also nicht über ein Sinnwort meditiert, sondern man bedient sich eines Klangwortes, das, biologischen Gesetzmäßigkeiten folgend, sozusagen über eine Katalysatorfunktion den Vorgang der Selbstversenkung begünstigt. Insofern entspricht die Transzendentale Meditation heutigen psycho-physiologischen Erkenntnissen"[77]. Durch diese Meditation will man gelöster werden und eine volle Entfaltung seiner Persönlichkeit erlangen. „Daß Menschen dahin zu bringen sind, regelmäßig eine Minute ruhig zu sein und in sich zu gehen, ist nichts Neues, dies geschieht bei den Gebeten und Meditationen fast jeder Religion ebenfalls mit der gleichen Wirkung. Bei der TM ist die Meditation nur der erste Schritt. Außer der Meditation bedarf es der Verehrung eines göttlichen Meisters, der Zugehörigkeit zu den Weltplan-Centern und der Teilnahme an den von ihnen gebotenen Kursen"[55].

Wer sich der TM zuwendet, muß einen perfekt organisierten „Sieben-Stufen-Plan" durchlaufen: In einem Einführungsvortrag erfährt man, daß „die TM Gesundheit, Entspannung, Liebe und vieles andere mehr bringt – und daß sie alle Weltprobleme ‚ganz einfach' löst. Der ‚Vorbereitungsvortrag' soll davon überzeugen, daß jeder, der auch nur einen Gedanken denken kann, auch fähig ist, ‚immer feinere Stadien des Denkens zu erfahren', wenn er nur den richtigen ‚Eintauchwinkel nach innen' findet. Nach einem persönlichen Gespräch von wenigen Minuten, dem Ausfüllen von Fragebogen und dem Bezahlen der Kursgebühr von 300 DM (Studenten die Hälfte) wird dem Anwärter eine Meditationssilbe (Mantra) mitgeteilt, mit deren Hilfe er den Weg in die ‚Tiefe' beschreiten soll. Die Initiation, die feierliche Einführung, geschieht mit einer Opfergabe von Obst, Blumen, einem Taschentuch – und dem Singen einer Sanskrit-Hymne an den Schöpfergott Brahma. Der Neuling kennt nun sein ‚Mantra' und meditiert 15 Minuten lang. Das zweimal wiederholte ‚Checking', eine Kontrolle mit festgelegten Fragen, prüft, ob der ‚Eintauchwinkel' gefunden wurde. (Das ‚Mantra' soll vom Meditationsschüler geheimgehalten werden, doch ist inzwischen bekannt, daß keineswegs jeder – wie betont wird – sein ganz eigenes erhält. Nur 24 verschiedene Silben werden je nach Alter verteilt). Beim ‚Checking‘ werden auch Atem, Sitzhaltung und ‚Bewußtseinszustand‘ des Meditierenden kontrolliert. Mit dem dritten ‚Checking‘ ist die Verbindung zur TM nicht abgerissen; vielmehr lädt der ‚Lehrer‘ zu weiteren Vorträgen, Wochenendseminaren und Fortbildungskursen ein. Vor allem aber wirbt er für die Mitarbeit im ‚Weltplan-Center‘"153.

Der indische Guru Maharishi Mabesh Yogi, der sich von seinen Anhängern mit „His Holiness" („Seine Heiligkeit") anreden läßt, hat ein Programm „zur Rettung der Welt" aufgestellt. Durch den Einfluß zahlreicher Unterorganisationen55 soll der Welt das „Zeitalter der Erleuchtung" gebracht werden. Die Transzendentale Meditation wird als Allheilmittel vorgestellt. „Es ist eine paradiesische Heilswelt, die hier vorgestellt wird. Sie geht sowohl an den Erkenntnissen der menschlichen Geschichte, als auch am biblischen Menschenbild vorbei"41.

„Mit einer großen Anzahl von Statistiken und intensiver Plakat- und Inseratwerbung stellt sich die TM als eine ‚reine Technik‘ vor, die, wissenschaftlich ‚bewiesen‘, die Menschen unserer Zeit vor den Folgen der Zivilisation retten könne. Sie versucht, mit Gutachten von Professoren, wissenschaftlichen Fachartikeln, Erfolgsmeldungen wie z.B. daß in einigen Städten dank ihrer Lehre die Umweltverschmutzung, Drogenabhängigkeit, psychosomatische Krankheiten usw. zurückgegangen seien und sich viele andere negative Erscheinungen unserer Zeit zum Besseren verändert hätten, neue Mitglieder zu werben"55.

Und die Behauptung, die Transzendentale Meditation könne von jedem Menschen durchgeführt werden, „ganz gleich welcher Religion oder Weltanschauung er angehöre", öffnete dieser Technik viele Türen. Erstaunlicherweise wird in jüngster Zeit mehr und mehr durch Beiträge in medizinischen Fachzeitschriften versucht, die TM aus therapeutischer Sicht zu befürworten, insbesondere für das vielfältige Erscheinungsbild psychovegetativer Regulationsstörungen.

So wird u. a. geschrieben: „Die Transzendentale Meditation bietet sich hier als willkommene geistige Entspannungstechnik an, da sie auf ganzheitlicher Ebene fortschreitende vegetative und emotionale Stabilität herbeiführt und darüber hinaus verdrängte Konflikte unbewußt bewältigt, indem sie den emotionalen Anteil aufarbeitet"[77].

„Sehr viele Meditierende berichten über angenehme subjektive Empfindungen bereits bei der Einführungsmeditation, im Laufe der Zeit auf psychologischer Ebene auch über verbesserte zwischenmenschliche Beziehungen, Minderung von Angstgefühlen, verbessertes Selbstbewußtsein, größere Kontaktfähigkeit und -freudigkeit. Jeder Meditierende beeinflußt deshalb über den individuellen Rahmen hinaus auch seine Umwelt. Diese Auswirkungen haben zur Folge, daß etwa 70% der Eingeführten die Technik dauerhaft ausüben"[77].

„Zahllose Vorträge und Berichte der TM versprechen Frieden, Steigerung der Energie, Verschwinden von Ängsten, Befreiung von psychosomatischen Symptomen, Glück, schöpferische Kraft, bessere geistige Leistungen, Drogen-, Alkohol- und Nikotinentzug, besseren Nachtschlaf oder erhöhte Lernfähigkeit, insgesamt also Lebenserfüllung"[153].

Kann man nun als Arzt die TM empfehlen? Ist die Ausübung der TM wirklich „völlig unabhängig von Weltanschauung und Religion"? Warum versprechen dann die TM-Lehrer ein „inwendiges Himmelreich" voller Lebensgenuß, das sich „automatisch von je einem Menschen auf hunderte überträgt" bzw. „ein goldenes Zeitalter in naher Zukunft"?

Es ist zu begrüßen, wenn ärztlicherseits auf die Gefahr hingewiesen wird, die von einer Teilnahme an der Transzendentalen Meditation ausgeht – und daß man diese Gefahr nicht unterschätzen darf. Mit Recht sollte man als Arzt und Christ vor einer „religiösen Subkultur" warnen![88].

Es ist nichts Neues, daß „sich eine besondere religiöse oder weltanschauliche Richtung für zukunftsrettend hält"[41]. Neu ist bei der Transzendentalen Meditation, daß sie sich „als wissenschaftliche Methode darstellt und mit Hilfe dieser anderen Ausschilderung Begünstigungen zu erlangen trachtet, die ihr verfassungsmäßig nicht zustehen"[41].

„Ziel des Maharishi'schen Weltplanes ist es, ‚durch Anwendung der WKI (Wissenschaft der kreativen Intelligenz) in allen Bereichen des öffentlichen und privaten Lebens jedem Menschen die volle Entfaltung seiner Persönlichkeit und der unentwickelten Fähigkeiten zu ermöglichen. Hierzu wird pro 1 Million Menschen ein Weltplan-Center eingerichtet'"[41]. Sicherlich beginnt jeder Leser nachzudenken, wenn er hört, daß man von seiten der Weltplan-Center einiges erwartet; so z.B. in der Gesundheitspolitik: „Einsatz der WKI in der Gesundheitsvorsorge; therapeutische Verwendung in Kliniken und Sanatorien, im Rehabilitationswesen und im Drogenbereich; Aufnahme der TM in die therapeutischen Leistungen der Krankenkassen; Ausbildung aller verantwortlich im Gesundheitswesen Tätigen zu Lehrern der Wissenschaft der Kreativen Intelligenz"[41].

Fast alle Abhandlungen über TM zeigen einen „propagandistischen" Charakter, so auch die Studie von Kniffki[67]. Hier geht es der Verfasserin (Der Name des Ehemannes rangiert auf Briefbögen der Schledehausener Weltplanzentrale des deutschen Zweiges der Maharishi European Research-University – MERU – unter vier Vorstandsmitgliedern an erster Stelle[98]!) nicht um eine „Entspannungstherapie", sondern nur um „eine Erfahrung des inneren Universums". Somit rückt auch diese Abhandlung „in die Nähe einer ideologischen Propaganda für die TM, ohne daß auch nur andeutungsweise die Probleme und Aufgaben der beratenden Psychologie oder Psychotherapie gesehen oder behandelt werden"[152]. „Daß mit der ... Veröffentlichung ... der Anschein einer Überlegenheit der transzendentalen Meditation erweckt werden soll, paßt zur Taktik der Anhänger des Maharishi Mahev Yogi. Die Verfasserin zollt ihm ,tief empfundenen Dank', weil seine philosophischen und praktischen Lehren ihr Leben so stark beeinflussen. Sie ist überzeugt, daß die von ihm gelehrte Technik der TM einen ,neuen Bewußtseinszustand' erschlossen und ,einen neuen Wissenschaftszweig begründet hat'. Speziellen Dank zollt sie nicht minder dem Nachwort von Zeiger, in dem die durch TM erreichbare ,Erleuchtung' und ,Neuwerdung des Menschen' durch eigene ,Flugerfahrungen' belegt wird sowie durch ,objektive nachprüfbare Effekte' wie das Sehen von Gegenständen, die verborgen sind, die Fähigkeit, die physikalische Struktur des Körpers zu modifizieren und die Fähigkeit, die Naturgesetze unmittelbar zu beeinflussen ..."[98].

Der aufmerksame Leser wird sich fragen, ob nicht spiritistische Einflüsse hier schon mitspielen? Warum berichten die enthusiastischen Vertreter der TM nichts davon, daß man in „einer Loyalitätserklärung eidesstattlich anerkennen" muß, daß Maharishis Lehre „geheim und einmalig" ist? Warum wird der „utopische Weltplan" verschwiegen? Warum werden die Mantren verschwiegen, die ihren Ursprung im Hinduismus und eine „göttliche Potenz" haben?

„Es gibt bei der TM auf Dauer keine Meditation ohne Ideologie und keine Ideologie ohne Meditation. Beide sind unlösbar miteinander verbunden. Man kann hier nicht das eine tun und das andere lassen, ohne sich selbst zu betrügen ... Mittlerweile stimmen die Dokumente der Interessengemeinschaften von TM-Geschädigten nachdenklich"[98].

Auch mir scheint es wichtig zu sein, „eine nicht nur warnende Stimme zu erheben, sondern die drohende Gefahr aufzuzeigen"[85]. Sicherlich hat man auch damit

recht, wenn man bei der TM von einem besonders ver-
werflichen, ja betrügerischen Aberglauben spricht[26, 79, 101].

Aber man kann nicht so einfach die TM abtun, indem
man sagt, wir haben ja „im Autogenen Training eine ex-
zellent entwickelte Selbstversenkungsmethode"! Oder
„weil wir das Autogene Training haben, brauchen wir
die transzendentale Meditation nicht. Sie bringt uns
psychophysiologisch das gleiche wie das bei uns seit
Jahrzehnten wohlerprobte Autogene Training. Sie liefert die Übenden aber der Gefahr einer für unseren Kul-
turraum fremden Ideologie aus, die, wenn sie noch dazu
mit militanter Dynamik vorgetragen wird, nicht ungefährlich sein kann"[85].

Wenn auch gesondert näher auf das Autogene Training eingegangen wurde, möchte ich hier doch fragen:
Läßt z.B. das Autogene Training nicht gleiche Stufen-
bildungen erkennen wie Yoga? Das Autogene Training
beinhaltet uralte Bestandteile aller Versenkungs- und
Hypnotisierungstechniken!

Es ist m.E. allzu verständlich, wenn auf kritische Berichte über die TM auch entsprechende Antworten in
medizinischen Zeitschriften folgen.

„Daß TM (auch in seinen Anfangsgründen) ähnlich
wie Autogenes Training – nur vielleicht etwas intensiver
– neue Erfahrungen im geistigen Bereich eröffnet, ist
m.E. ein wesentlicher Vorteil. Die noch oft geäußerte
Meinung bzw. Sorge der Patienten, Autogenes Training
sei mit dem christlichen Glauben nicht zu vereinbaren,
haben wir immer mit gutem Gewissen so beantworten
können, daß alle religiösen Praktiken durch Autogenes
Training eine Vertiefung erfahren. Dasselbe kann ich
aus vielfältiger Eigen- und Fremderfahrung von der TM
sagen ...

Bei Hypnose wie beim Autogenen Training braucht
der skeptische Mensch länger, bis er die Technik lernt
und akzeptiert. Es funktioniert erst dann, wenn die
skeptische Abwehr überflüssig geworden ist und man

sich vertrauensvoll hineingibt. Ganz besonders ist meiner Meinung nach jede Technik recht, die es auf Dauer zuwege bringt, den Menschen unserer Zeit 40 Minuten ‚Ruhepausen' zu ermöglichen, in denen er sich statt nach außen nach innen wendet und damit eine neue Möglichkeit gewinnt, z.B. wieder zu beten oder anders zu beten"[61].

Ist TM wirklich „die einfachste und praktikabelste von mehreren Methoden, wieder unsere Mitte zu finden, wieder unsere Stellung im Gesamtkosmos zu begreifen, und dadurch in uns wieder eine größere Ruhe und potentielle Kraft einkehren zu lassen"? Nehmen wir doch als Christen das Wort Gottes zur Hand! Wir werden erfahren, welche Stellung uns von Gott zugewiesen wurde!

Wenn auch die Befürworter der TM es ablehnen, „irgendeine religiöse Ersatzbefriedigung für Menschen zu sein, Enttäuschte und Gescheiterte unserer Gesellschaft mit Phantasiezuständen zu trösten oder sie gar mit einer erneuten Ideologie zu vergiften", so ist und bleibt dennoch die TM religiös! Hierüber kann kein Zweifel bestehen!

Die TM „ist keine eigene Religion, sondern gehört dem Bereich des Hinduismus an. TM braucht keine Priester, obwohl zu fragen sein wird, ob nicht die TM-Lehrer und Center-Führer eine solche Stellung einnehmen. Sie braucht keine speziellen Kapellen oder Weiheräume, aber dort, wo ‚Seine Heiligkeit' gegenwärtig ist, scheint ‚heiliger Ort' zu sein. Auch erklären TM-Anhänger einem ab und zu, welche ‚Ruhe und innerer Frieden' von den Centern oder der Akademie in Bremen oder dem Domizil in Seelisberg/Schweiz ausgehen. Die TM gehört zum Bereich der hinduistischen Religiosität ... Wer TM meditiert, läßt sich damit auf eine Praxis ein, die auf dem hinduistischen Menschenbild aufbaut, die hinduistische Gotteserfahrung vermittelt und von der hinduistischen Weltanschauung her lebt ... Da der Hinduismus nicht eine geschlossene Religion (wie etwa der Islam oder das Christentum) darstellt, sondern eher als Lebens-Grundhaltung beschrieben werden muß, kann er alle möglichen Riten und Einzelwege aufnehmen. Er ist eine von sich aus synkretistische Religion, deren Grundlage allein der Gedanke ist, die im Körper verhaftete Seele frei werden zu lassen und mit der höchsten Gottkraft, deren Teil sie auch ist, zu vereinen"[41].

Maharishi schreibt in seiner Broschüre „Der göttliche Plan": „Jetzt ist die Zeit gekommen, das Himmelreich (‚das inwendige Königreich des Himmels') wieder hervorzubringen und es auf solche Weise zu tun, daß der Glanz des stofflichen Reiches durch das Licht des inwendigen erhellt werden kann." Maharishi zitiert, ohne ihn zu nennen, Jesus Christus, wenn er weiter schreibt: „Ihr seid für die größte Lebensfreude bestimmt, und diese befindet sich in euch – das Himmelreich ist inwendig in euch, in jedermann. Man muß nur den Anfang machen, es zu genießen."

Als Arzt sehe ich weiterhin in der TM eine Gefahr, daß sie vorgibt, „ein tiefstes und umfassendes Wissen von Krankheitsentstehung, Heilung und Gesundheit"[162] zu vermitteln, bei Aufnahme in die präventive, kurative und rehabilitative Medizin die Volksgesundheit zu fördern.

Das nachfolgende Zitat eines bedeutenden tantrischen Guru, des Professors für Tibetologie Chhimet Ricdzen Lama, sollte uns alle nachdenklich stimmen:

„Immer neigen die Menschen zu extremen Handlungen ... Es gibt so viele geistige Kräfte im alten Europa, die Euren Lebensformen viel angemessener sind ... Euer Lebens- und Arbeitsrhythmus ist dem des Buddha genau entgegengesetzt. Die meisten europäischen und amerikanischen Buddha-Anhänger kommen mir vor wie elektrische Ventilatoren, die man entgegen ihrer Bestimmung abgeschaltet hat, die sich aber infolge eines falschen Kontaktes noch immer, mit verminderter Kraft zwar und deshalb recht traurig, weiterdrehen. Sie können den Stillstand nicht finden, aber auch nicht mehr richtig funktionieren. Das ist schlimm"[158].

„Diese Besorgnis gilt nicht nur für europäische und amerikanische Buddha-Anhänger, sie trifft ebenso die Anhänger der amerikanisch vermarkteten und mit ‚militanter Dynamik' verbreiteten Lehren des Maharishi Mahesh Yogi"[99].

Für alle Ärzte sollten die TM betreffenden Schlußsätze des Referates „Meditation – Hilfe oder Gefahr?", das Professor Langen 1979 bei der Karlsruher Therapiewoche hielt, ein verpflichtendes Vermächtnis sein: „Medizinischer Okkultismus ... hat schon so viele Blüten getrieben; wir brauchen keine mehr; das Abendland hat so überragende Kulturgüter geschaffen, daß es keine, noch dazu wesentlich verwässerte, indische Weltanschauung braucht"[86, 99].

Und ein ehemaliger Guru schreibt[93]: „Transzendentale Meditation ist Hinduismus mit Zuckerguß. Ihr rein religiöser Charakter wird durch wissenschaftlich anmutende Schlagwörter geschickt getarnt, damit der westlich orientierte Mensch darauf hereinfällt."

Wie wir gelesen haben, hat Transzendentale Meditation mit Religion zu tun, denn „Meditation ist der einzige Weg, Gott zu finden", wie es das Oberhaupt der TM Maharishi Mahesh Yogi ausdrückt. Diese Lehre ist eine klare Absage an die christliche Botschaft. Als Christ brauche ich keine Meditation, sondern setze mich dem unsichtbaren Wirken Gottes aus und lasse mich von Christus prägen. Als Glaubender frage ich danach, was Gott will. Auch die Zeit des Gebets gehört in diesen Bereich. Wenn Christus nicht gelitten hätte, gäbe es keine Erlösung. Nur Gott selbst, Jesus Christus, kann von sich behaupten, der einzige Weg zu sein.

Die Transzendentale Meditaion hat sich einen wissenschaftlichen Mantel umgelegt und kommt somit der westlichen Zivilisation entgegen, die oft alles, was sich „wissenschaftlich" nennt, „ehrfurchtsvoll" anblickt. Aus den gemachten Ausführungen werden Sie erkannt haben, daß Transzendentale Meditation nicht nur religiös, sondern selbst der „Ausdruck einer östlichen Religion" ist.

„In dem Handbuch für TM-Lehrer nennt Maharishi Yogi die speziellen Geistwesen, die der TM okkulte Kraft verleihen, ‚Meister der Heiligen Tradition, die Wächter der ewigen Weisheit' – die sich als genau die Weisheit herausstellt, die Satan an die ersten Menschen weitergegeben hat. Die TM führt Meditierende oftmals in den Kontakt mit Geistern, die sich zeitweilig als spirituale Meister aus der Vergangenheit zu erkennen geben oder auch mannigfaltige andere Formen annehmen, von denen einige äußerst grotesk und furcherregend sind … Da die TM-Mantras Kodenamen hinduistischer Gottheiten sind, hinter denen sich in Wirklichkeit Dämonen verstecken, und somit die Wiederholung des Mantras eine Aufforderung an die Dämonen ist, sich des Meditierenden zu bemächtigen, kann es gar nicht ausbleiben, daß Meditierende spiritistische Erlebnisse haben"[58].

„Da die Erfahrungen eines spiritistischen Mediums deutliche Ähnlichkeiten mit den TM-Erfahrungen aufweisen, könnte es sein, daß kosmisches Bewußtsein nur ein anderer Name ist für dämonische Besessenheit …

Das Ausmaß der Anerkennung, das dem breiten Spektrum des Okkulten heute durch die Wissenschaft gezollt wird, und der Eifer, mit dem sich die Öffentlichkeit dafür interessiert, lassen erkennen, daß die Menschheit einem heftigen Sturmangriff durch geistige Mächte ausgesetzt ist. Diese Mächte Dämonen zu nennen, ist natürlich nicht modern"[58].

Glück und Wahrheit durch Jugendreligionen?

Heute suchen viele Menschen nach einem neuen Lebensstil. Und in unseren Tagen, wo nur noch jeder achte Christ in die Kirche geht, gewinnen andere Heilsbotschaften an Gewicht. Mancher beruft sich hierbei auch auf Jesus. Jesus lebte aber nicht so, wie heute die jungen Menschen, die aus der Gesellschaft „aussteigen", weil sie eine eigene Vorstellung vom bürgerlichen Leben haben. Man kann sich nicht einfach über Normen des Alltags hinwegsetzen! Es besteht kein Anlaß für uns, daran zu zweifeln, daß Jesus sich größtenteils an die alltäglichen und gottesdienstlichen Ordnungen seines Volkes gehalten hat. Und eine strenggläubige jüdische Familie im heutigen Israel zeigt gewiß mehr Übereinstimmung mit der Lebensweise Jesu als irgendein Christ auf dieser Welt. Mancher unter uns überschreitet die gesteckten Grenzen. Was können wir alles mit unserem Leben anfangen und anstellen! Dabei vergißt man, was unser Leben vor Gott gilt! Für viele bleibt leider ihr Leben leer; sie finden für ihre Seelen keine Ruhe, haben keinen Halt.

„Eine ganze Menschheit scheint – oft erschreckend laut – aufgebrochen zu sein nach Kontaktsuche, neue zwischenmenschliche Beziehungen zu finden, die Mauern der Einsamkeit und Isolierung zu durchbrechen. Was die einen in einem vielgepriesenen ‚Wochenendmarathon der Selbsterfahrung' oder in ‚Gruppendynamischen Trainings' zu finden meinen, erfahren die anderen in stiller Begegnung mit einem Guru … Zu sich selbst finden, ist die Devise"[119].

In unserer angstvollen Welt erleben wir eine allgemeine Niedergeschlagenheit. Man sucht Wege einer besseren Lebensbewältigung, trachtet nach Selbsterfahrung und Selbstfindung des Menschen, sucht sein Heil in „Gruppenbewegungen scheinreligiöser wie pseudowissenschaftlicher Prägung"[119].

In einer vom rheinland-pfälzischen Sozialministerium durchgeführten Meinungsumfrage gaben junge Menschen eine Reihe von Motiven an, die zum Beitritt zu einer Jugendreligion Anlaß geben könnten, darunter das Gefühl des Nichtfertig-Werdens mit dem komplizierten Leben, der Perspektivlosigkeit für Leben und Beruf, eine geistige Richtungslosigkeit unserer Zeit.

Man sollte den jungen Menschen helfen! Unzählige Jungen und Mädchen haben nie Liebe erfahren, wuchsen in einem schlechten Milieu auf, wurden falsch erzogen oder erfuhren eine negative Beeinflussung. Es ist allzu verständlich, daß mancher dieser Jugendlichen Zuflucht bei Alkohol oder Rauschmitteln sucht; andere wieder hoffen in sexueller Schrankenlosigkeit eine Erfüllung zu finden; wieder andere suchen Hilfe in okkulten Dingen. Viele wenden sich hinduistischen religiösen Praktiken zu, geraten in den Sog der Jugendreligionen. Gerade in den Lehrgrundlagen dieser Organisationen liegt die Gefahr und Bedrohlichkeit – nicht nur für die jungen Menschen! Die zunehmende religiöse Verführung darf als ein Zeichen der Endzeit gewertet werden. Sie ist so gefährlich, weil sie vorgibt, das religiöse Bedürfnis vieler Menschen zu stillen; in Wirklichkeit aber betrügen sie die gläubigen Mitmenschen. Hier ist seelsorglicher Rat und echte Hilfe erforderlich!

Was beabsichtigen die psychookkulten Religionen? Wollen sie dem Menschen nur Glück bringen?

Die neuen religiösen Bewegungen[42], die in Europa zunehmend größeren Einfluß gewinnen, bedeuten eine ernste, lebensbedrohende Gefahr für ihre Anhänger. Sie wenden sich besonders an junge Menschen. Die „wilden sechziger Jahre" mit den politischen Demonstrationen, der Subkultur der Hippies und Gammler ist zur anderen Seite – nämlich der Suche nach einer „heilen Welt" – umgeschlagen. Die Suche vieler Jugendlicher nach einfachen Lösungen komplizierter politischer Fragen und nach einem sinnerfüllten Leben, nach einem Gefühl von Geborgenheit und Glück in einer Gemeinschaft Gleichgesinnter haben sich die „Gurus" – autoritäre patriarchalische Führergestalten, denen totaler Gehorsam geleistet wird – zunutze gemacht.

Fernöstliche Philosophien und Religionen stoßen im Westen auf eine „Marktlücke", nämlich auf den Mangel an gefühlsbezogenen Bindungen. Die Anhänger der sogenannten neuen Jugendreligionen[18] sagen sich los von Vater, Mutter, Freund und Freundin, geben Schule und Beruf auf und folgen den „Heilbringern". Man lebt nach einem strengen Reglement in Gemeinschaften, wirbt in Großstädten um Sympathie und Geld und erlebt sich selbst als „Jünger" mit einem „elitären Sendungsbewußtsein". Den Anhängern der neuen Religionen reichen die wöchentlichen Treffen der christlichen oder politischen Gruppen nicht aus. Sie wollen eine Gemeinschaft bilden, in der man sich liebt und geborgen fühlt. Man sucht nach neuen Wahrheiten und Lösungen aller Probleme und entdeckt so die Wahrheit des „Meisters", der „lebendig und nicht vor 2000 Jahren gestorben ist".

Um Zugang zu den „empfänglichen" Menschen zu bekommen, werden raffinierte Praktiken und Techniken der „Bekehrung" angewandt, die in allen Gruppierungen einander ähneln. Von Anfang an werden die jungen Menschen, die entweder in einer Lebenskrise stecken oder Angst vor der Zukunft haben und die gesellschaftliche Wirklichkeit als sozial ungerecht empfinden, einem Gruppendruck ausgesetzt; man nimmt ihnen das Selbstbewußtsein und das Selbstvertrauen. Durch verkürzte Schlafzeiten, endlose Vorlesungen, Herleiern von Gebeten und Gesängen, verringert man die Aufmerksamkeit der jungen Leute, so daß sie in eine totale Abhängigkeit von der neuen Lehre geraten. „Ein Trancezustand stellt sich ein, in dem der Angeworbene die Kontrolle über seine Handlungsweisen teilweise oder vollkommen verliert. Jetzt erst beginnt die eigentliche Bekehrung. Dieses Programm ist von erheblicher Intensität. Es schließt eine Änderung der Ernährung und eine ideologische Umerziehung mit einer Neuverteilung von Schuld und Angst ein, dazu werden neue Verheißungen über Glück und Erlösung gegeben, überdies vollzieht sich das Leben der Gruppe in der Erwartung eines baldigen Weltunterganges. Belohnungen für die Gläubigen und Bedrängnisse und Strafen für die Ungläubigen werden als Realität angenommen"[108].

Innerhalb kurzer Zeit vollzieht sich bei den neuen Mitgliedern ein radikaler Wandel der Denkweise. Sie sind auch nicht mehr in der Lage, eigenmächtig zu handeln, über ihr Schicksal zu entscheiden; sie geraten in eine absolute Abhängigkeit, und es kommt zu einer Persönlichkeitsveränderung.

In der „Westfalenpost" vom 12.10.1984 war zu lesen, daß die Bundesregierung zum Kampf gegen Jugendsekten mit dem Ziel aufgerufen hat, den Einfluß von „Jugendreligionen" und „Psychosekten" auf die jungen Menschen in der Bundesrepublik weiter zu vermindern.

Wie die Bundesregierung in ihrer Antwort auf eine parlamentarische Anfrage der SPD-Bundestagsfraktion über „destruktive Jugendreligionen" erklärte, kann der Staat nicht allein gegen das Sektenunwesen ankämpfen. „Hier stellen sich bedeutsame Aufgaben für alle gesellschaftlichen Kräfte, nicht zuletzt für die christlichen Kirchen."

Es bleibt die Schlüsselfrage: Wie kommt es, daß junge Menschen eine solche Skepsis gegenüber unserer Gesellschaft beschleicht, daß sie zu den Jugendreligionen gehen? Auch der NRW-Arbeits- und Sozialminister Farthmann weiß hierauf keine Antwort zu geben: „In den letzten Jahren sind bei der Landesregierung immer häufiger Briefe von Eltern eingegangen, die erschüttert über das Schicksal ihrer Kinder in Jugendsekten berichteten." Zahlen über die Jugendreligionen sind mehr schemenhaft als exakt. Bundesweit wird gerechnet, daß die Mitgliederzahlen zwischen 50 und 500 pro Sekte liegen. Erheblich größer ist die Zahl der Anhänger und Interessenten. Bei der Bhagwan-Bewegung wird mit 25.000 bis 35.000 Anhängern gerechnet. Die Scientology-Kirche gibt ihre Mitglieder mit 70.000 an. In einem Bericht des NRW-Sozialministeriums heißt es, daß die Jugendreligionen ihre Sympathisanten nicht nur ausbeuten, sondern auch psychisch krank machen können. So haben die niedergelassenen Nervenärzte und die 68 Universitätskliniken und psychiatrische Landeskrankenhäuser bei mehreren hundert ehemaligen Anhängern von Jugendreligionen Schizophrenie und andere seelische Krankheiten festgestellt. Nach Angaben der Bonner Uni-Klinik wurden bei ehemaligen Anhängern von Jugendreligionen „negative gesundheitliche Veränderungen im Leistungs-, Konzentrations- und Arbeitsbereich sowie auch im Schreibstil, der Orthographie und der Schrift" beobachtet.

Besonders schwer zu durchschauen ist die Finanzierung der Jugendsekten. Fast alle Gruppierungen sind auf Gewinn ausgerichtet. Der Weg zum Licht durch Selbstfindung ist den Anhängern des indischen Bhagwan fast jeden Preis wert. Der „Göttliche" aus Indien preist Arbeit als Meditation und macht damit in den USA kräftig Kasse.

Vereinigungskirche (Mun-Sekte) – Willenlosigkeit des Menschen

Wer bei der Vereinigungskirche (Mun-Sekte) eine christliche Bewegung, eine Organisation vermutet, die sich für die Wiedervereinigung der Konfessionen einsetzt, wird enttäuscht. Er wird nichts Christliches finden, auch wenn an einige biblische Vorstellungen angeknüpft wird. Gründer und Leiter ist der Koreaner San Myung Mun, der behauptet, er sei 1945 der „unumschränkte Herrscher von Himmel und Erde" geworden.

Nach eigenen Angaben soll er in 120 Ländern über zwei Millionen Anhänger haben. Seine Organisation basiert auf der „Grenze zwischen einer religiös-endzeitlichen Gemeinschaft und einer ideologisch-politischen Kampfgruppe"[108]. Neben Teeplantagen (Ginseng-Tee), einer Waffenfabrik hat Mun noch eine große Zahl weltweiter Organisationen gegründet[18]. Mun strebt das „Reich Gottes auf Erden" durch die Vereinigung der Menschheit und die Vernichtung des Kommunismus an. Seine Führung ist straff, fast diktatorisch. Von den Mitgliedern werden große, auch finanzielle Opfer gefordert. Wer sich zu seinen „Göttlichen Prinzipien" bekennen will, übereignet vorher sein ganzes Vermögen dem „wahren Elternpaar" (Mun und seine Frau). Durch intensives Training geschult, stellen sich die Mitglieder ganz in den Dienst der Vereinigungskirche. Sie verfügen über keinen eigenen Willen mehr.

Children of God (Kinder Gottes) – Erniedrigung des Körpers

Die Children of God (Kinder Gottes, Familie der Liebe, Family of Love) darf man nicht mit den „Jesus People" verwechseln, auch wenn sie 1968 im Zusammenhang mit der „Jesus-Welle" in den USA entstanden. Gründer und Leiter ist der Amerikaner David Berg („Mose David"), der seine Lehre in sogenannten „Mo-Briefen" verbreitet[45]. Einer der Lehr-Kernpunkte ist die „sexuelle Revolution". Neue Anhänger wirbt Berg durch Druckschriften und durch die sexuellen Reize seiner Mitglieder. Er fordert auf zur sexuellen Befreiung. Die „geistige" Gruppenehe soll die private Ehe ersetzen. Durch diese Lehre wird der Körper offensichtlich erniedrigt. Die Anhänger leben in einem System totaler Abhängigkeit in streng autoritär strukturierten Intimgruppen. Die Children of God gewinnen besonders Profil durch intensiv religiös gefärbte Werbeschriften, die aber zunehmend pornographische Züge angenommen haben.

Scientology-Kirche – eine Bedrohung der Gesellschaft

Der Gründer und Leiter der Scientology-Kirche ist der ehemalige amerikanische Autor „technisch überzogener Zukunftsromane", der Science-fiction-Autor Ronald Hubbert[32]. In seiner Weltanschauung sind „psychologische Erkenntnisse mit der buddhistischen Wiedergeburtslehre vermischt. Gedanken, die in magischen Geheimlehren auftauchen, sind ebenso vorhanden wie Bruchstücke aus anderen Religionen"[55]. Die Mitglieder leben in einer „militärisch strukturierten Organisation"[108]. Unter verschiedenen Tarnnamen werden Zweigorganisationen unterhalten, wie „Ziel" (Zentrum für individuelles und effektives Lernen), „Narconon" (Betreuungsorganisation für Drogenabhängige), „Kommission für Verstöße der Psychiatrie gegen Menschenrechte" u.a.m.

Nach einem Urteil des Landgerichts Stuttgart darf über die Scientology-Kirche gesagt werden: „... die Scientology-Kirche ist in Wahrheit nicht der Welt größte Organisation für seelische Gesundheit, sondern der Welt größte Organisation aus unqualifizierten Leuten. Ihre Praxis ist eine ernste Bedrohung der Gesellschaft, medizinisch, moralisch und sozial. Ihre Anhänger sind bedauernswerte Verführte und vielfach seelisch krank."

Siehe auch „Die religiöse Revolte" v. M. Mildenberger – Seite 180–190 Seite 301–303

Divine Light Mission – Mission der praktischen Erfahrung Gottes

Die Divine Light Mission oder Mission des Göttlichen Lichts will „das offenbaren, was seit jeher die Grundlage aller Religionen ist: die praktische Erfahrung Gottes"[55]. Der Führer dieser Gemeinschaft ist der 1957 geborene Inder „Guru" Maharaj Ji. Mit 8 Jahren, beim Tod seines Vaters, eines berühmten Guru, begann der Sohn mit „Satsang", einer geistigen Unterweisung.

Seine Botschaft lehrt, „daß es nicht genügt, an Gott zu glauben, sondern man müsse Gott kennen und ihn von Angesicht zu Angesicht sehen. Der Guru betont immer wieder, daß das Göttliche im Menschen liege ... Der Guru behauptet von sich selbst, der vollkommene Meister zu sein, womit er alle seine Vorgänger wie Christus, Buddha, Mohammed und Krishna überträfe ..."[55]. Seine Anhänger verehren in ihm „die Verkörperung des göttlichen Wissens". Dieses Wissen erlangt man durch Meditation, es soll von der Abhängigkeit von der Welt befreien[101].

Krishna-Bewegung – eine selbstlose Hingabe

Auch die Krishna-Bewegung[100] stammt aus Indien. Im Vordergrund ihrer Lehre steht die „selbstlose Hingabe an Gott. Um die verlorengegangene Harmonie wieder herzustellen und eins zu werden mit Krishna, singen die Gottgeweihten die transzendentalen Lautschwingungen des Mantras ... mindestens 1728 mal täglich. Damit sich die Mönche nicht verzählen, tragen sie stets eine Kette mit 108 Kugeln bei sich, die in sechzehn Runden je einmal abgezählt werden muß. Als Gegenleistung wird den Mönchen das ewige Leben mit Krishna versprochen"[55].

„Eines haben alle diese Jugendsekten gemein: Sie arbeiten mit recht undurchsichtigen Mitteln, scheffeln Geld, geraten nicht selten mit dem Gesetz in Konflikt und nutzen ihre Getreuen hemmungslos aus: ihr guter Wille, ihr Geld und ihre Arbeit werden für die eigennützigen Zwecke der selbsternannten Heilsbringer mißbraucht. Die Unterweisung in der jeweiligen Lehre und die Aufnahme in die Sekte kommen einer Gehirnwäsche gleich. Die Opfer dieser Bewegungen sind eher zu bedauern als zu verdammen. Von den Amtskirchen enttäuscht, finden Jugendliche auf der Suche nach absoluten Werten, Sicherheit und menschlicher Wärme in diesen Gemeinschaften vorübergehend einen Lebensstil, eine Möglichkeit der Hingabe und eine Art Brüderlichkeit, die ihnen in unserer seelenlosen Welt Zuflucht bieten"[82].

Schlußwort

Wir können heute beobachten, daß das Verlangen unserer Mitmenschen nach menschlich-ärztlicher und priesterlich-ärztlicher Zuwendung immer mehr wächst. Die innere Not des einzelnen, die seelische Vereinsamung und damit einhergehend die Zahl der psychosomatischen Erkrankungen nimmt zu. Gerade für diese Menschen ist das ärztliche Mitgefühl, vielleicht sogar das Mitleiden enorm wichtig.

Leider bietet unsere oft übertechnisierte Schulmedizin dieses Mitgefühl dem Patienten nicht an. In seiner Hilflosigkeit gegenüber den „Gesundheitsfabriken" wendet er sich Außenseitermethoden zu, die oft aber sinnlos, ja sogar gefährlich sind. Nicht alles, was von sich behauptet, „biologisch" oder „naturgemäß" zu sein, ist tatsächlich gut. Die meisten Außenseitermethoden haben nicht viel mit Naturheilverfahren zu tun. Vielmehr basieren sie oft nur auf einem Suggestiveffekt oder wurzeln tief im Okkultismus. Zu diesem Punkt habe ich ja ausführliche Stellung bezogen.

Nun ist es aber mit der bloßen Ablehnung der beschriebenen Methoden nicht getan. Gerade die Schulmedizin steht vor der Frage, wie sie das Vertrauen der Patienten wiedererlangen kann, denn nicht ohne Grund haben diese sich in die Hände von Scharlatanen und Quacksalbern begeben. Uns Medizinern fehlt leider die Zeit und wohl auch die Bereitschaft, einem psychisch angegriffenen Patienten die dringend benötigte Zuwendung zu geben.

Daneben fehlt auch das Wissen, um sich mit fundierten Informationen gegen die Leichtgläubigkeit und Sorglosigkeit vieler Patienten wenden zu können. Zur Information und Aufklärung wollte dieses Buch beitragen. Dabei wollte es keineswegs alle Therapiemodelle, die neben der Schulmedizin stehen, verurteilen. Vielmehr geht es darum, einen – den einzigen – Ausweg aus den oftmals durch Achtlosigkeit entstandenen Bindungen aufzuzeigen.

Viele Menschen unserer Zeit rechnen zu wenig mit Jesus, vergessen, daß der Sohn Gottes Macht über alle Dinge dieser Welt hat. Wer glaubt, hat eine Verbindung zu dem besten Arzt, den es gibt. Unsere Aufgabe als Mediziner und Seelsorger ist es, den Menschen, die sich in ihrer Not an uns wenden, den Weg zu diesem großen Arzt zu zeigen.

Unter der Überschrift – „Was der Mensch braucht" – war 1972 in der Zeitschrift „Zeichen der Zeit" ein Artikel zu lesen, der abschließend auszugsweise wiedergegeben werden soll:

„In diesem Zeitalter, das sich seiner Aufgeklärtheit rühmt, steht die Gemeinde Christi einer Welt gegenüber, die in mitternächtlicher Finsternis liegt und sich beinahe ganz dem Götzendienst hingegeben hat.

Die Bosheit der Menschen hat beinahe ihre Grenzen erreicht. Auf manche Weise offenbart Satan, daß er die Welt beherrscht. Er beeinflußt die Herzen der Menschen und verdirbt ihre Sinne.

Die Menschen werden massenweise durch die Täuschungen einer treulosen Generation verführt, und sie leben in der Finsternis des Irrtums. Der in unserer Zeit herrschende Geist ist der Geist der Treulosigkeit und der Abtrünnigkeit – ein Geist vorgeblicher Erleuchtung wegen einer vermeintlichen Erkenntnis der Wahrheit, aber in Wirklichkeit ein Geist der blindesten Vermessenheit. Ein Geist der Gegnerschaft gegen das klare Wort Gottes und gegen das Zeugnis seines Geistes herrscht, ein Geist götzendienerischer Erhebung rein menschlicher Vernunft über die von Gott offenbarte Weisheit.

Der verderbliche Geist des Unglaubens ist in jedem Land zu finden und durchdringt alle Gesellschaftsschichten. Er wird in vielen Universitäten, Colleges und Mittelschulen eingeflößt, und er dringt sogar in den Unterricht in den Volksschulen und den Kindergärten ein. Tausende, die vorgeben, Christen zu sein, achten auf Lügengeister. Überall tritt der Geist der Finsternis im Gewand der Religion dem Wahrheitssucher entgegen.

Gott wünscht, daß die Seinen das rechte Verhältnis zu ihm haben, damit sie verstehen mögen, was er von ihnen vor allem verlangt. Sie sollen jeder kämpfenden Seele in der Welt offenbaren, was es bedeutet, Liebe zu üben und demütig zu sein vor ihrem Gott."

Da wir das Ende unserer Zeit heranrücken sehen, ist es besonders wichtig, welchen Stellenwert die Heilige Schrift in unserem Leben bekommt. Das Wort Gottes muß Richtschnur unseres Glaubens und Handelns sein, denn die Täuschungen Satans werden immer tückischer, und sie sind schwer zu durchschauen. Wir leben in einer Zeit, da böse Mächte die Kinder Gottes mit großer Heftigkeit attakieren. Und nach 1. Timotheus 4,1 wissen wir, daß der Einfluß der bösen Geister in der letzten Zeit wächst, daß sogar seine Gemeinde unterwandert wird, daß „viele vom Glauben abfallen werden und anhangen den verführerischen Geistern".

Satan versucht durch falsche Lehren die Liebe Gottes zu verzerren oder sich mit dem Schein der Wahrheit zu schminken. Satan ringt mit „groß Macht und viel List" um die Herzen der Menschen. Das Neue Testament bezeichnet den Teufel als „Vater der Lüge". Sünde wird heute verharmlost; denn die Zeiten haben sich ja verändert. Und was alle tun, kann doch nicht schlecht sein. Man wird den heiligen Zehn Geboten gegenüber untreu.

Die Zehn Gebote – „bis auf den heutigen Tag das göttliche Grundgesetz", wie es Gerhard Bergmann[4] schreibt – aber zeigen uns das Wesen der Liebe Gottes! Und in der heutigen Welt mit ihrem schwindelerregenden Tempo ist es notwendig, etwas Solides zu haben, worauf wir uns verlassen können. Dies erreichen wir, wenn wir uns den Grundsatz Martin Luthers zu eigen machen: „Nulla dies sine scriptura" – „Kein Tag ohne die Heilige Schrift!"

Beten wir, daß wir vor dem Bösen bewahrt werden (Matthäus 6,13). Lassen wir uns warnen! Wir haben es heute mit einer Verführungswelle schlimmsten Ausmaßes zu tun. Sicherlich können wir behaupten, daß heute tatsächlich Endzeit ist! „Kaum eine Generation hat so die Gebote abgeschafft und sich gegen Gott erhoben, wie die gegenwärtige ... der mystische Trend ist unheimlich und es ist erschreckend, wie sehr er auch schon die Gläubigen erfaßt hat"[139]. Schauen wir hinter die Kulissen! Mein Vorhaben war es, zu warnen!

LITERATURVERZEICHNIS

1 Balint, M.: Med.Mon.Spiegel 5, 1965, S. 111
2 Baum, J.: Die Akupunktur in der Schmerzbehandlung.
   DMW 107, Nr. 9, 1982, 348
3 Benson, H. u. Keith Wallace, R.: Decreased blood pressure in hyperten-
   sive subjects who practiced meditation, zit. n. Orme-Johnson
4 Bergmann, G.: Ist der Friede noch zu retten?
   Schriftenmissions Verlag, Gladbeck, 2. Aufl. 1982
5 Beyerhaus, P.: Jesus Christus – gestern und heute, derselbe auch in Ewigkeit. Informationsbrief Nr. 106 der Bekenntnisbewegung „Kein anderes
   Evangelium", Lüdenscheid, 1984
6 Bischko, J.: Grundlagen der Akupunktur. Intern. Herbstkongreß f.
   Ganzheitsmed., Velden 1979
7 Bischko, J.: Einführung in die Akupunktur. 11. Auflage, Heidelberg 1979
8 Bischko, J.: Der gegenwärtige Stand der Akupunktur im Westen.
   Manuskript zum Akupunktur-Seminar, Natura 80, Basel
9 Bischko, J.: Für welche Fälle hat sich Akupunktur bewährt?
   Praxis-Kurier 51, 1982, 30
10 Blackwell, B. u.a.: Transcendental meditation in Hypertension.
   Lancet 1, 1976, S. 223
11 Blanke, F.: Asiatische religiöse Strömungen in Europa. zit.b. Mayer, P.:
   Yoga – ja oder nein? in „Bibel und Gebet", Zeitschr. d. Bibelschule
   Beatenberg/Schweiz
12 Blatter, K.: Paramedizinische Praktiken.
   Bibel und Gemeinde 82, Nr. 2, 1982
13 Bleuler, E.: Das autistisch-undisziplinierte Denken in der Medizin und
   seine Überwindung. Berlin 1927
14 Bloomfield, H.H. u.a.: Transzendentale Meditation. Düsseldorf 1976
15 Brück, E.: Zur Problematik der Wünschelrute. Documenta Geigy
   „Mensch und Umwelt" Nr. 5, Basel 1962
16 Buchinger, O.: Das Heilfasten. Stuttgart 1958
17 Bujatti, M. u. Riederer, P.: Serotonin, Noradrenaline, Dopamine
   Metabolites in Transcendental Meditation-Technique. Journal of
   Neural Transmission 39, 1976, S. 257
18 Bundesminister für Jugend, Familie und Gesundheit (Hrsg.):
   Jugendreligionen in der Bundesrepublik Deutschland. Reihe Berichte
   und Dokumentationen 21. Bonn 1980
19 Bäzner, E.: Hypnotismus, Okkultismus und Pseudookkultismus.
   München-Pasing 1968
20 Carothers, M.: Ich suchte stets das Abenteuer. Joh. Fix-Verlag, 1974
21 Chaij, F.: Bewährung in der Endzeit. II. Viertel, Hrsg. Gem. d. STA
22 Dechanet, J.M.: Yoga für Christen, Die Schule des Schweigens. 2. Auflage
   Luzern 1959
23 Dethlefsen, Th.: Schicksal als Chance. Goldmann-Taschenbuch 880
24 Deutsches Ärzteblatt: Möglichkeiten und Grenzen der Akupunktur.
   Heft 21, 1981, 1037
25 Devaux, H.: zit.b. M.A. Lumière
26 Ditfurth, H.v.: Vortrag in ZDF „Querschnitt" 2.5.1979,
   zitiert nach A. Hermann
27 Dogs, W.: Befreite Seele. Über die ärztliche Hypnose, Wissenschaft und Praxis
   einer besonderen Therapie. 4. Auflage. Duisburg
28 Dogs, W.: Wollen Sie dynamische Psychotherapie praktizieren?
   Ärztl. Prax. 23, Nr. 47, 1981, S. 1914
29 Drigalski, D.v.: Blumen auf Granit. Eine Irr- und Lehrfahrt durch die
   deutsche Psychoanalyse. Frankfurt/M. 1979
30 Eberlein, G.: Gesund durch Autogenes Training. Rheinbeck
31 Eberlein, G.: Autogenes Training für Fortgeschrittene. Rheinbeck 1975
32 Evans, Chr.: Die Science Fiction-Religion, in: Kulte des Irrationalen.
   Hamburg 1976

33   Gallagher, E.: Tote Leitung – heißer Draht. Über das Gespräch mit Gott.
       Hamburg
34   Glowatzki, G.: Vom medizinischen Okkultismus und seinen Adepten.
       Klinik Journal Nr. 2, 1984, 39
35   Glowatzki, G.: Akupunktur. DMW 106, 1981, 790
36   Granet, M.: Das chinesische Denken. München 1971
37   Grassberger, R.: Psychologie des Strafverfahrens. Wien 1950
38   Gross, R.: Med. Welt 17, 1965, S. 873
39   Gruber, M.: Der gegenwärtige Stand der Akupunktur im Osten.
       Manuskript zum Akupunktur-Seminar, Natura 80, Basel
40   Guttmann: Gefährliche Wege in der Medizin. Deutsches
       Gesundheitswesen 11, 1956, S. 36
41   Haak, F.W.: Transzendentale Meditation. 3. Auflage, München 1977
42   Haak, F.W.: Die neuen Jugendreligionen – Teil 2. München 1978
43   Haak, F.W.: Jugendreligionen – Trends, Ursachen, Reaktionen.
       München 1979
44   Hasel, K.: Der Zauber des Aberglaubens und die Wirklichkeit.
       Concerned Communications, Basel, 1983
45   Hauth, R.: Die Kinder Gottes – Weg und Irrweg einer Jugendsekte,
       2. Auflage, München 1977
46   Hauth, R.: Die nach der Seele greifen. Psychokult und Jugendsekten.
       Gütersloh 1979
47   Hawley, D.: Fang an zu leben! Hamburg 1981
48   Heide, M.: Das Verhältnis zwischen Arzt und Patient.
       Allg. Therapeutik 7, 1967, S. 7
49   Heide, M.: Unsere Gesundheit – Gabe und Aufgabe. 2. Auflage. Zürich
50   Heide, M.: Preiset Gott an eurem Leibe. Berlin 1977
51   Hemleben, J.: Rudolf Steiner. Homburg 1983
52   Herget, H.: Schlußwort 2 (Entgegnung auf Prokops Kritik). Monatskurse
       f.d.ärztl. Fortbild. 28, 1978, S. 989
53   Herget, H.: Akupunktur zur Therapie schmerzhafter Erkrankungen.
       Nieders. Ärztebl. 51. 1978, S. 159
54   Herrmann, A.: Zweifel. Leserzuschr. Dtsch. Ärztebl. 76, 1979, S. 1821
55   Heuberg, K.-H. (Hrsg.) u.a.: Die Regenmacher. Köln 1980
56   Hirsch, W.: Mat.Med.Nordm. 3, 1962, S. 96
57   Hoppenworth, K.: Neue Heilswege aus Fernost – Hilfen oder Gefahren?
       Bad Liebenzell 1978
58   Hunt, Dave: Götter, Gurus und geheimnisvolle Kräfte.
       Brunnen-Verlag, Basel, 1984
59   Jacobson, E.: Progressive Relaxation. Chicago 1938
60   Jacquerod, A.: zit.b. M.A. Lumière
61   Jung, K.: Transzendentale Meditation – eine wesentliche Bereicherung?
       Ärztl.Prax. 31, Nr. 88, S. 1979
62   Kellner, G.: Bau und Funktion der Haut. Dtsch.Z.Akup.Hefte 1, 2 und 3,
       1966
63   Keough, G.A.: Unsere Gesundheit heute. Hamburg
64   Kepler, J.: zit. bei H. Löhr
65   Kielholz, P.: Streß und Arzt. Monatskurse f.d.ärztl. Fortbildung 26,
       1976, 7
66   Kissener, H.: Schach dem Aberglauben. 2. Auflage. München 1973
67   Kniffki, Ch.: Transzendentale Meditation und Autogenes Training.
       München 1979
68   Koch, K.E.: Die Magie aus der Sicht der Seelsorge. Berghausen/Bd.
69   Koch, K.E.: Okkultes ABC. Basel
70   Koch, K.E.: Seelsorge und Okkultismus. Wüstenrot 1953
71   Koch, K.E.: Wahrsagen. Basel
72   Koch, K.E.: Der Spiritismus aus der Sicht der Seelsorge. Berghausen/Bd.
73   Koch, K.E.: Tag X. Basel
74   Kongreßbericht: Akupunktur, Eine Rechtsmedizinerin urteilt. Medical
       Tribune 22, Nr. 8, S. 1981
75   Kowa, W.: Zuschrift vom Februar 1981, Heidelberg 1, Postfach 103245
76   Kremer, E.: Geöffnete Augen. 16. Auflage. Selbstverlag 1977
77   Kroener, D.: Transzendentale Meditation und ihre Indikationen für den
       niedergelassenen Arzt. Biolog.Medizin, Nr. 3, 1980, S. 122

78 Kroener, D.: Die Wirkung der Transzendentalen Meditation auf psychosomatische Störungen. Naturheilpraxis 30, 1977, S. 755

79 Kroener, D.: Streß-Abbau: Medizinische Aspekte einer Entspannungstechnik am Beispiel der Transzendentalen Meditation (Populärwiss.Informationsblatt). Hamburg 1978

80 Krötlinger, M.: Akupunktur in der Allgemeinpraxis. Monatskurse f.d.ärztl.Fortbild. 28, 1978, S. 510

81 Kühling, J.: Autogenes Training. Erfahrungen – Empfehlungen – Hilfen. Z.Allg.Med. 57, 1981, S. 830

82 Lanarès, P.: Wer wird die Welt beherrschen? Saatkorn-Verlag, Hamburg 1984

83 Langen, D.: Hypnose und psychosomatische Medizin. Stuttgart 1972

84 Langen, D.: Hypnose und autogenes Training in der psychosomatischen Medizin. Stuttgart 1971

85 Langen, D.: Transzendentale Meditation – Hilfe oder Gefahr? Dtsch.Ärztebl. Nr. 1, 1979, S. 35 und Nr. 25, 1979, S. 1705

86 Langen, D.: Meditation – Hilfe oder Gefahr? Therapiewoche 30, 1980, S. 4409

87 Lechler, A.: Leg deine Nerven in Gottes Hand. 27. Auflage. Stuttgart 1975

88 Lenz, R.: zit. bei Langen, D.

89 Liptak, V.: Psychotherapeutische Aspekte der Akupunktur. Med.Klin. 77, Nr. 6, 1982, 40

90 Lumière, M. Auguste: Crémasthomancie ou Divination par le Pendule, 1948, Revue des Arts et Sciences les deux Mondes.

91 Lysebeth, D. u. A.: Meine tägliche Yogastunde. Stuttgart 1981.

92 Löhr, H.: Aberglauben und Medizin. Leipzig 1943

93 Maharaj, Rabindranaht R.: Der Tod eines Guru. 6. Aufl., Hänssler-Verlag, Neuhausen-Stuttgart

94 Margies, W.: Laß dir's schmecken. Schulte + Gerth, Asslar 1983

95 Markmann, O.:Irrtümer der katholischen Kirche. Lutherischer Gemeinschaftsdienst, Berlin, 1976

96 Markmann, O.: Die okkulte Heilweise der Homöopathie und Biochemie. Lorenz-Keip Verlag, Berlin, 1978

97 Maxisch, H.: Das autogene Training. HP aktuell, Nr. 4, 1983, 42

98 Mensen, H.: Transzendentale Meditation und Ideologie unlösbar verbunden. Ärztl.Prax. 31., Nr. 88, S. 1979

99 Mensen, H.: Autogenes Training und Transzendentale Meditation. Notabene medici, Sonderdruck 10, 1980, S. 556

100 Mildenberger, M.: Hare Krishna, in: Heil aus Asien? Hinduist. und buddh. Bewegungen im Westen. Stuttgart 1975

101 Mildenberger, M.: Guru Maharaj Ji: Eine Friedensbombe für die Welt, in: Heil aus Asien? Stuttgart 1975

102 Mildenberger, M.: Die religiöse Revolte. Jugend zwischen Flucht und Aufbruch. Frankfurt 1979

103 Miskiman, D.E.: The treatment of insmniac by the transcendental meditation programm. zit.n.Orme-Johnson.

104 Molz, O.: Med.Mon.Spiegel 4, 1963, S. 78

105 Murphy, J.: Das Superbewußtsein. Verlag Das Besondere.

106 Mühlieb, F.: Wege bewußter Ernährung – Alternative Kostformen im Überblick. AID-Verbraucherdienst, Bonn 2

107 Müller, H.: Im Bann dämonischer Mächte. Lemgo-Lieme 1973

108 Müller-Küppers, M.: Die (sogenannten) neuen Jugendreligionen. Detsch.Ärztebl. Nr. 3, 1979, S. 127

109 Nannan, H. (Hrsg.): Die himmlischen Verführer. Hamburg 1979

110 Nee, Watchmann: Der geistliche Christ. Telos Bd. 3

111 Oepen, I.: Kritische Argumente zur Akupunktur. Z.Allg.Med. 56, 1980, S. 1401

112 Oepen, I.: „Wissenschaftliche Grundlagen” der Akupunktur. Münch.med.Wschr. 123, Nr. 42, 1981, S. 1561

113 Oepen, I.: Wert und Unwert der Akupunktur. Therapiewoche 31, 1981, S. 794

114 Oepen, I.: Akupunktur. DMW 106, Nr. 4, 1981, 789

115 Oepen, I.: Akupunktur und ärztliche Haftpflicht. Lebensversicherungsmedizin, Heft 6, 1982, 136

116   Orme-Johnson, D.W. u. Farrow, J.T.: Scientific Research on the
      Transcendental Meditation Program, Collected Papers,
      Vol 1, 1977
117   Pfeifer, S.: Gesundheit um jeden Preis? 2. Auflage, Gießen 1980
118   Porkert, M.: Die sachlichen Prämissen für eine wissenschaftliche
      Diskussion der Akupunktur. Dtsch.Ärztebl. 73, 1978, S. 1240
119   Preuss, H.G.: Neurosenheilung oder Selbstverwirklichung.
      Dtsch.Ärztebl. Nr. 13, 1979, S. 889
120   Prokop, O.: Medizinischer Okkultismus. 4. Auflage, Stuttgart 1977
121   Prokop, O. u. Dotzauer, G.: Die Akupunktur. Stuttgart 1979
122   Prokop, O. u. Seidel K.: Akupunkturanalgesie – Hypnotismus und
      Hysterie – zit. in Prokop (96)
123   Reallexikon der Medizin, Band 5. München-Berlin-Wien 1973
124   Reallexikon der Medizin, Band 2. München-Berlin-Wien 1973
125   Reller, H.: Handbuch religiöse Gemeinschaften. 1. Aufl. Gütersloh, 1979
126   Romanett de, John: Acupuncture, Mesmerism, Hypnotism
      Exposing Their Similarities. Audiotronics of Wenatchee, 1975
127   Scherer, K.: Mit Stress leben. Neuhausen-Stuttgart 1978
128   Schlink, M.B.: Im Sog der Verführung unserer Zeit. 7. Auflage.
      Darmstadt-Eberstadt 1977
129   Schlink, M.B.: Christen und die Yoga-Frage. Darmstadt-Eberstadt
130   Schmid, E., Härtling, G., Kammüller, H.: Inokulationshepatitis durch
      Akupunktur. Fortschr.d.Med. 102, Nr. 35, 1984, 862
131   Schnorrenberger, C.: Chen-Chiu – Das neue Heilprinzip. Freiburg 1975
132   Schnorrenberger, C.: Spannungsfeld Akupunktur und wissenschaftliche
      Medizin. MMW 124, Nr. 3, 1982
133   Schnorrenberger, C.: Lehrbuch der chinesischen Medizin für westliche
      Ärzte. Die theoretischen Grundlagen der chinesischen Akupunktur
      und Arzneiverordnung. Stuttgart 1979
134   Schott, H.: Zur Entwicklung des Hypnotismus als Psychotherapie im
      19. Jahrhundert. Med. Welt 35, 1984, 1110
135   Schultz, J.H.: Das autogene Training, Konzentrative Selbstentspannung.
      15. Auflage. Stuttgart 1976
136   Schumacher, R:G.: Präventivmedizinische Maßnahmen gegen pathogene
      Erdstrahlen. Zeitschr.f.Präventivmed. 16, 1971, S. 441
137   Schwengeler, B.: Rudolf Steiner und die Anthroposophische Gesellschaft.
      Faktum Nr. 5, 1980
138   „Schwere psychische Störungen nach Teilnahme an der Transzendentalen
      Meditation", in: Praxis Magazin 1, 1980, S. 6
139   Seibel, A.: Gemeinde Jesu – endzeitlich unterwandert?
      Verlag u. Schriftenmission d.Evangel.Ges.f.Deutschl.
      Wuppertal, 5. Aufl., 1982
140   Selye, H.: Streß, Bewältigung und Lebensgewinn. München-Zürich 1974
141   Senn, U.: Was ist Autogenes Training? Waldshut und Pfäffikon/ZH
142   Speransky, zit.n. Dosch, P.: Lehrbuch der Neuraltherapie nach Huneke.
      Heidelberg 1975
143   Stelter, A.: Psi-Heilung. Bern-München-Wien 1973
144   Stokvis, B. u. Wiesenhütter, E.: Lehrbuch der Entspannung. 4. Auflage.
      Stuttgart 1979
145   Stutz, E.: Transzendentale Meditation in der Medizin. Med.Klin. 72,
      1977, S. 905
146   Stübler, M.: Was ist Homöopathie? Soziale Hygiene,
      Merkblätter zur Gesundungspflege, Nr. 35
147   Sücker, I.: Der Christ im Atomzeitalter. Lemgo-Lieme
148   Sücker, I.: Der Mensch als Weltbeherrscher. Lemgo-Lieme
149   Sücker, I.: Leben ohne Angst. Lemgo-Lieme
150   Thalmann, H.H.: Akupunktur und Akupunkturanalgesie aus der Sicht der
      Neurophysiologie. Dtsch.Z.-Akup. 20, 1977, S. 46
151   Thielicke, H.: Das Krankenhaus – Abbild unserer Zeit. FAZ 119,
      1966, S. 11
152   Thomas, K.: Transzendentale Meditation: doch was dran? Ärztl.Prax. 31,
      Nr. 61, 1979, S. 2575
153   Thomas, K.: Neue Religion – oder nur Yoga mit Beilage? Ärztl.Prax. 31,
      Nr. 90, 1979, S. 3746

154 Thomas, K.: Transzendentale Meditation: ein Religionsersatz. Ärztl.Prax. 31, Nr. 90, 1979, S. 3702
155 Thorwald, J.: Macht und Geheimnis der frühen Ärzte. München-Zürich 1962
156 Tirala, L.G.: Heilatmung bei Blutdruck-, Herz- und Kreislaufkrankheiten. Umschau-Verlag, Frankfurt 1976, 108
157 Tischner, R.: Ergebnisse okkulter Forschung. Stuttgart 1950
158 Tobler, G.: Kein Tod mehr! Zürich-Krattigen.
159 Uhlig, H.: Begegnung mit einem tantrischen Guru. in: Am Thron der Götter. München 1978
160 Vandemann, G.E.: Destination Life. Pacific Press Publishing Association. California 1966
161 Vaitl, D.: Entspannung, Lockerung für Leib und Seele. Psychologie heute, 1979, S. 23
162 Wachsmuth, D.: Leserzuschrift. Selecta 13, 1979, S. 1156
163 Wall, P.: An eye on the needle. New Scientist, 20.7.1972
164 Wall, P.: Acupuncture revisited. New Scientist, 3.10.1974
165 Weinert, H.: Hellsehen und Wahrsagen, ein uralter Traum der Menschheit. Leipzig
166 White, E.G.: Der große Kampf. Hamburg
167 White, E.G.: Aus der Schatzkammer der Zeugnisse, Bd. 1. Hamburg 1956
168 White, E.G.: Patriarchen und Propheten. Hamburg 1973
169 White, E.G.: Propheten und Könige. Saatkorn-Verlag, Hamburg 1975
170 White, J.: Alles über TM – Transzendentale Meditation, die neue Lehre des Maharishi Yogi. München 1976
171 Wuppertaler-Studienbibel. Begr. Fritz Rienecker
172 Zamarra, J.W. u.a.: The Effects of the transcendental meditationprogram on the exercise performance of patients with angina pectoris, zit.n. Orme-Johnson
173 Zink, C.-D.: Somatische Depression. Diagnostik 10, 1977, S. 835
174 Zinke, L. (Hrsg.): Religionen am Rande der Gesellschaft. München 1977
175 WDR-Fernsehen, 3. Programm, 12. Juli 1982: Akupunktur, Nadeltherapie im Zwielicht.